民宿社区共生情商力

张佰明◎著

世界图书出版公司

图书在版编目（CIP）数据

民宿社区共生情商力 / 张佰明著 . -- 北京 : 世界图书出版公司 , 2022.5
ISBN 978-7-5192-9494-6

Ⅰ . ①民… Ⅱ . ①张… Ⅲ . ①乡村旅游—旅馆—经营管理—研究—北京 Ⅳ . ① F726.92

中国版本图书馆 CIP 数据核字 (2022) 第 056091 号

书　　名	民宿社区共生情商力
（汉语拼音）	MINSU SHEQU GONGSHENG QINGSHANGLI
著　　者	张佰明
总 策 划	吴　迪
责任编辑	王林萍
装帧设计	包　莹
出版发行	世界图书出版公司长春有限公司
地　　址	吉林省长春市春城大街 789 号
邮　　编	130062
电　　话	0431-86805551（发行）　0431-86805562（编辑）
网　　址	http：//www.wpcdb.com.cn
邮　　箱	DBSJ@163.com
经　　销	各地新华书店
印　　刷	吉林省海德堡印务有限公司
开　　本	787 mm×1092 mm　1/16
印　　张	14.75
字　　数	242 千字
印　　数	1—2 000
版　　次	2022 年 5 月第 1 版　　2022 年 5 月第 1 次印刷
国际书号	ISBN 978-7-5192-9494-6
定　　价	68.00 元

他序

为新时代乡村民宿高质量发展蓄积理论能量

作为北京师范大学二十世纪八十年代的毕业生，我一直为母校沉稳内敛的独特气质而自豪，百年学府不但为中国教育的发展做出了巨大贡献，而且培养了大量各行各业的杰出人才。作为北京师范大学文化旅游专家委员会成员，我这几年参加相关活动，欣喜地看到母校在服务社会发展上不断取得可喜成绩。文化创新与传播研究院就是校地合作机制突破创新的产物——这是一个由北京市政府和北师大共建的服务于文化发展相关领域的决策研究机构，于2018年成为北京市首批首都高端智库试点单位。本书作者张佰明老师作为该机构的专职研究人员，2019年的一篇关于京郊民宿发展的报告得到市委主要领导批示，引起了我对他的关注。作为北京市“三农”工作的一名老兵，我历来希望有更多外来的力量关注和研究京郊农业农村发展。此后陆续看到他发表的文章，也共同参加过一些研讨会，我感觉张佰明老师在跑郊区做调研上所下的功夫，丝毫不亚于我们这些“三农”工作者，尤其是他将延庆区作为重点区域，持续几年跟进研究，与许多民宿业者有很深入的交往。我认为，对于一个高速发展的新兴业态，以这种态度和方式从事决策研究，路径是正确的，精神是可嘉的，持之以恒必有所成。因此，在牛年岁尾收到这本书的初稿后，我立即通过拜年微信表达欣喜之情：文笔功力深厚，观察视角独特。这么说有两层意思。第一是赞赏作者从“三农”的视角总结北京乡村民宿的发展经验，第二是赞赏作者能敏锐地关注到乡村民宿发展的“延庆模式”。

乡村民宿是近几年的新兴业态，市面上陆续出现相关书籍，总览下来，不外乎可归为设计类、运营类、住宿指南类。但是，作为长在乡村、兴于乡村的一个业态，民宿与“三农”的关系才是根本。农业农村资源开发、农村集体经济壮大、闲置农宅盘活、农民增收，乃至共同富裕，是民宿经济绕不开的话题。北京市延庆区这几年抓住世园会、冬奥会的机遇，打好农、文、旅统筹推进民宿发展的组合拳，尤其是农业农村部门发挥了重要的基础性作用，有意识地鼓励、引导具有运营能力的小微企业与村集体深度合作，形成了政府打造营商环境、村集体盘整资源、社会力量赋能运营的生动局面。2020 年，延庆区人民政府联合北京市文化和旅游局共同主办“民宿共生社区主旨论坛”，在全国率先提出了“民宿共生社区”的新概念，引领了新时代的风潮。2021 年，延庆区被农业农村部列为首批全国休闲农业重点县（区），“民宿共生社区”也从概念走向试点建设。这些努力得到了丰厚的市场回报。刚刚过去的虎年春节假期，延庆区精品民宿游客量、总收入和人均消费均远超疫前水平，乡村游接待量跃居全市第一，一区的游客量和收入均占全市乡村游的半壁江山。更为可贵的是，民宿共生社区通过参与民宿发展的多方主体和合共生、融合发展，实现著名社会学家费孝通先生八九十年前倡导，但一直无法实现的“城乡相成”目标，既有核心指导思想和实现路径，又有符合中国社会实际的终极目标和美好愿景。

当前，中国经济进入高质量发展阶段，民宿经济也出现了“七年之痒”的征候。张佰明老师从纷繁复杂的头绪中抓住“社区共生”这一关键词，将北京民宿快速发展的驱动因素总结为情怀动力、商业实力和政府助力，眼光无疑是独到而精准的。系统梳理过往之路，展望未来之路，《民宿社区共生情商力》的总结恰如其分，出版恰逢其时。

作为社会力量参与乡村振兴的重要入口和城乡共同富裕的重要抓手，

乡村民宿的高质量发展必然有新时代赋予的新内涵。根据我的长期观察和思考，以“延庆模式”为代表的乡村民宿高质量发展体现为以下“六高”。

一是“高美誉度”：重视生态发展，改善内外环境。民宿发展要兼顾保护环境生态美和挖掘乡村生活美，注重外观美和内在美统一、传统美和现代美结合、古朴美和时尚美融合。

二是“高品质感”：延长产业链条，丰富多种业态。延庆区石峡村“石光长城”民宿，从做餐饮起步到植入乡村文化内容、发展长城文化村、讲好长城故事，从启动酒坊、油坊等工坊发展乡村产业到建立咖啡馆、村史博物馆、石光书店、长城学堂、长城露天剧场，经过七年的经营运作，“石光长城”一扫石峡村昔日“穷村”印记，带动乡村产业振兴，让更多人因一家民宿了解一个村庄，为石峡村的华丽蜕变注入了不竭动力。

三是“高共生性”：带动农民增收，壮大集体经济。乡村民宿不可能作为个体存在独善其身，一定要与村庄、乡村产业和在地文化有机共生，其兴旺发展需要村庄生态环境、人文氛围、产业体系、社会关系、利益链接等因素共同承载。只有民宿企业与所在村庄共建、共创，形成共享型乡创生活社区，才能与村庄持久地共同繁荣。延庆区秉承“共生社区”理念发展民宿产业，初步形成了以民宿空间运营为核心，村集体、合作社、社会资本、民宿主、村民、游客等良性互动的格局，继而带动当地村民就地就业，增加农民收入，壮大农村集体经济，展示出乡村民宿经济产业属性与社会属性并存的独特性质。

四是“高规范性”：加强规划引导，积极有序发展。乡村民宿属于非标产业，需要政府部门做好规划布局与指导监管，积极解决民宿产业发展中的共性问题，促进民宿产业规范健康发展。延庆区对民宿行业发展进行统一规划与指导，形成了区、乡镇、村“三级书记抓民宿”的管理格局。2018 年正式成立延庆精品民宿联席会，以联合办公的形式高效推进掣肘民宿发展的各项问题，为延庆区精品民宿监管规划、政府扶持乡村旅游产业等宏观政策引领发挥了重要作用，并针对公安住宿联网登记、消防应急等重要事项，建立了多方共同支持和监管机制，形成全区精品民宿“一盘棋”的协同管理局面，为2019年北京市出台“一证两照一联网”的民宿审批制度做出了卓有成效的探索。已然成型的乡村精品民宿发展的“北京样本”，为全国民宿做出了卓有成效的探索。

五是“高参与度”：尊重市场规律，投入多种要素。乡村民宿发展要基于市场发展规律，遵循“政府引导、市场主导、多元参与”的基本原则。政府、村集体组织、农民、社会力量等多元参与的乡村民宿才是高质量发展的乡村民宿，才能盘活闲置资源、改善村容村貌、激活村庄动力。政府参与是定规范、编规划、给政策、创环境，提供公共服务；农村集体经济组织参与是要发挥组织引导作用，调动农民的积极性、创造性，动员农民全过程参与，确保乡村民宿发展成果能为当地农民所享；社会力量参与是使社会资本与农村集体经济形成利益共同体，投入资金、人才、服务等多种要素，补齐乡村的短板与弱项。高参与度还体现在民宿活动尽可能让游客全面、深度参与，在沉浸式体验中充分享受民宿和乡村的美好。

六是“高素质人”：培养民宿人才，挖掘乡村文化。任何产业的发展都需要合适且专业的人才，民宿产业亦然。首先要选好民宿主人，确定民宿主题，让民宿充满主人的味道；其次要抓好民宿岗位人才的培养，如民宿管家培训；再次是要用好运营管理的专门人才。延庆区文旅局、刘斌堡乡政府支持隐居乡里民宿品牌运营机构在2018年成立北方民宿学院，实施乡村经理人计划，开展了近1 000场民宿服务培训，全方位为乡村培养专业运营人才。隐居乡里作为乡村文旅产业运营商，解决劳动就业约180人，创造总收入超过1亿元，服务于“10万+”中高端客群，策划100多场营地活动，其业务已经走出北京，全国开花。

令我十分高兴的是，我的上述判断不但在张佰明老师2019年、2021年针对民宿主进行的两次定向问卷调查结果中得到印证，而且在从北京各区精心挑选的七个代表性民宿品牌案例的细致分析中都有不同程度的体现。

民宿高质量发展是满足人民对美好生活追求的必答题。以超大城市的优势发展高质量乡村民宿，是大国首都为农文旅融合新时代交上的满意答卷。以高端智库的水平做好高质量的研究，用高质量的研究成果回应时代命题，也是百年学府为乡村振兴的新时代交上的一份答卷。在北京师范大学文化旅游专家委员会成立满三周年之际，我将这本书视作师大人为民宿行业行稳致远提供的一块理论基石，也是文旅研究京师学派致力于助推实践发展的理论建构的有益尝试。相信这本有温度的专著一定会影响更多行业主管部门、民宿企业、从业人员和研究人员，激发各方力量完善乡村民宿发展的各个环节，在有志之士的共同努力下，向著名学者钱理群对后学所期待的方向迈进一步：关注中国问题，总结中国经验，创造中国理论。

刘军萍

（中国国土经济学会秘书长，北京市农村经济研究中心党组成员、副主任、一级巡视员）

前言 民宿发展的情怀动力、商业实力和政府助力

如何看待在中国遍地开花的乡村民宿行业？有人说这是新时代的“上山下乡”热潮。尽管此一说法并不十分准确，但抓住了一个核心要素：人，确切地说是带着资本进入乡村的城市商业和知识精英。这些在城市打拼多年的各行各业人士，本可以在自己擅长的领域乘风破浪获得更大的财富，但因各种原因选择转换赛道，进入一个对于所有人来说都不熟悉的住宿行业。这一偏离常规轨迹的主动选择首先要归因于情怀，这是驱动他们决然离开熟悉的城市重新创业的第一驱动力，这从最初选择民宿这一行业的从业者队伍构成能够看出来：他们多为媒体人、艺术家、设计师、广告人、互联网从业者，在物质财富有了一定积累后，更关注精神层面的满足。当在一个村庄度过一段兴奋期后，却发现凭借情怀投入到乡村的物质财富，必须要按商业规则维持好局面才能支撑情怀不至于破碎，然后才会拥有不低于城市水准的体面。好在城市积累的经验、资源和眼界，克服了创业初期的惶惑，慢慢找到一条适合于自身能量场和所处村庄环境的发展道路。在情怀和商业之间寻求平衡点，让每一个精品民宿品牌都成为浓缩版的“商业城堡”，为进入乡村享受短暂宁静生活的城市人守护一方浅浅的港湾，这群人从不缺少的就是勇气和智慧。

但所有这一切的发生并非自然而然，尤其是在自然环境、地质地貌和气候条件等方面受到更多限制的北方地区。事实上，政府在推动乡村民宿发展上一直不遗余力投入大量基础建设资金，让路、电、水、气、网等顺

利通达每一个村落。这些无处不在的便捷物质供给，尤其是须臾不可离的手机网络，保证了住进偏远乡村的城市人依然能够享受到现代化的信息和娱乐服务，让他们能够安心住在民宿中，与世界保持顺畅的联系。这是民宿经营的必要条件，这让多年来国家和各地政府持续投入的沉没成本得以进入公众视野。民宿主是这些成本的价值利用者，也是通过民宿经营让城市人知道国家在保民生上不懈努力这一事实的信息放大者。大量达到较高质量的基础设施虚位以待，这是政府为乡村未来发展布局的重要体现，这种在底层发展上提供的扶植力量，构成了民宿发展的基础。

政府的更大作用，体现在为产业发展提供的政策引导和直接帮扶上。在确保生态环境不退化的前提下，以往进入乡村的若干业态纷纷退场，民宿在发展经济、惠及民生、活化乡村的作用逐渐突显出来，政府以积极姿态推动民宿发展的主导力量成为另外一个重要因素。尤其是在北京这个首都后花园和生态涵养区的广大乡村，政府的行业引导力和政策扶持力成为构建良好营商环境的重要推动力量，这在民宿行业向更深层次迈进的进程中体现得更加明显。

北京从2015年开始发展乡村精品民宿，正是以民宿主个人情怀作为原动力、按照商业规则形成并积累的实力和来自于政府持续释放的政策红利作为助力，构成民宿产业三角合力的基本盘，在此基础上吸引各方力量参与其中，形成以民宿品牌为核心实现自体循环的民宿经营生态，进而形成以民宿主为代表长期扎根村庄的新村民、作为当地土著的老村民以及短期体验民宿生活的城市人，由住宿空间扩展到自然村落，构建起市民文化与乡村文化相互渗透的社区形态，成为城市社区与乡村聚落之外的“第三类空间”。在这个城乡元素杂糅并处的空间范围内，不同主体为共享美好生活而创造生产，为达至美好生命状态而共建美好生态，实现生活形态、利益、文化、价值等不同层级、多种形式的共生。民宿社区共生出于生产、生活达致生命、生态，通过共建、共担实现共享、共赢，最终达到共同富裕，这是一幅多么美妙的未来图景！

“春江水暖鸭先知”，这场由时代精英自发的新上山下乡浪潮最让人期待之处，就是这些先行者出于对时代发展潮流的敏锐洞察率先进入乡村，主动结合在地资源，积极链接城市资源，将商业版图的规划与乡村未来的发展融为一体，自觉承担乡村治理的社会责任，并以亲身实践推动了乡村振兴和共同富裕国家战略的出台，以时代同行者的身份迎来了红利期并让自己成为红利的一部分。“有恒产者有恒心”，这些通常以最长期限租赁农宅的民宿主，用苦心孤诣的建筑设计和后半辈子的身家命运表达出的诚意，充分表明了他们主动承担城乡融合黏合剂的态度，这就是交出时代满意答卷的希望所在。

七年只是北京乡村精品民宿发展的序幕，但因为有了高起点的开始，序幕即是华章。作为一个深度观察发展历程的研究者，穿行在广袤京郊大地上的一个个民宿社区，与无数创造美好生活的民宿人和公职人员真诚对话，记录这段正在发生的历史，又何止于认知能力的淬炼和思想境界的升华！

目录 CONTENTS

上编　基础理论篇

下编　创新实践篇

上编

基础理论篇

第一章　致力于城乡相成的精品民宿发展模式

第一节　大都市圈的乡村精品民宿发展

从2004年英国人马克·基多率先在莫干山经营咖啡馆作为德清地区民宿发展的开端，到2014年德清县人民政府办公室颁布《德清县民宿管理办法（试行）》，以德清为旗帜的南方民宿以自然生长的态势发展历经了十年的时间。这十年间由外国资本主导的“洋家乐”和本土资本快速跟进为补充的格局，大大拓展了乡村精品民宿的发展空间，恣意生长之下为中国南方精品民宿贡献了一个个值得称道的样本，使其成为民宿行业的黄埔军校，引得各地投资商纷纷到这里，或直接投资打造自己的民宿梦，或真心实意虔诚取经，而后分散到全国各地进行模式复制。正是全县范围内的各民宿企业按自己设定的标准各显其设计、运营之能，将民宿这一“非标”行业的特质展现得淋漓尽致，给政府监督管理造成了很大困扰。正是在这样的背景下，德清县政府开始出手规范这一处于失速边缘的新兴行业。德清县发布的《乡村民宿服务质量等级划分与评定标准》，是中国首部乡村民宿地方标准规范，通过对经营场地、接待设施、安全管理、环境保护、服务水平、主题特色等六个方面的打分，依次划分为标准民宿、优品民宿、精品民宿三个等级，为民宿经营明确设定了标准，对于提高民宿品质、规范民宿经营行为、维护游客合法权益、增加农民正当合法收入、促进农民就业、推动新农村建设等具有重要意义。在标准化规范的推动之下，德清县民宿的发展进入了快车道，很快出现了供大于求的情况。政府通过对投资主体认定的方式，鼓励本地人开办民宿，提高外地投资门槛，确保当地居民的利益。德清县精品民宿作为中国民宿产业发展的引领者，其发展很大程度上得益于来自四面八方的投资人对当地历史人文价值的再认识和再发掘，对高端民宿产品未来前景的乐观预期，并在产品质量的打造上精益求精，让更多民宿投资者看到了高品质民宿与高端消费群体匹配后的市场变现能力。当市场自发发展到一定阶段出现无序扩张，区域民宿持续发展面临失序局面时，政府从标准制定上发力，对民宿这一非标产品进行规范，从政策保障上为该地区民宿发展步入良性轨道提供支持，让更多地区看到政府作为民宿行业主导力量的职责所在。2015 年，首部县级乡村民宿地方标准在浙江德清发布，标志着我国民宿开始进入科学化发展、品质化经营、规范化管理的新阶段。[①]

北京市相比于莫干山的精品民宿发展，无论是起步时间还是撬动力量都有很高的相似性。2005 年美国人萨洋携妻子唐宁出于个人喜好，在怀柔区慕田峪长城脚下改造废弃的琉璃瓦厂和小学校园作为个人生活的别墅，邀请朋友到家里做客。受邀的外国朋友对抬眼就能看到古老长城，出门就能感受村民生活的状态非常羡慕，愿意出钱租住多余的客房，于是夫妇俩改造更多房屋满足朋友的需求。在很长一段时间内，这种进入郊区体验乡村生活的状态仅限于很小的范围内，只满足于很少人的需求，但它的出现却证明了一小部分高端群体对高品质旅游住宿产品需求市场的存在。在大约十年时间内，这处被外界称为“瓦厂”的精品民宿一直与日益火爆的农家乐并辔而行，而这十年也正是中国经济高速发展，富裕人群快速积累的阶段。根据中国旅游协会民宿客栈与精品酒店分会会长张晓军对全国民宿的考察，“瓦厂”应该算是中国精品民宿最早诞生的品牌，在南方大张旗鼓、众语喧哗的语境下，这家“低调奢华”的民宿确实称得上是“灯下黑”：在首都北京存在了十余年，当行业对这类住宿产品命名完成后，蓦然发现还有这样一个存在。

看到了中国南方十余年所经历的“先发展，后规范”对民宿行业可能存在的负面影响，位于首都后花园的郊区精品民宿发展选择了一条最

① 北京世纪唐人旅游发展有限公司，北京盛世唐人旅游规划设计院：《玩转民宿：民宿的开发与经营》，旅游教育出版社，2015 年 10 月版，第 10 页。

大程度规避不利后果的道路。恰恰是从2015年开始，北京乡村精品民宿在恰当的时刻扬帆起航，开启了从美丽乡村建设到美学经济发展的蜕变。

如果说德清精品民宿起步于对百年前莫干山吸引大批名人来此度假修筑的别墅建筑再利用，是对传统住宿资源的重新发掘与利用，那么北京精品民宿的发展则得益于作为首都生态和安全屏障的郊区所具有的得天独厚的区位优势。

首先，北京郊区是首都的后花园，这一地位早已成为北京政府指导郊区发展的基本定位。“后花园”不仅意味着其生态环境建设适合城区居民和公务人员在闲暇时间到这里休闲，而且为精心建设花园的园丁提供了从打造良好生态环境中获益的正当性。2018年北京市在推出平原区与生态涵养区结对帮扶政策时，明确亮出了不能让致力于生态涵养的郊区吃亏的基本态度，给生态区政府和百姓吃下了定心丸。生态涵养区为首都人民建设好绿水青山，首都在合适的时机帮助生态涵养区转换成金山银山，这就是制度层面上所做的整体安排。2021年6月5日，国内首部省级层面对特定功能区立法——《北京市生态涵养区生态保护和绿色发展条例》正式施行，这是为京郊的绿水青山量身定制法治“保护卡”。这一条例的出台是建立在近年来生态涵养区坚守功能定位、生态文明建设取得积极成效的基础之上的，各区在生态涵养方面取得了不俗的成绩，比如平谷区、延庆区成功创建“国家森林城市”，延庆区、密云区、门头沟区获评“国家生态文明建设示范市县”，延庆区、密云区、门头沟区和怀柔区成功创建“绿水青山就是金山银山”实践创新基地。2019年以来，“市区合力”给予人才资金支持保障，市级每年向生态涵养区下达生态保护补偿转移支付引导资金30亿元，市政府固定资产投资120亿元以上，平原区支持生态涵养区结对协作资金6亿元，重点支持生态环境、基础设施和公共服务建设等。通过“补短强弱”，有针对性地加强生态涵养区基础设施和公共服务能力建设，区域综合承载能力不断提升。围绕保障世园会、冬奥会、冬残奥会、“一带一路”国际合作高峰论坛等重大活动的筹备与举办，京张高铁、京沈高铁、市郊铁路怀密线及生态涵养区相关站点相继建成投运，生态涵养区交通条件大幅改善。一系列倾斜政策的出台，为市民进入乡村更好地享受乡居生活创造了条件，推动了乡村旅游发展步伐。[①]

事实上，人类社会在走过农业文明、工业文明，步入生态文明建设的今天后，作为人类生态保障的各类资源的价值，逐渐得到社会的认可，生态资源的价值评估可以换算为货币单位，市民要到乡村享受生态资源，需要额外付费，这就是乡村精品民宿不低于甚至高于城市同类住宿产品价格的内在原因。同时还要看到，按照中国传统社会历史经验判断，在城市拥有后花园的人非富即贵，这样的人有精心侍弄花园的财力。北京作为全国文化中心、国际交往中心和科技创新中心，聚集了大量的国企、私企、科技人员和国际友人，他们中有一部分人具有消费高端住宿产品的能力。一个高度现代化的国际化大都市，为乡村精品民宿提供了大量的潜在消费人群，这为做好后花园的生意奠定了很好的基础。

其次，贯穿北部山区的长城文化带，让精品民宿自带世界文化遗产光环。北京段长城沿北部山区绵延长度达五百二十余公里，历史上由于特殊的地理位置而成为封建王朝花费力气最多，投入力量最大，也是城墙形态最为丰富的区域。八达岭长城因开放时间最早，接待国内外游客最多，在公众心目中拥有最强影响力。外加居庸关、慕田峪、司马台等多个形制险峻、壮美的知名段落，使其成为蜚声国内外的旅游资源，是北京地区最受欢迎的旅游景点之一。长城文化带纳入北京“三条文化带”建设的总体规划及长城国家文化公园建设规划出台后，长城受到的关注进一步提升。除了已经经过维修开放的几个点段外，长城尚有大量未开放的区域，对于北京市民而言具有别样的吸引力。长城作为最有影响力的旅游 IP，能将大量的市民和全国各地游人吸引到北京北部山区旅游，在此之前，长城沿线周边民俗经营户依托长城为游客提供食宿服务大受其益，在品质上比“农家乐”有很大提升的精品民宿对应对住宿产品有更高要求的游客，不仅是理论上的自然推演，而且在实践上已经得到了充分的验证。精品民宿主打“长城牌”，已经让有敏锐眼光的民宿企业获得了实实在在的收益。一些民宿在文案中都将“长城”作为核心卖点。

---

① 北京市发展和改革委员会公众号“发展北京”：《北京生态涵养区条例正式施行！让“绿水青山”成发展“底色”》，2021 年 6 月 7 日。

未来如能建立起以长城为品牌标识的精品民宿集群，借助长城赋予的独特资源禀赋与其他地区民宿形成区隔，让“望长城”成为北京民宿的特有标签，旗帜鲜明地打造与南中国民宿区域品牌相媲美的精品民宿发展模式，在中国民宿版图上树立起代表北方风格和特色的区域民宿品牌形象，必将发挥北京作为全国文化中心在文旅融合上的示范效应。尽管其他省市也有长城资源，但无论是长城景点的知名度，长城旅游开发的成熟度还是与大都市核心区的距离，尚没有任何一个地区具备北京市所具有的优势。

2018 年，延庆成功获批首批全国民宿产业发展示范区，山楂小院、原乡里等多家民宿荣获首批中国好民宿称号。经过北京市各区的共同努力，2021 年北京乡村精品民宿数量已突破 1000 家。北京在北方精品民宿领域并非起步最早的地区，但民宿品牌数量近几年却有长足的发展，在北方甚至在全国范围内逐渐引起行业和游客的关注。以延庆、怀柔区为龙头的乡村精品民宿发展随着乡村振兴的全面推进而跃上了新的台阶，随着“长城人家”“门头沟小院”等区域品牌的推出，北京市民宿开始进入品牌形象提升阶段。

根据当前民宿发展的良好态势，北京市明确提出要积极探索具有时代特征、首都特色、京郊特点的乡村民宿发展模式，推出民宿的“首善标准”，打造民宿的“北京样本”，塑造民宿的“首都形象”。基于“大城市小农业”“大京郊小城区”的市情农情，乡村精品民宿在探索新型城镇化和推动乡村建设上发挥的作用越来越明显。遍观中国北方民宿市场，整体尚处于市场培育初期，在北方各省普遍缺乏市场经验难以迈出坚定步伐的当下，北京已经初步探索出北方精品民宿的发展模式，成为具有示范效应的先导区域，为北方民宿的更快更好发展探索出可资借鉴的实践经验。尽管从整体上说，由于各区的区域资源、区位条件、管理理念等参差不齐，难以形成整齐一致的样态，但若能把各区在民宿发展上的优长拼贴在一起，可以这样界定精品民宿的“北京样本”：

在社区共生理念的统辖下，由政府进行宏观规划布局和行业指导，在民宿社团组织的统一协调下，充分发挥民宿企业的市场主体作用，依托国际会展、赛事和当地独特自然、地理资源，通过品牌化塑造和主题化运营，有序推进集体经济壮大和城乡融合发展进程，协同打造全域旅游和乡村振兴示范工程。

第二节　精品民宿在北方的破题与求解

一、乡村精品民宿

（一）概念界定

乡村精品民宿是民宿主结合本地人文环境、自然景观、生态资源、生活方式等条件，利用乡村住宅为游客提供精致化、体验型、有特色、高品质的食宿服务。随着国家对城市民宿管控的日益严格，城市民宿被纳入短租服务的范畴。相比于乡村民宿高速增长的发展态势，城市民宿被所占的份额日益缩小，行业内一提民宿往往默认为是乡村民宿。因而，“精品民宿”往往也被作为“乡村精品民宿”的缩写，本书中使用“精品民宿”这个概念指代乡村精品民宿。

民宿作为利用当地住宅提供食宿服务的旅游产品，最初的形态就是农户为过夜的游客提供农家床（炕）和农家饭的“农家乐”，只为游客提供住宿和餐饮服务。作为民宿升级形态的精品民宿，是能够满足游客精神文化需求的高等级旅游住宿产品，是能够随着人民对美好生活追求而持续升级的文化旅游产品。与其他乡村住宿产品相比，精品民宿具有独特的优势和价值，这是其近些年实现快速发展的主要原因。

（二）主要特征

第一，精品民宿具有鲜明的文化属性。精品民宿的“精”突出表现在民宿设计和设备上的精美和精良，而这种特质往往是以城市人的审美标准和品质需求为基本出发点，同时结合当地文化而为游客提供体验在地生活之美的文化产品。也就是说，精品民宿在为游客提供不低于城市家装水平的住宿空间之外，还为游客提供基于当地文化资源而精心设计的文化空间，为游客带来融合地域文化的自然风光和人文风情，这些内容恰恰是来自于城市的游客乐于付出远高于一般住宿产品的费用的关键，在地文化往往成为衡量民宿品质最为重要的因素。从国家层面提出文旅融合战略以来探索的各类文旅产品中，精品民宿是体现文化和旅游融合最充分也是最具普适性的产品，文化属性为这类产品赋予了灵魂。

第二，精品民宿具有较为鲜明的主人文化（企业家文化）。民宿的概念起源于英国，传播应用于日本和台湾后得到大陆的认可。民宿最初的形态就是居住在旅游地附近的人家里，以付费的形式享用主人的住宿空间和饮食，游客在以相对低廉的价格获得食宿供给外，还可以在住宿周期内了解主人的生活及主人提供的在地信息导引。中华民族长期以来形成的农耕文明使得中国文化具有鲜明的“乡土”属性，中国的城镇化进程只有短短的几十年时间，乡村生活对于绝大多数中国人而言尚有较为清晰的印记，愿意走出城市享受短暂乡村生活的游客，骨子里对乡村生活具有亲近感。民宿主人能在延续了几千年的乡居生活场景中从容自在地过闲适的日子，一定程度上满足了对父辈、祖辈生活状态的想象。如果主人恰好有不俗的技艺和特长在手，能够展示出游客在千篇一律的城市生活中无法领略的另一幅图景，这样的民宿主自然具有更大的魅力，让游客在离开后久久难以忘怀，这就是主人文化所具有的独特吸引力。莫干山地区号称“梅皋坞山居客栈教官”的潘洪财能用当地随处可得的竹子制作各种手工艺品，开发出多条巡山路线为游客讲述当地故事，带领游客到竹林里采摘褐松茸……民宿主以丰富多彩的活动展示了当地百姓生活的随性和自足状态，为他在民宿行业赢得了一定的知名度，这样的主人文化已经成为民宿竞争力的重要环节。如果一个投资民宿的企业有独特的企业文化，通过店长和管家传递给游客，即使投资人不直接参与民宿经营，也能让游客产生不一样的感觉，这也可以纳入主人文化的范畴。

第三，精品民宿具有鲜明的游客时间管理服务意识。传统的住宿服务由于只提供住宿服务，在客人入住后便不再对其过问。“农家乐”也是一样，家庭房只为客人提供住宿，其他时间游客自便。而精品民宿相对较高的客单价，暗含了对游客在住宿时间单元内高品质需求的最大化满足。住宿功能只能满足一天八小时左右的需求，其他时间如何有质量地打发，需要民宿为游客提供尽可能丰富的选择菜单，按照不同时间段设置不同的消费内容，让游客在进行多样化地选择时感觉超出预期，这不但能提高当下游客的复购率，也大大提高了游客向他人推荐的可能性。

有部分喜欢包院独居的客人，看起来自得其乐不需要民宿提供太多的活动，其实是民宿在院内提供的相关设施和内容在很大程度上已经满足了他们的需求，在这种情况下如能有更多选择，还是能为客人带来更多的满足感的。比如莫干山梅皋坞山居主人潘洪财提供如此丰富的体验在地生活的项目，能让游客在短短的一两天时间内获得其他任何民宿都无法得到的收获，这样的体验就是独一无二的，会让游客有物有所值的感觉，游客就会对价格不敏感，这就是民宿无形的竞争力。

第四，精品民宿具有鲜明的社交属性。传统的住宿服务只要满足游客的住宿需求即可，且绝大多数只做“一锤子买卖”，很少会为游客的二次消费预留空间，也对游客能否进行口碑传播不抱希望。但对于那些有长远经营打算且将民宿作为后半生的生计的民宿人而言，“传统”的生意经无法接受。精品民宿在中国几乎与社交媒体同步出现，在一定意义上说，没有社交媒体就没有民宿生意的红火。对于那些经营得风生水起的民宿品牌而言，通过社交媒体进行裂变式传播，借助认可民宿的客人通过线上线下朋友圈有效推广，已经成为其重要的获客渠道。那些不定期选择同一个民宿品牌入住的黏性客人，是民宿收入的基本保障。以自然教育为特色的百里乡居民宿品牌，复购率大概在三分之一左右，不断更新换代产品、丰富服务内容，是具有竞争力的民宿品牌的必修课。持续优化产品和服务品质的结果，就是将民宿打造成为社交媒体时代的“网红”品牌，让那些以博得朋友圈艳羡为目的的80后、90后年轻群体和有一定社会地位的意见领袖，心甘情愿、不知疲惫地为“网红民宿”主动推广甚至代言。民宿品牌阶段性地推出话题、制造现象，其目的主要也是为了不断强化民宿的社交属性。“无社交不民宿”几乎成为民宿经营的铁律，在一定程度上这已经成为影响民宿经营全链条的通则：如何让选址、设计、服务、营销、传播等尽可能地具有社交特质，需要民宿主全方位统筹考虑。

民宿由于运营主体的多样性、在地资源的差异性和游客感知的不确定性，很难对其标准像做出清晰的描摹，但上述几个特点却是行业普遍认可的优质民宿应该具备的基本条件，也是能够与其他住宿类产品区别开的重要方面。把握住这几个特点，也就抓住了精品民宿的本质，也是解析民宿经营与发展之道的基本前提。

（三）精品民宿类型

根据参与民宿经营主体在民宿运营过程中所起到的作用，可以把精品民宿分为两种类型：自主经营型和投资运营型。

自主经营型是指投资者和运营者合二为一的精品民宿，民宿主人亲自参与民宿经营，让民宿打上鲜明的主人印记，具有特色明显的主人文化。游客选择这样的民宿入住，实际上是在分享主人的生活，近距离真切感受当地人的生活。发端于上世纪九十年代的民俗经营户几乎全部为自主经营，游客"吃农家饭、住农家炕、干农家活"，短时间化身村里人，感受与城市生活完全不一样的状态。精品民宿与此相比，一是居住条件大为改善，市民入住民宿不会感觉到落差，甚至在住宿体验上会达到甚至超过五星级饭店的品质。二是民宿主人身份的改变，民宿经营者绝大多数都是城市入乡人员或返乡创业人员，他们有城市生活经验，知道城里人对于乡村精品民宿的真实诉求。早期进入乡村经营民宿的投资运营人员以媒体记者、艺术家、设计师为主，具有浓厚的扎根乡村、亲近自然、分享乡居生活的情怀，很愿意将自己闲适的生活与其他人共享。在需要将情怀通过商业运营手段变现的现实趋势面前，他们自然、本真、较少伪饰的生活反倒成为吸引游客入住的卖点，独特的主人文化自然而然散发出的魅力具有特殊的吸引力。尤其是那些本身就具有创意思维和能力的民宿主，能为客人带来不同于日常生活的"陌生感"状态，就像延庆区大隐于世品牌的 slogan 所说的"生活我们的生活"，独特的主人文化成为民宿的灵魂，让游客能真切感受到民宿空间的温度，这种自主经营型民宿才是这类乡村住宿产品最大的竞争力所在。由于主人的精力有限，能够接待的客人数量有上限，决定了自主经营型精品民宿的数量不会太多，是精品民宿市场相对稀缺的类型，以密云区溪翁庄镇金叵罗村的老友季咖啡、延庆区康庄镇火烧营村的荷府为代表。

投资运营型是指投资者与运营者分离的精品民宿，投资人在改造或建造好民宿后聘请店长、管家负责日常的运营，自己基本上不参与实际运营活动。为让游客感受当地文化，提升体验感，这类民宿往往通过规范的培训体系让员工掌握基本的待客礼仪和行为规范，尤其会强调员工的在地身份，让员工成为游客融入当地人和在地文化的连接者，通过他们传达出准主人文化，拉近民宿与游客的距离。这种准主人文化就是一种以游客为中心、以规范化服务赢得游客的企业文化，一定程度上弥补了主人文化缺位的不足，对于那些对住宿空间质量要求较高、对在地文化兴趣度不高的人群来说，这类民宿有一定的市场。投资经营型精品民宿往往以规模取胜，就是通过达到一定数量的院子和客房来降低整体运营成本，一般采取连锁经营的方式进行运营。这类精品民宿又可进一步划分为投资＋运营型和运营为主型。前者既投资建设民宿又从事实际运营环节，代表性品牌为延庆区的大隐于世，以延庆区张山营镇为核心，向其他村镇和外区进行拓展；后者往往以品牌输出的形式将既有民宿纳入统一品牌旗下进行整体运营，收益与民宿投资主体分享，代表性品牌为隐居乡里，该品牌起步于延庆区小观头村的山楂小院，在运营过程中逐渐探索出品牌输出的模式，现已走出延庆，在北京市其他区和外省市运营多个子品牌，成为精品民宿行业的知名品牌。

对于大部分在北方开办的精品民宿来说，因天气变冷而出现差不多半年时间的空置期让无数民宿人谈之黯然。如果只是仰仗自然气候条件，这似乎是无法破解的魔咒，但已有少数民宿积极探索化解不利因素的经营策略。对于身处首都后花园的乡村精品民宿而言，需要考虑的是如何激活国际化大都市基数庞大的消费人群的潜在需求，开发数量众多的国企、高科技企业的大客户资源，同时要充分利用北京高校众多、高智力群体数量庞大的优势，将北京市对生态涵养区的倾斜政策资源释放出来，切实探索出一条适用于首都郊区的精品民宿产业发展，促进城乡相成的有效路径，这是未来北京乡村精品民宿能做出大文章的更大空间所在。

二、民宿里种下逆城镇化的良善种子

精品民宿作为市民进入乡村的“时光机”、各利益主体的“连接器”和城乡一体化的“桥头堡”，在资本日益过剩的今天，已经成为引领逆城镇化发展进程的排头兵。第一批城市精英筚路蓝缕种下的种子，经过七年时间地耐心培育，已经生根发芽，奠定下京郊民宿发展的基本格局。

就地城镇化是以农业、农村、农民的内生力量为依托，在不改变农业性质，不对外转移农业人口的情况下，通过农业自身的纵向融合以及农业与工业、服务业等非农产业的横向融合发展，推动农民“不离土不离乡”，就地实现生产方式和生活方式由传统到现代的转变。可见，这种就地城镇化发展模式既能规避乡镇工业带动就地城镇化进程中农民兼业、进厂不进城的半城镇化现象，也能缓解进城城镇化进程中农业抛荒、农村三留守等“农村病”以及交通拥堵、住房困难、环境污染和雾霾严重等“城市病”，是以“人”为核心的新型城镇化的重要实现形式。[①]

民宿自诞生之日起，就被赋予就地城镇化的使命。中国旅游协会民宿客栈与精品酒店分会会长张晓军作为从旅游规划切入精品民宿的躬身入局先行者，在 2014 年率先在河北省承德市滦平县两间房乡苇塘村创建“唐乡”连锁民宿的第一个院子——金山岭唐乡，就有打造新型乡村生活社区的明确意识，并很快改变了这个国家级贫困县空心村的面貌，成为民宿业态带动乡村全面再造的典型。据张晓军介绍，2015 年 9 月 11 日，原中央政治局常委贾庆林同志在视察唐乡时对这一做法给予高度评价：唐乡首先实现了就地和就近城镇化，这是对新兴城镇化发展模式的创新；其次，通过唐乡实现了城市居民和乡村居民的高度互动；第三，唐乡填补了中国乡村旅游的空白，能够有效地推动乡村旅游转型升级。[②]随后在北京市平谷区石林峡开业的唐乡，依然秉承以一家民宿带动村落发展的道路。纵观自 2015 年开始的北京精品民宿的规模化发展道路，一个个嵌入村落的民宿就像激活乡村发展的棋子，带动更多民宿在村庄连点成线、由线成面，一幅由民宿聚合相关资源带动产业发展、人气旺盛的城镇化建设路径逐渐清晰地描摹出来，由超大城市带动城郊就地城镇化图景正一点点变成现实。

城镇的发展通常是从事交易的人群定居在一地后吸引更多附属行业人员聚集，达到一定规模逐渐形成约束人们行为的规则，城镇便会形成自我发展的局面。市民入乡、返乡投资建设民宿，就是将资金、人才要素输入乡村并盘活当地的土地要素，利用商业规则重新建立地方秩序。当投资者的利益诉求和政府推动乡村振兴的发展目标达成一致后，政策要素的赋能和集体经济的发展会一点点培植起乡村的财富和人气。当累

① 李小静，赵美玲：《农村产业融合推动就地城镇化发展探析》，农业经济，2017 年第 11 期。

② 张晓军：《复活北方老村庄——以“唐乡”为例》，湖南师范大学中国乡村发现网，2016 年 8 月 3 日。

积的财富和固定在村镇的人口在数量和成分上达到一定规模后，脱胎于乡村的小城镇便会逐渐成形，这一发展路径不止于逻辑推理，而是有一定的现实基础。促成这一良性结果最大的变量，就是那些投身乡村从事民宿投资运营的商业或知识精英。

目前到郊区投资民宿的人员，大多数为在市区工作的市民。根据北京师范大学文化创新与传播研究院2021年8—10月期间面向京郊民宿主所做的定向调查，在参与调查的375个样本中，身份为北京市内工作的返乡人员、北京以外城市工作的返乡人员、出生在北京城区的市民、北京市内工作的外来从业人员、北京以外城市工作的外来从业人员共计218人，占比为58.1%，来源地为北京市内从业人员的数量为202人，占比为53.9%，这意味着有一多半的民宿主来源于城市，尤其是北京城区。[①]根据怀柔区文旅部门提供的数据，2021年上半年全区民宿总数为563家，本地经营者256家，占总数45%；外来经营者307家，占总数55%。2021年7月赴怀柔区九渡河镇吉寺村调查的数据表明，全村30余个精品民宿品牌中，由本地村民开办的民宿只有6家，其余基本上都是北京市民租用本地住宅经营民宿，这种情况与延庆区类似。他们在城市获得一定的资金积累后，进入乡村进行二次创业，开辟新天地，凭借智慧和奋斗精神将与城市差不多同样标准的硬件植入乡村，同时在探索城市与乡村相互融合的新质文化，为新型城镇的建设奠定基石。

对照“新乡贤”的概念，基于对大量进入乡村的民宿主的观察，这些先人一步投身乡村的城市精英，绝大多数都可以纳入这个范畴。所谓“新乡贤”，是指有道德、有情怀、有资财或知识，能影响农村政治、经济或社会生态并愿意为之做出贡献的贤能人士。根据笔者亲身观察并综合各个渠道的反馈，这些已经投身乡村多年的民宿主在京郊大地的表现，担得起这样的称号——“民宿新乡贤”：他们将民宿作为链接城乡资源的有效平台，为投资者、村民、村集体和其他利益相关者带来财富和希望，像乡贤一样在某方面具有权威性，并能向村庄输入贯通城乡的现代知识，自觉以共生理念参与乡村建设，享受尊崇。在笔者接触过的诸多民宿主

① 具体数据详见第七章。

中，普遍都是以积极的建设者姿态参与村内事务，以做大蛋糕的格局经营村庄资源，其中不乏以做社会企业的心态参与公共事务，更有主动参政议政成为政协委员或人大代表，在更高的层面参与地方治理的民宿主。这些足以作为时代表率的民宿从业者，在全行业普遍被不确定性困扰的当下，值得认真挖掘价值与褒扬书写。本书的下编将从北京乡村精品民宿中精选出代表性品牌详细剖析，还原这些名副其实的民宿新乡贤为共生社区建设所做的努力，探究民宿推进城乡相成的动力之源。

第三节　城乡相成世纪命题的民宿答卷

习近平总书记在乡村振兴发展上，提出要把城市和乡村作为一个整体统筹谋划，促进城乡在要素配置、产业发展等方面相互融合和共同发展。城乡融合发展作为新时期实现乡村振兴的重要方向，为新型城乡关系的建立确定了基调，回应了“城乡相成”这样一个跨世纪的时代命题。

近代以来，城市、农村二元主体一直没有离开 20 世纪三四十年代著名社会学家费孝通提出的城乡关系“相成相克”的话语范畴。费孝通早在 1933 年撰写的《我们在农村建设事业中的经验》中首先使用了城市与乡村间“相成”的概念：“论中国都乡关系……熟悉后者（注：指的是上海等新兴的都会）的，则认为两者是相成的，因工业和农业本来互相赖以发达的。”[①]1947 年 4 月他在《乡村・市镇・都会》一文中提出“对于中国乡村和都市的关系有相成和相克的两种看法”，在稍后发表的文章中说：“我认为城乡在经济上及政治上都有相成相克的两方面，在历史的演变中，双方的分量常有轻重的变化。”所谓“相成”就是城乡经济相互需要、相互补充的一种理想状态；“相克”则与此相反，城乡关

① 费孝通：《中国城乡发展的道路》，上海人民出版社，2016 年 9 月，第 5 页。

系是对立的，一方的发展以限制甚至损害对方为条件。[①]在费孝通提出这一命题的时代，经济发展的长期停滞和政治制度的腐化没落，严重限制了城市与乡村的发展尤其是二者之间可能发生的相互促进、相互补充情况的发生。此前清末状元张謇在民国时期返回家乡南通创建大生集团，以实务救国的实际行动推进全域社会发展，是中国近现代在经济、社会和文化层面试图建立一体化城乡关系的第一次规模化的尝试，可惜这一努力随着日本侵华战争的爆发而中断。二十世纪二三十年代以晏阳初、梁漱溟等为代表的先进知识分子进入乡村，试图改变农民识字率不足、文化水平低下、经济水平落后、社会日趋分化等问题，是城市文化精英主动进入乡村进行微观改造的大胆尝试，但由于人单势孤且政治环境恶劣，只在个别地区进行小范围的试验。他们摒弃了绝大多数知识群体只停留在理论倡导层面而没有实际行动的做法，亲身走进乡村躬行改造之责，为近百年后城市精英规模化进入乡村参与发展与振兴事业做出了表率，为后世留下至今仍具有强大影响力的精神遗产。随着 20 世纪二三十年代乡村建设团体的努力整体上以失败告终，乡村在国家发展框架中很长时间内都处于边缘化状态。在漫长的近现代历史进程中，城乡相成一直是遥不可及的理想，“相克”成为城乡关系的主轴，而且是以城市单向占有乡村资产和资源为主要特征。这一格局在新中国成立后逐渐有所改观，但乡村始终难以摆脱从属地位。潘家恩、温铁军在全面、系统考察自民国初年以来百年乡村建设进程后发现，在以都市为主导的格局下，乡村处于“非现代”和“反现代”的相对位置被认为是时代发展的问题，认为“这种‘问题化’后的‘乡／土’既在文化上进一步强化了城乡不平等与割裂对立，又循环生产出一整套让农民无法自信、让农业失去尊严、让农村难以安身立命并获得意义、以都市和资本为中心的现代文化。”[②]

改革开放后国家投入巨额资金改善农村基础设施，中国农村重新焕

---

① 李金铮：《“相成相克”：二十世纪三四十年代费孝通的城乡关系论》，中国社会、科学，2020 年第 2 期。

② 潘家恩，温铁军：《三个“百年”：中国乡村建设的脉络与展开》，开放时代，2016 年第 4 期。

发生机后，越来越多的城市人进入乡村并发现乡村的美好。随着工业反哺农业大范围实施、脱贫攻坚战略深入推进，以国家为主体将政策红利更多地带到乡村，进一步改善了乡村的发展条件，农民的生活有了一定程度的提高，但乡村与城市整体收入的高差，一直无法弥补二者长期不对等的鸿沟。根据“三农”专家温铁军的观点，新中国成立以来，城乡关系虽得到很大改善，但总体上依然处于“乡弱城强”的失衡状态。长期以来工业产品下乡与农产品、农业加工品进城这种基于物质交换建立起来的城乡关系，并没有在城乡融合上有实质性的推动，城乡相成更无从谈起。在扶贫攻坚与乡村振兴有效衔接的重要战略发展阶段，需要基于现有发展基础，在资本、人才下乡的大背景下进一步探索城乡融合的有效机制，将“以人为中心”尤其是以作为乡村主体的农民为核心，通过进入乡村的城市投资人与村民之间的多业态驱动与多层次互动，让市民与村民在乡村社区场域内深度融合，基于植根于乡村的文旅融合业态实现共生，不但让村民以资产性、资源性或劳务性收入实现生活富裕，而且让参与乡村发展的城市知识或商业精英找到事业发展的广阔空间，同时为更多城市人群进入乡村享受良好生态环境提供了有利条件。基于以上的认识，我们认为城乡相成指的是城市资本、人才、文化等要素与乡村在地资产和资源相融合，围绕相关产业形成稳固、持续的利益共同体，达到城市和乡村的利益主体彼此依存、价值共创，在推动事业、人才、文化、治理向善向上的跃升中实现城乡之间的相互促进与共同成长。以乡村空间中的“人”为核心，通过满足返乡入乡人才和在地居民的利益、价值和文化诉求，围绕精品民宿业态在乡村社区场域内推进市民与村民共担、共建、共享、共进，实现生产、生活、生命、生态的有机交融与和合共生，真正促进城乡相成的美好实践，城乡相成有望迎来最好的发展阶段，形成城市工业文明与乡村生态文明交相辉映的生动图景，为乡村全面振兴探索出具有鲜明首都特色的新模式。

当资本只是怀着逐利的欲望进入乡村，城乡相成的愿望将无法实现。只有一个个有资本和能力的精英分子将个人对乡村的憧憬用扎根乡土的深沉情怀去支撑，真正将个人欲念与乡土成长有机结合，在个人精神成长与乡村生态优化共同成就、彼此促进的过程中，城乡相成才会成为新时代的发展主题，将梦想变成现实。

第四节　城市全面反哺助力民宿发展

北京精品民宿的快速发展，在一定程度上得益于“大城市小农业”“大京郊小城区”的首都区位条件。新中国成立七十余年首都高速发展在北京市区积累的大量财富，在乡村振兴战略格局下逐渐将发展红利向郊区溢出。在城乡一体化发展战略指导下，政府利用政策杠杆有序引导，资金、资源、人才等产业发展要素逐渐流向乡村，为民宿发展提供助力，推动国际大都市城乡相成的精品民宿发展格局的形成。

一、多方资源汇聚乡村打造“金叵罗 11 队”模式

密云区溪翁庄镇金叵罗村原有 9 个大队，村两委于十年前决定依托密云水库主打生态牌、有机农业以来，优质土壤、有机蔬菜、高品质小米、金叵罗农场、金樱谷采摘园这些独具特色的地方资源，让这里成为颇受市民关注的新乡村。随着与村里合作的老友季花园民宿入驻，更多认可金叵罗村发展理念的北京市内创业人群带来不同业态的项目，逐渐汇聚起越来越多的人才资源。这些以不同方式落户在金叵罗村的城市创业者数量达到一定规模，村书记将这个拥有更符合现代社会需要的生产力的群体命名为“金叵罗 11 队”，成员包括进村创业的创客、就业的工作人员以及热心于金叵罗乡村发展并持续给予支持的各方能人、荣誉村民。他们带着自身所在领域的资源或技能为金叵罗赋能，如自然教育、有机农业、食品研发、乡村旅游、民宿运营等，促进村庄产业发展和乡村振兴。这个好听好记的名字不胫而走，逐渐成为外来创客和为金叵罗村引来创客或其他优质资源的主体的代名词。随着这个群体的壮大和影响力的扩散，“11 队”的这个数字被赋予不寻常的意义：11 为两个 1 的叠合，代表 1+1，即城市和乡村的无缝对接，密不可分；同时代表城市人频繁踏进乡村的两条腿。有了这个充满活力和激情的“11 队”，金叵罗村城乡共建迎来了快速发展的新起点。

“金叵罗 11 队”是一个特殊的新村民群体，他们落地乡村的业态主

要包括老友季民宿、飞鸟与鸣虫农场、田妈妈亲子小院、西口研食社、自然教育学校、蓝海乡村会客厅等。这是一个典型的城市精英在认可一地的乡村振兴发展思路后，不断投入资源和智慧，形成多种业态之间的互补，以高势能吸引更多资源汇入城乡融合发展的浪潮。

推动“众人拾柴火焰高”良好态势形成的力量，除了带着一个个项目而来的商业精英团队外，更有具备强大资源链接能力的北京市农村经济研究中心（简称“农研中心”）的功劳。作为北京市农业农村局下属的事业单位，该机构早在2017年就将金叵罗村作为农村基层联系点。中心及下属机构资源区划处处长陈奕捷一直关注老友季花园民宿的进展，当得知飞鸟与鸣虫农场创始人李一方四处寻找合适的落脚地后，积极向金叵罗村书记推荐，促成了该农场免费使用村内土地，培育期满后村企收益分红的合作模式。为更好地推动乡村振兴步伐，农研中心选派资源区划处副处长张颖进驻金叵罗村，帮助该村系统梳理在地资源并积极搭建不同创客之间顺畅沟通的平台，目前已形成了以老友季花园民宿为核心、兼顾各类业态协同发展的资源共享模式。2021年12月8日，在农研中心副主任刘军萍的直接推动下，中国国土经济学会全国第一个“科创中国·乡村振兴实践基地”落户金叵罗村，学会理事长、党委书记及农研中心主要领导为实践基地挂牌，今后将会把学会的科技力量引入乡村，提高新科技在乡村发展中的应用水平。乡村振兴实践基地落户金叵罗，是农研中心搭建合作创新平台，直接服务乡村振兴的重要体现。一直为“金叵罗11队”的发展壮大出谋划策的局级和处级干部，也被村干部视为这一群体的成员，他们都以拥有这样的身份而感到光荣。

“金叵罗11队”是推动乡村振兴的组织创新，通过市民与村民的深入互动和有机融合，逐渐探索出一条城乡共生共荣的融合发展道路，开创了工农联盟带动共同富裕的崭新模式。成员深度扎根乡村，与村庄共谋可持续发展路径，致力于将金叵罗村打造成全国乡村振兴的样板和标杆。如果每个乡村都能建立起自己的“11队”，民宿及其他业态的发展前景必将呈现出勃勃生机。

二、北京市文旅局定向推出提升民宿吸引力的公共服务

2021年4月29日上午，北京市文化和旅游局在北京精品民宿推介会上，正式启动“大厨下乡”结对帮扶活动。该活动是推动乡村民宿供

给侧结构性改革，促进京郊旅游产业实现高质量发展的重要举措。活动旨在培育乡村民宿从业者餐饮专业技能，塑造乡村民宿餐饮服务良好品质，打造具有北京地方特色的民宿餐饮品牌，深入挖掘京郊餐饮文化，推动时尚餐饮元素和传统餐饮文化相融合，宣传和推广“一种食材、一手好菜、一桌好饭、一个好故事”，发展和培育一批有“味道”的特色民宿。文旅局希望通过这一活动，改变乡村民宿餐饮品种单一、同质化严重等问题。随后文旅局将组织餐饮单位与民宿经营单位结对，以包括中国资深烹饪大师刘建民、顾九如，中式烹调大师黄凯、王云等在内的北京市星级酒店、特色老字号、网红餐厅的近百名知名烹饪大师为基础组建专业团队，推动“大厨下乡”，结合地域文化，利用当地食材，研发特色菜品。具体由北京市旅游行业协会和北京烹饪协会统一协调，组建大厨帮扶团队，协助民宿推出创新菜品，开发“品牌、品味、品质”俱佳的乡村特色美食；同时推出“民宿美食菜单”，将地理标志农产品与乡村民宿深度融合，让游客“吃得好，带得走”。文旅局将整合市区两级力量，分层级、分区域、有重点地开展全行业培训，并适时推出北京乡村民宿美食大赛——“寻找北京民宿厨神”。未来将推动乡村民宿与餐饮单位、酒店单位结对不少于 100 家，受益民宿餐饮从业者不少于 1 000 人，开展不同层次的集中培训 30 期，培训乡村民宿不少于 600 家。

“大厨下乡”结对帮扶活动将重点选取有一定餐饮服务基础和市场影响力，同时具有提升餐饮服务水平意愿的民宿先行启动。延庆区的乡村美食在北京郊区素有盛名，培育了火盆锅·豆腐宴、石烹乡宴等特色桌宴美食 40 余桌，另有火勺、炒傀儡等特色小吃近百种，入住全区 120 余家品牌民宿、400 余个民宿小院的部分游客就是冲着美食来的。从 2015 年起累计举办的四届乡村美食大赛，让延庆美食名声在外。延庆区在 2020 年率先提出共生社区民宿发展模式，提升餐饮品质就是民宿与游客共生的重要形式。同时延庆拥有北京市首个政府主导的北方民宿学院，多年来累计培训延庆、北京乃至整个北方地区的民宿从业人员 3 000 余人次。正因如此，于 2021 年 5 月 12 日举办的北京市首个民宿共生社区研修班上，北京市文旅局领导亲赴位于延庆区刘斌堡乡的北方民宿学院，将北京市第一块“大厨下乡活动实训基地”牌匾交到了民宿学院负责人手里，民宿学院可以充分利用大厨下乡师资对延庆区乃至北京京西北山区其他地区民宿开展全方位培训。6月21日，两位大厨侯玉瑞、黄凯来到井庄镇，实地走访妫心宿、原乡里三司精品民宿，与经营者座谈了解当地餐饮文化，以期更好地推动时尚餐饮元素和传统餐饮文化的有机融合，提档升级现有菜品，研发新特色菜品。由北京市提供的公共服务下沉到民宿的活动，无疑会进一步提升乡村民宿对市民的吸引力。

2021年12月2日，由北京市文化和旅游局主办的2021年北京市乡村厨神大赛暨“大厨下乡”成果展示活动在房山区举行。“大厨下乡”活动已深入10个行政区结对108家，帮扶大厨近百位，为民宿改良、创新菜品超过200个，累计为民宿主厨培训时长超过1 000课时，让近千名乡村民宿行业从业者受益。当天17支民宿厨师代表队参赛，亮相的菜品中有不少出自最新推出的京郊美食地图和手册。该图册将京郊各区近70家旅游经营单位富有地域特色的16种宴席、130余种菜品统一汇编，随后将发放到全市各街道、镇、乡图书馆及京郊旅游咨询服务站、精品民宿经营单位等，这些升级后达到一定品质的菜品，有助于将市民吸引到民宿里，为市民延长住宿时间提供了更多可能性。

三、组织选派第一书记推动区域民宿发展

北京市组织部门围绕全面推进乡村振兴，面向乡村推出相关帮扶政策，为各地选派相关人才进行帮扶，尤其是选派驻村第一书记的人才定向配给机制，大大缓解了推动民宿发展的人才短缺瓶颈。驻村第一书记是指从各级机关优秀年轻干部、后备干部，国有企业、事业单位的优秀人员中，选派到村担任党组织负责人的党员，他们思想活跃，视野开阔，工作能力强，人脉资源广，他们的加入有助于快速解决乡村发展的短板问题，民宿产业从中获益良多。

作为北京200多个低收入村之一，延庆区刘斌堡乡小观头村基础条件很不好，地处山区，有一半以上都是山地，粗放型玉米产业为村民带来的收入有限，全村62户中42户是低收入户，“空心村”房屋长期闲置，破败不堪。小观头村位于延庆四季花海景点“入口”，景点里百日菊、鼠尾草、向日葵等花卉绵延数十里，景色优美，能吸引到不少游客。村第一书记刘慧敏在对周边环境进行考察后，开始调动相关资源对村里的20余处闲置房屋进行民宿改造。2017年10月，村里利用向延庆区申请扶植低收入村的70多万基金，将两个闲置农房改为民宿，并取名为“先生的院子”。随后村委会成立“小观头旅游合作社”并向农商银行贷款150万元，将更多闲置房屋开发成民宿。后邀请隐居乡里来进行整体运营，目前全村12个院子，每年能为村里带来100多万元的可观收入。

密云区溪翁庄镇金叵罗村第一书记伊书华，早在2015年就带头拿出自家房子让村里人开办民宿北井小院。由于他之前经营过旅游公司，积极帮忙拓展客户渠道，很快得到市民认可。随着乡村旅游的发展，更多市民有入住高端民宿的需求，由村民自己经营的方式难以满足市民日渐提高的消费需求，迫切需要引入更高端的民宿带动当地民宿产业更快更好地发展。经过长达一年时间的认真考察，伊书华书记发现在密云县城开咖啡店的梁晴很契合金叵罗村的气场，对方也有进村开民宿的意愿，于是积极与村委会和村民协调，将梁晴相中的百年老宅办理出租手续，千方百计推动老友季民宿项目落地，并将老友季作为撬动金叵罗村发展的合作方大力支持。由于村里此前就开办了共享农场，为市民提供有机蔬菜和粮食，村委会有能力调配相关资源，在伊书华书记的协调下，村委会决定为民宿免费提供餐厅所需有机蔬菜的特殊待遇，在菜品数量上不做限制，以优质美食提高民宿吸引力。随着老友季花园民宿经营的成功，越来越多的市民进入村庄，在享受到民宿的美好体验和美味食品后，通常都会下单购买共享农场的产品，民宿因而为农场带来超过自身消耗食材价值二三十倍的年销售额。金叵罗村将民宿与村内相关产业发展纳入一体化经营范畴，这种符合京郊农村实际的发展思路充分体现了第一书记的眼界和思路，探索出一条依托精品民宿撬动乡村高质量发展的新路，值得更多第一书记借鉴。2021年12月初，北京市部署安排第六批第一书记驻村帮扶工作，市区两级共计选派671人以满足乡村振兴的各项任务需求，即将充实到集体经济薄弱村、党组织软弱涣散村、红色试点村，这一行动将会使更多村庄受益。

四、平原区与生态涵养区结对帮扶配套资金推动民宿发展

据《北京青年报》2019年6月28日报道，西城区主动提出将2019年至2022年每年转移支付1亿元改为一次性出资4亿元，门头沟区按照每年出资1亿元配套，共同成立总额8亿元的乡村振兴绿色产业发展专项资金，重点围绕促进门头沟区45个市级低收入村、29个区级低收入村等乡村发展，合力打造精品民宿，构建山区绿色产业体系，壮大农村集体经济，实现生态富民。当时西城区已有6家企业与门头沟区8个村签署民宿投资意向协议，30余个村庄与意向投资企业持续对接。门头沟区利用专项资金的杠杆作用，针对民宿投资运营主体制订了一系列的奖励、扶持政策，调动了村民和返乡人员的积极性，带动了“门头沟小院”区域品牌的快速发展，让民宿发展基础薄弱的门头沟区迅速成为继怀柔、延庆之后在精品民宿发展上形成区域规模的地区，得到市领导和游客的认可。其他各结对联合体中的中心城区在文化、科技、教育、医疗等方面给予生态涵养区以支持，不断优化这些地区的公共服务软硬件设施，提升郊区的营商环境，这对于市民进入乡村进行民宿消费起到了一定的推动作用。

五、国营企业援建贫困地区的民宿方案

北京市管国企和央企数量多，体量大，为体现国企的责任担当，各大企业应在扶贫事业上贡献力量，根据政府的统一安排，企业会拿出一定额度的资金用于乡村扶贫项目建设，以“一企一村”帮扶脱低的形式定向为对接村提供帮助。部分企业在新一轮乡村振兴中积极发挥产业带动作用，优先选择民宿作为援建项目，通过与各村镇合作改造农宅，凭借资金雄厚、动员能力强和以团建客户为主打的优势，在各区广泛介入民宿投资运营业务。目前进入各郊区投资民宿产业的国企主要有中建、国奥、城建、北科建、北京国资、北控等集团企业，知名民宿品牌主要有百花山社、国奥乡居、大城小苑等。

根据北京电视台《北京新闻》2021年7月10日报道，北控集团在密云区为冯家峪镇西白莲峪村投入改造资金1 500万元的基础上，提供一定比例的资金帮扶参与农宅改造，并负责整体开发和市场运营，目前已有7家精品民宿投入使用，未来计划在该村及朱家峪村共计打造30户精品民宿，为当地农民带来租金和分成收入，为集体经济发展提供支持。

2018年5月，北京城建集团与下栅子村签订了“一企一村”结对帮扶协议书，投资1 300万元，作为核心项目的“大城小苑”民宿于9月开工，仅用61天就实现了8个院落、16间房屋的主体结构封顶。自2019年5月1日至2020年9月，“大城小苑”精品民宿实现收入163.22万元，同时通过农产品消费帮扶为村民增收25.29万余元。2020年10月，“大城小苑”精品民宿以第37位的名次入选世界旅游联盟“旅游减贫案例

100”，也是北京市唯一入选的案例，下栅子村所有低收入户也因民宿产业的帮扶全部“摘帽”脱低。

门头沟区清水镇梁家庄村曾经是远近闻名的低收入村，2018年以前，全村293户498人中，低收入人口占全村人口约30%。2018年5月，北京国资公司与梁家庄村签订“一企一村”结对帮扶协议，集全公司之力开展帮扶工作。公司旗下北科建集团充分发挥自身资源、产业、管理和团队优势，与梁家庄村集体经济组织签订全面开发运营该村高端民宿的项目合作协议，注资成立了帮扶平台公司——北京梁家庄创艺乡居文化有限公司，利用北京国资公司投资的3 500万元，通过门头沟区农村产权交易中心取得闲置民宅的经营权，将村民手中闲置的房屋设计改建成精品民宿。村内有劳动能力的低困户村民经过岗前培训，被聘为民宿管家，拥有一份稳定收入。公司链接北京市农林科学院资源，根据当地自然条件种植高山芦笋、奇异莓、苹果等农产品，积极发展生态产业，为梁家庄村找到了依托精品民宿发展相关产业实现乡村振兴的独特发展道路。2019年6月，梁家庄村82户低收入户、137个低收入人口全部提前稳定脱低，梁家庄村“低收入村”整体摘帽。2021年前8个月实现民宿运营收入130余万元，整个村子都走上了致富的“快车道”。为进一步发挥党建在脱低帮扶工作中的重要作用，北京国资公司用100万元党费为梁家庄村捐建了约400平方米的“党员活动中心”，党建宣传室、村史展览室、党员活动室等一应俱全，在满足村党员、村民培训学习的同时，为党建引领梁家庄村脱低工作提供了阵地。2021年“中秋”“国庆”双节前夕，北京国资公司携手光明网以网络直播的形式，带领网友走进创艺乡居民宿，在青山环抱的美丽乡村中赏山景、品山泉、摘秋果，通过光明网网站、微博、视频直播平台播出，总观看量超过300万人次，让更多网民知道了创艺乡居民宿品牌和周边的生态环境，切实发挥了国企在推动京郊民宿发展中的独特作用。①

① 《300万网友云游美丽乡村 北京国资公司携手光明网开展网络直播》，https://www.bsam.com.cn/newsInfo_4669.html。

六、在京高校以专业能力为民宿发展赋能

北京市作为高等院校和研究机构最为集中的首善之区，汇集了诸多科研院所和大量实用性专业以及高水平的科研人员和创意人才，这为具有鲜明文化属性的民宿提供了强有力的支持，可谓潜力无限。部分政府机构和民宿企业从提升民宿竞争力出发，邀请研究机构或个人提供智力支持。

比如北京生态涵养区林杂木材工艺品创意设计人才培训项目，这是由北京文化艺术基金资助，北京林业大学艺术设计学院主办的公益项目，旨在以京郊地区废旧林杂木材升级再造文化创意设计为抓手，通过校地合作模式，培养林杂木材“变废为宝”的文化创意设计人才，推动北京乡村文化创意设计与特色产业发展，促进北京乡村振兴的高水平发展。培训活动历时两个月，包括民宿行业从业人员在内的40名学员在专业教师团队教学与指导下，完成了林木材料的形态创新、材质创新、工艺创新、产品种类开发创新等课程培训，设计制作出高水平的林杂木材创意作品近百件，渤海镇约有十几家民宿派人参与培训。这类结合当地实际、由高校提供培训课程的活动，不但为民宿主提供了装点民宿环境的技能，而且能为客人提供可参与的动手活动，与在地元素有了更多互动的机会，这类培训具有广泛适用性和推广价值。

在门头沟区文旅局的推动下，门头沟小院民宿与北京电影学院建立战略合作关系，开展“影像助力美丽乡村发展”活动，打造“一村一摄影师”“一民宿一摄影师”品牌，引导镇、村民宿企业在“美”上精耕细作。由专业师资为民宿企业提供高质量影像和影片拍摄指导，在网红时代对于提高民宿图片和视频颜值，提升民宿吸引力很有必要。

位于延庆区百里山水画廊，以自然教育为特色的百里乡居精品民宿，发挥其位于深山区森林和地质资源丰富、星空观测条件优良的优势，与中国地质大学退休教授合作开展野外地勘课程开发，与北京林业大学合作进行自然与野生动物知识体系开发，与北京师范大学天文社合作开展星象观测，这些具有较强专业能力的高校师资，对于提升游客体验的丰富性和质量大有裨益。

中央美院户外写生需要实习基地，为满足教学需求，2014年开始与怀柔区渤海镇大榛峪村合作共建央美响水湖写生基地，由村委会建设宿

舍楼并统筹民俗接待户，为美院每年为期半年的实践教学基地提供住宿服务。据村委会主任赵军介绍，每年学校安排到这里写生的人数大概4万人次，每年学生花费在住宿和农副产品上的消费支出约三百余万元，带动了村里40个民俗接待户的发展。有孩子家长到村里探望，消费能力强的家长会选择住宿条件好的民宿，是中高端民宿的潜在消费人群。2021年《春季实践课》作为中央美院艺术管理与教育学院研究生一年级户外实践必修课程，在为期3周的实践教学活动中，学生在进行写生和色彩练习之外，接受乡镇政府的模拟委托，通过座谈、访谈、实地调查等方式，深入了解乡情，结合乡村实际，运用专业知识进行创意提案，通过专业教学与乡村振兴实践有机结合，锤炼学生用艺术助力乡村振兴的能力。在专任教师的指导下，由学生组成的三个虚拟公司接受渤海镇和大榛峪村领导的委托，通过田野调查、文献搜集、焦点访谈等多种方式，并结合专业知识与创意思维，为所在地艺术乡建提出了三套方案，分别是Boo-hi啵嗨艺术节、《原点》大榛峪村五感体验、Uni-art青年艺术家共享工作室，获得了乡镇政府和带队老师的肯定。此前学生的写生作品售卖款项用于村内基础设施建设，师生们在村内建筑上创作的彩绘作品，美化了乡村环境。部分作品在由渤海旅游民宿协会举行的乡村市集上展卖，丰富了民宿客人的闲暇生活。

七、国际友人开创模式推波助澜

美国人萨洋和他的华人妻子唐亮在美国相识，两人结婚后来到中国。萨洋从大学起就一直自学中文，甚至专门跑到北大进修。出于对长城脚下乡村生活的喜爱，2005年萨洋辞去了一家医疗公司高级副总裁的职位，来到慕田峪长城脚下的村子里租住农民的房舍。自学建筑设计的萨洋将前后两个农民房改造成了一处自带三个花园、两个书房，十几个窗户都能看到长城的私宅。他们邀请朋友到家里做客，许多人愿意租住他们的房子，由此开启了京郊精品民宿经营的新模式。入住或参观的朋友很喜欢他保留老房子的外观、对室内进行改造的做法，不断请他帮忙做房屋设计，至今他已经帮人设计了大概40栋房子。这些房子大多位于渤海镇，集中分布在怀柔区的慕田峪村、北沟村和田仙峪村。也有远道而来的朋友请他到延庆区千家店镇大石窑村，萨洋和另外一个建筑师一起将这个位于偏远山区的荒村进行全面改造，把其中20多个废宅改成了客房，将

1977 年建造的老校舍改建成了书吧。今天的百里乡居已经成为延庆区乃至北京地区以自然教育为特色的精品民宿综合体，萨洋对这个整体搬迁村房屋所做的改造，让创始人王晓丽赞不绝口。很多不知道精品民宿为何物的民宿主，正是看到了他的作品而倍受鼓舞和启发，迈出了民宿经营的重要一步。萨洋是最早将乡村精品民宿这种新生事物带到北京郊区的外国人，这一新模式与中国南方的浙江省德清县莫干山几乎同时开启。由于他带动更多外国人到慕田峪长城脚下享受北京郊区生活之乐，由此而形成的“长城国际文化村”名声在外，“长城脚下的国际会客厅”成为展示北京包容、友善形象的有力注脚，甚至可以视为民间外交的有效形式。萨洋对京郊精品民宿的肇始之功和在周边长城地区不遗余力帮助更多人开办精品民宿的行动，更因他独特的身份标签而直接或间接地推动了北京精品民宿的发展。

与广大南方旅游市场基本不受季节影响，民宿淡旺季没有明显区分相比，精品民宿在北方尤其是北京地区落地生根并逐渐发展壮大，具有特别的意义。北方地区市场经济相比于南方的发达程度整体上略逊一筹，尤其是与长三角和珠三角地区还有一定差距，在集体经济发展上差距较大。北京市在乡村振兴战略上明确提出壮大村集体经济的方向，并将乡村新型业态的精品民宿作为重点，确实是把握住了发展的核心环节。城乡相成作为精品民宿良性发展取得成果的理想状态，体现在乡村振兴的各个方面，当之无愧成为实施乡村振兴战略的有效入口。

第二章 民宿社区和合共生

“共生”概念是由德国真菌学家德贝里在1879年提出的，它的本意是指不同种属生活在一起，不同种类成员之间延续的物质联系。两种不同的生物体密切地、专性地生活在一起，这种生活方式就叫共生。①它描述的是事物间形成的和谐统一、相互促进、共生共荣的命运关系。中国传统乡村素以“关系”作为连接各类主体的核心纽带，城乡相成的核心使命就是通过某一产业形态重建市民与村民的关系，通过乡村社区再造建立起和谐共生的城乡关系。民宿这一由市民自发进入乡村开展文旅服务的产业形态，已经在全国各地大张旗鼓地启动了重塑城乡关系的步伐。它通过市民与村民、村集体与投资运营商以及民宿品牌之间建立在互信基础上的良性互动，重新打造介于城市与乡村之间的新型“关系乡村”场景，合力为市民游客创造城区之外的“第二居所”，让他们在深度参与乡村生活过程中体验不一样的情境，在高质量的社区共生中感受独一无二的乡居社区生活。民宿以形式多样、内涵丰富的共生方式，不断深化着市民与村民融合的进程。

第一节 多重视野下的乡村社区重构

随着20世纪五六十年代农村集体经济主体地位的确立，以“生产队”

① 李思强：《共生构建说论纲》，中国社会科学出版社，2004年7月，第134页。

为基本劳动单元和以自然村为生活单元的乡村社区，是具有鲜明社会主义特色的社会组织形式。在上世纪八十年代陆续开展家庭联产承包责任制，劳动单元变成一家一户后，乡村社区开始萎缩。真正带来巨大冲击的，是城镇化速度加快后大量农村人口进城务工带来的青壮劳力锐减，以妇女、儿童和老年人为主体的“38–61–99 部队”和大片撂荒的土地，让曾经充满生机与活力的乡村社区一片萧瑟，失衡的人口结构和凋敝的经济状况，带来的是价值体系的坍塌和伦理关系的失序。社会主义新农村不是呼唤传统乡村社区的简单回归，而是要在引入新要素进入后重构乡村社区，是传统农民与新农人围绕新型产业重塑关系，创造新型城乡融合的文化形态。

一、逆城镇化进程下的关系社区再造

与城镇化步伐相伴而生的是传统村庄作为村域社区的衰落，年轻人日见减少必然导致农村的空心化，以往人口结构均态分布、生产生活生机勃勃的景象渐行渐远。让外出打工的年轻人重返家乡，让市民愿意走进村庄，必须有足以吸引他们侧目的产业形态。精品民宿作为盘活乡村经济的新型业态，将村民、游客、投资运营商、乡村管理者重新聚合，为创建城乡融合的新型社区开启了一场具有历史意义的新乡建运动，当仁不让地扛起社区再造的大旗。

中国传统乡村素以“关系”作为核心纽带，家族、邻里关系成为维系乡村活力的核心力量。社区再造的关键在于利用民宿这一业态，通过市民和村民建立在互信基础上的良性互动，重现介于城市与乡村之间的新型“关系乡村”场景，为市民游客创造城区之外的“第二居所”，让他们在深度参与中体验不一样的情境，感受独一无二的乡居社区生活。

合宿·延庆姚官岭是多个民宿品牌联合打造的区域性民宿集群，为协调民宿投资运营商和村民的关系，消失多年的集体合作社重新亮相。民宿聘用村民为管家、厨娘、保洁员等，村民在家门口就可以体面就业，本村的年轻人也愿意留下来工作。不同的民宿品牌提供各具特色的产品和服务，能够满足不同游客的需求，吸引更多游客在乡村长时间停留。为增强民宿吸引力，2019 年多个品牌联合推出乡村 Live 音乐会，2020 年更是升级为民宿音乐会，游客和村民以音乐为纽带真正实现了主客共享。为规范游客和村民的行为，当地制订了《乡村旅游文明公约倡议书》，号召游客文明消费、尊重在地习俗，合力共建良好的村居环境。在这样的氛围里，游客变身为新村民，沉浸式体验为游客带来了不一样的感觉。姚官岭村以崭新的村容村貌为美丽乡村建设提供了生动的注脚，“全国文明示范村”的称号为京郊乡村赢得了尊严和荣光。民宿作为联结城市与乡村、文化和旅游的核心枢纽，已经用无可置疑的表现证明了其在关系社区再造上无可替代的独特价值。

二、社会治理格局中的文化社区共生

美丽乡村建设除了环境优美、百姓富裕外，精神文化作为引领性的因素，将越来越多地渗透进乡村的每一个角落，以达到“以文化人”的目的。在北京建设全国文化中心的战略发展进程中，以社会治理观念促进京郊文化发展被提上日程。乡村社会治理强调参与乡村建设的多个主体基于共同的目标和利益发挥各自的主观能动性，合力进行协同治理，共建利益共同体。社会治理的要义在于尊重每个主体的利益诉求，通过合理的利益共享机制凝聚各方力量，达成有效治理的目的。民宿作为新型城镇化背景下就地就近城镇化的创新模式，应成为市民与村民协同打造的新型乡村生活社区。以民宿空间运营为核心，村委会、合作社、运营商、民宿主、村民、游客等在地或入乡主体良性互动，形成以容留游客住宿时间为周期、以满足游客享受乡村美好生活为核心的利益共同体，在共生社区建设中书写乡村文化治理的生动实践。

山楂小院作为以运营商主导下盘活乡村闲置民宅推出的第一个品牌，就是由隐居乡里与延庆区刘斌堡乡下虎叫村集体合作社、投资方共同打造的托管式运营民宿，将村集体、投资商、运营商、闲置住宅房主、民宿就业村民等通过合理的利益分配机制捆绑成稳固的利益共同体。村民在家门口就业能够得到稳定的收入，闲置民宅房主在房租收入外还能和全村居民一样获得集体合作社的年终分红收入，村集体也能获得收益；投资商、运营商会将部分利润划拨出来，作为乡村公共建设尤其是公共文化设施和空间的改善资金。同时，民宿将入住游客变成稳定的消费群体，把从农民手中收购的小米、山楂、蔬菜、鸡蛋等农产品加工、包装成高价值商品，增加了农民的收入。山楂小院由一个逐渐扩容到十二个，辐射的范围逐步扩大。不仅如此，隐居乡里还在周边建起了北方民宿学院、大炕酒吧、亲子手工坊等空间，俨然是一个城市社区的移植版。当那些向往乡村生活的市民入住其中与村民形成和谐的互动关系，具有鲜明的隐居乡里品牌基因、城乡共融共生的新型社区便无可遏抑地成长起来，下虎叫村因而迅速地摘掉了压在头上多年的低收入村帽子。这套成熟的社区共生模式经过几年的打磨渐趋成熟，现已成功复制到北京市其他区及河北、陕西、重庆等地，成为延庆民宿品牌模式输出的典型范例。

精品民宿紧紧围绕所在社区的在地文化进行文化治理，这是民宿能够发挥更大作用的空间所在。石光长城是以石峡关长城相关元素打造起来的特色饮食民宿品牌，在逐渐获得稳定的经营收益后，民宿主与村委会联手建立长城民俗文化博物馆，集中展示长城脚下的民俗民风，为乡村保存珍贵的历史档案，并为游客提供了具有长城文化特色的手工艺品制作体验服务。民宿免费培训长城文化讲解员，为村民创收提供条件。针对六十岁以上的村民，民宿企业按照每天一个鸡蛋加一包牛奶的标准免费供应，七年间从未间断，让村民和游客感受到浓浓的邻里乡情，唤醒了久违的社区记忆。与山楂小院回收乡亲的山楂制成山楂汁为村民带来额外收入一样，石光长城将当地丰富的海棠果资源利用起来，为游客提供地道的海棠汁，也为村民提供了收入来源。长城文化为民宿经营赋能，民宿为乡村文化治理提供了崭新的思路，成为稳步推动美丽乡村建设的重要力量。

三、生态文明建设下的融合社区蜕变

生态文明建设作为推进民族复兴的重大国家战略，建立在对“天人合一”这一文化传统尊重和传承的基础之上，美丽和谐的乡土中国是生态文明建设极为重要的环节。而解决好农业、农村和农民“三农”的关键问题，在当下资本日益向城市集中的环境下，如何通过最符合城乡一体化发展实际的民宿业态大胆破题，做好依托民宿建立价值共同体这篇大文章，显得尤为重要。目前，北京郊区已有多个区获得与生态相关的国家级荣誉，如“绿水青山就是金山银山”实践创新基地称号已经覆盖延庆区、密云区、门头沟区、怀柔区、平谷区五个生态涵养区，其中延庆区、密云区、门头沟区、怀柔区同时获得国家生态文明建设示范区称号。优质的生态底色，为生态文明建设奠定了良好的基础。一、三产融合为乡村振兴提供源源不断的内生动力，通过民宿运营模式的持续探索推动新时代的生态文明建设，“民宿 +”通过文化赋能并结合其他业态产生

出的无穷动能，推动着融合社区的蜕变与新生，为社会主义新农村建设提供生动样本。

民宿的本质是以文化为核心的新型文旅融合业态，是城市时尚文化与乡村在地文化相结合的文化产品，能满足市民对于乡村的多重想象与需求。以住宿空间为圆心，以游客需求所及为半径，充分整合文旅体商农各产业优势资源，努力构建“民宿+”社区同心圆。民宿品牌积极探索“民宿+”的广阔空间，依托民宿开展的非遗、农事体验、音乐、冰雪、自然教育等项目构成了色彩斑斓的泛文化业态，满足了市民进入乡村后的多种需求。

百里乡居作为基于延庆区千家店镇大石窑村整村开发的民宿品牌，是由怀柔区民宿瓦厂的老板萨洋操刀设计，由村民整体搬迁留下来的村落改造而成的。大石窑村位于百里画廊景区，从市区到这里的直线距离超过一百公里，而实际距离却差不多有三个小时的车程。这里群山环抱，空气清新，良好的生态环境是这里最大的优势。民宿将这里的绿水、青山、空气、阳光、矿石、星空、蜜蜂等未经人为干预的自然资源作为吸引物，将客人从大都市吸引到这里，享受与大自然和谐共处的美好生活。

这里的院落建筑和交通小路设计，尊重老村原有肌理加以修缮、加工、改造，使传统村落的人文气息得以重现，让现代化的血液流入村落，让人在乡居感受生活本真的美好。每个房间还自带小院，面朝林海，背靠大山。

百里乡居的突出特点，就是依托自然条件，开发出了形式多样，适合不同年龄段客人尤其是亲子家庭需求的活动项目，能充分满足客人在住宿之外的时间感受在自然中自由探索的需要。在旺季的“青麓自然探索”的活动菜单里，推出了分别针对全年龄段、亲子家庭和儿童的多项活动，包括深空探秘、木鸟制作、岫玉戒面打磨、鸟类观察、昆虫猎人、昆虫旅馆、骑行地质课、小小蜂农、羊羊保姆、照料萌兔、沉积的故事、攀岩速降、画廊骑行、手工彩绘、露天观影等丰富多彩的项目。比如“小小蜂农”项目，在当地蜂农夫妇的指导下，孩子们穿上专用护具，先由蜂农在蜂场结合实物详细介绍蜜蜂采蜜、酿蜜的全过程，并在他们的指导下亲手摇出一罐新鲜的蜂蜜带回家。“沉积的故事”项目发挥百里乡居位于延庆地质公园的天然条件，由专业人士讲解百里乡居墙面的沉积岩和山体的褶皱，破解十四亿年前的时光故事。

百里乡居在大石窑村有近30个院落，容纳的客人较多，聚集在这里的市民以整村作为活动空间，每项活动都会聚集不同的家庭，在这里实现了社群的重组，共同探索大自然的美妙，享受生态文明的美好，体验都市之外别有韵味的生活状态。

借助精品民宿推动乡村振兴，是北京郊区多个全域旅游区业态创新的理性选择；培育共生社区打造绿色生态系统，是践行“两山理论”的自觉实践。基于共生社区理念调动各方资源，从打造利益共同体到构建价值共同体，以民宿为核心、多业态共融共享的“民宿+”模式，已充分证明其在社会治理和乡村振兴中不可替代的作用，将越来越深入地应用于美丽乡村建设的实践中。

第二节　民宿驱动乡村社区和合共生

一、和合共生：再造乡村社区魅力的能量来源

只要有人在共同的区域内生活就会产生社区，传统乡村是最自然而又最有生命力的社区。只是，由于城镇化步伐的加快和城乡二元结构的长期存在，村庄作为村域社区逐渐衰落，引发无尽乡愁。那些悄然出现在京郊的乡村民宿，因其具有鲜明的文旅融合属性，而成为盘活乡村经济的新型业态，将村民、游客、投资运营商、乡村管理者等重新聚合。作为民宿运营核心理念的“共生”意识，从自发到自觉，逐渐成为各方主体共同遵守的规则，开启了一场创建城乡融合新型社区的有益探索，成为新时代乡村建设最值得关注的社会现象。

在以生态文明建设为发展方向的今天，我们更倡导乡村社区空间各种力量能围绕共同的目标实现“和合共生”。“和合”作为哲学观念，是指自然、社会、人际、心灵、文明中诸多元素、要素相互冲突、融合，以及在冲突、融合的动态过程中各元素、要素呈现出新结构方式。和合包括两种状态，一种为“和”，中和，并处一地的物理组合；另一种为“合”，

化合，相互作用的化学反应，产生出新事物、新生命，其结果是“生生”，即生而又生、新而又新。当这些元素、要素都能够互不妨害地协同发展或发育，就是一种和合共生的状态。

二、精品民宿带动的多层次和合共生

（一）市民与村民的生活形态共生

让居民拥有更多的幸福感和获得感是习近平新时代中国特色社会主义建设在民生领域确定的重要目标，民宿作为确保民生福祉的重要产业形态，是市民与村民合力打造的文旅产品业态。与民俗户由村民主导、市民被动接受的旅游住宿产品不同，民宿是由设计师按照市民的审美趣味和生活习惯，结合当地的地理、习俗、文化等因素，通过新建或改建的方式设计的文化综合体。由城市进入乡村的市民和走出农舍为市民提供服务的管家、厨师、保洁等，在民宿里都拥有了新的身份——新农人。他们暂时放下了原来的身份，在这里重新获得了与以往不同的新角色。市民享受的是远离尘嚣的乡村田园，在与村民的互动中放松心情、放飞自我；村民们则在与市民的交往和接触中感受都市文明的气息，享受到更多的红利辐射。

位于密云区花园村的陌上花开乡村民宿，茅屋草舍、青瓦石墙、旧式老窗体现出原汁原味的北方乡野风。为了让市民体验到烟火气，民宿的每个院子都建有菜园，客人可以到菜园采摘时令蔬菜，到河边山林里捡拾枯树枝，用来点燃烧烤碳和柴火灶，在小院的厨房里动手做饭，在院子里生火烧烤，在灶间添把柴，到晚间集体坐在火炕上聊天。民宿的院子散落在民居中，既能看到可延伸的景观，又能浏览农村的小院，听鸡鸭猪狗，与百姓搭讪，与村民共处，创造在地村民与新村民共处的空间。2020 年端午节期间，陌上花开联合亲子机构在花园村举办第一届北京少年儿童非遗传承大集（庙会），吸引了超过 120 人参加，在 12 位非遗技师的指导下进行捏面人、扎风筝、吹糖人、剪纸等活动，举办猜谜语、跑旱船、拔河等娱乐活动，开展了踢毽子、叠方宝等乡村游艺，村里大嫂手把手教孩子包粽子。这些城里的孩子在距离市区 100 多公里的山村参加这些活动时，感到既新鲜又刺激，兴趣盎然。乡村民宿作为活动举办地和非遗展示平台，在市民和村民的参与下共同打造了一场原汁原味的乡村文化活动，让传统节俗文化得以传承，为乡村增添魅力。

位于延庆区康庄镇火烧营村的精品民宿荷府，为解决冬日户外活动缺乏对游客吸引力不足的问题，特地聘请专业浇冰师将附近的荷塘变身为高质量的户外滑冰场，并请专业的滑冰教练教游客滑冰、打冰球，为沉寂的村庄营造出亮丽的风景。运营方规定除了住宿的游客有资格使用冰场外，本村的村民也可以免费享用冰场。民宿在这里不但创造了此前从未有过的冬季游乐场所，而且将属于民宿的配套场所变成了有利于所有村民的公共文体设施。民宿的亲民之举创造了友好和谐的生活环境，市民和村民其乐融融，这样的生活场景是新型城乡关系的生动写照。

（二）村集体与民宿品牌的经济共生

随着农村落后产能的疏解和农村人口的持续外流，村集体经济普遍归零已成为不争的事实。在延庆区各级政府的积极引导下，各村成立经济合作社或旅游合作社，一方面对内联络村民，处理闲置房产开发、利用事宜；另一方面作为村集体对外合作的主体，与投资运营商进行洽谈、协商，不但扮演供需对接的角色，而且充分调用各种资源壮大集体经济。投资商改造、租用农宅和闲置土地经营民宿，不但让投资运营商获益，而且为集体经济积累了资金收益，让参与集体经济合作社的村民获得资产性收益。不但如此，那些为民宿提供服务的村民，通过自身的劳动还能获得劳务性收益。当集体经济积累到一定额度后，就能以资本金的形式投入到具有更大获利空间的经营活动中。据《新京报》报道，2019 年延庆区全年民宿接待游客 1 万人次，收入 5 000 万元，带动 1 000 余人就业，实现合作社和村集体收入达到 300 万元。姚官岭村的合宿项目于 2019 年 5 月底正式开门营业，采用“公司 + 合作社 + 农户”的合作方式，由村内有闲置房屋的农户联合成立合作社。合宿以民宿业务为基础，利用村内现有的 50 栋蔬菜大棚和农田进行规划包装，开发乡村美食、农家生活体验等旅游项目。村集体在积累了一定的资金后，出资建设民宿品牌“汀风”，现已开门纳客。这一由姚官岭民俗旅游专业合作社与运营商大隐于世共同孵化的项目，是村集体与民宿品牌在经济上实现共生的典型案例。集体经济的发展为百姓精神面貌的提升奠定了基础。姚官岭村以焕然一新的村容村貌重塑了美丽乡村，2020 年获得全国文明村的称号，为京郊乡村赢得了尊严和荣光。无独有偶，房山区黄山店村为改变贫困村面貌，村支书张进刚不辞辛苦远赴延庆区姚官岭乡下虎叫村山楂小院实地调查，真心诚意邀请隐居乡里全面负责村内民宿运营事宜，村两委将农舍改造而成的40余个精品民宿小院，每年为村集体带来几百万元的收入，收入绝大多数用于村民分红，村庄一举摘掉了贫困村的帽子，张进刚书记也于2020年当选全国劳动模范，精品民宿成就了有发展集体经济意愿又能够充分利用当地资源的基层干部。

（三）民宿品牌之间的利益共生

为强化民宿的主人文化，给游客更好的体验，延庆区没有盲目引进大资本进入民宿行业，而是支持众多体量不太大的民宿品牌体现个性化风格，各美其美。各品牌在发展初期能量有限。这就要求品牌之间能从打造区域民宿品牌的高度加强合作，协同发展，结成稳固的利益共同体，合力将村域、乡（镇）域及延庆区域的民宿品牌形象树立起来，共同做大产业蛋糕。2018年6月，北方地区首个民宿集群项目——合宿·延庆姚官岭民宿集群正式启动。这个由延庆区多个头部民宿品牌沿用各自风格在姚官岭村自建院落，由大隐于世统一运营的民宿集群，为游客节省了时间成本，游客进到村子里就有多样化的院落可供选择，同时能享用到占地面积很大的公共空间，在这里参与多样化的休闲活动，如喝咖啡、做手工、阅读等，还能到蔬菜大棚里采摘，到成片的花海中拍照……多个品牌之间的合作能够取长补短，为游客提供单一品牌无法实现的服务，提升了游客体验的好感度。游客在这里获得的品牌认可，有利于提高游客对该品牌其他院落的认知，客观上起到了为品牌引流的作用，民宿集群在一定程度上起到了联合营销的作用。2021年春，“合宿”公共空间馥园正式向游客开放，服务品质得到进一步提升。

为更好地协调区域品牌发展，文旅局指导下的延庆民宿联盟于2018年成立，通过理事会议事制度统一不同品牌的行为，目前加入联盟的民宿品牌已达169个。在民宿联盟的积极推动下，延庆区首家区域民宿品牌——世园人家挂牌，长城人家、山水人家、冬奥人家几个区域性品牌随后推出，以此彰显延庆鲜明而多样的资源特色，提高了不同区域民宿的辨识度，方便游客做出选择。为便于不同民宿品牌之间互通有无，民宿联盟特地建立了微信沟通群，每个有多余客人的品牌方会将信息在群里共享，勿使一个有入住需求的游客外流已成为共识。基于品牌之间彼此成全的竞合关系形成的良好氛围让民宿品牌之间多了一分默契，少了一层隔阂，在这样的营商环境下各个品牌专注于业务能力的提升，都能获得成长空间。民宿联盟不但会对内营造良好的经营环境，还会对外统一进行区域品牌宣传，在地铁站、火车站的户外广告牌和广播电视媒体等渠道进行传播，全面提高延庆民宿的整体品牌形象，为延庆区全域范围内民宿品牌的长远利益持续发力。

（四）多元利益主体的文化共生

在实施乡村振兴战略上，习近平总书记明确提出乡风文明和治理有效的要求，这就需要文化为乡村发展赋能。精品民宿本质上是文化产品，在这里市民文化与乡村文化相互融合，产生化合反应后生成新型文化，影响民宿空间范围内的市民和村民，是社会主义新农村文化的重要组成部分。石光长城是以延庆区石峡关长城相关元素打造起来的特色饮食民宿品牌，在逐渐获得稳定的经营收益后，运营商与村两委联手建立长城民俗文化博物馆，集中展示长城脚下的民俗民风，为乡村保存历史风貌和实物档案，并为游客提供具有长城文化特色的手工艺体验服务，如剪纸、羽毛画等。民宿企业免费培训长城文化讲解员，为村民创收提供条件。对六十岁以上的村民，民宿企业会按照每天一个鸡蛋、一包牛奶的标准免费供应，连续坚持五六年从未间断，让村民和游客感受到浓浓的邻里乡情，唤起久远的社区记忆，以实际行动弘扬尊老敬老的传统乡土文化。

荷府品牌在进入火烧营村后，帮助村里设计、建设了乡情村史陈列室，那些逐渐退出历史舞台的老式物件，重新被请回了陈列室，为村民和游客重拾乡愁滋味提供了条件。陈列室建成后，这里成为最适合开展文化活动的公共空间。2021 年新春来临之际，由荷府民宿主出面邀请书法家为村民书写，村支书向村民发放福字和对联，这种充满仪式感的迎春活动重现了往昔邻里互助的乡村社区文化生活，让游客和村民重新感受浓浓的乡情，热闹红火的场面令人动容。周边民宿将这里作为向游客介绍村庄历史、农业文明的场所，为亲子客人提供非遗手工制作服务。

（五）民宿与其他领域品牌的跨界共生

精品民宿在吸引一定数量的市民入住后，就会形成商业品牌需要的流量；市民入住民宿空间后会在相对封闭的空间里停留一段时间，这为商业品牌形象展示提供了有利时机。北京市密云区金叵罗村的老友季花园民宿品牌以独特的主人文化和花卉庭院而知名，商业品牌经营人员在入住过程中发现精品民宿的客群有较高的消费能力，于是决定将产品放到民宿里进行展示和宣传，目前已吸引到的合作品牌有慕思、莱克星顿、舒提啦拉杆箱、归味、米菲等，足以说明乡村民宿对于商家拓展客源的重要性。在老友季的推动和帮助下，特色食农教育品牌“飞鸟与鸣虫”也落户金叵罗村，与村合作社展开深层次合作，吸引市民进村消费。当乡村有足够的吸引力获得更多商业机构的重视，就会打造出更多的消费场景，吸引更多的城市要素进入乡村，城乡间的差距因此而缩小，将有助于推动在地城镇化的步伐。

（六）民宿与自然教育社群的生态共生

从居住环境上看，精品民宿不但为市民提供不低于甚至高于城市楼房的室内装饰、设计条件，而且提供了广阔的大自然和乡村美景，甚至还有亲近自然的主题项目。专业机构带着自然教育团体入住民宿，将共生提升到更高层次。学席是一家专业的研学机构，在自然教育方面有成熟经验和专业团队。从 2019 年开始，学席与隐居乡里开展深度合作，利用隐居乡里在各地运营的民宿开展自然研学活动。双方合作的前提是对乡村价值的高度认可，隐居乡里充分尊重民宿所在村庄的自然环境，认为没有人为干扰的村庄本身就是最大的吸引物，这与学席的自然教育概念高度吻合。每年春天和夏天，学席举行的“霞客行”“野一夏”主题研学活动，都会根据研学需要的自然环境就近选择隐居乡里旗下的民宿品牌作为住宿地，隐居乡里广泛分布在各处的连锁经营院落为学席提供了便利条件，如位于延庆区的山楂小院、怀柔区的牧马人、河北涞水的麻麻花的山坡等。在民宿小院的山野里，孩子们不但能在专家的指导下近距离观察水生昆虫生活习性，访花昆虫种类，昆虫伪装、筑巢、捕食行为，而且能切身感受人与自然和谐相处的自然法则，为孩子种下热爱自然的种子。孩子们与村民和动植物互动，能感受到纯粹、本真的快乐。这种民宿与专业机构紧密捆绑形成的生态共生，提供的是自然和生命教育，有利于将城市青少年带入乡村，为他们的全面成长奠定基础、积蓄能量，这是共生的高级形态。

（七）民宿企业主参与地方事务的组织共生

民宿为地方经济建设和文化发展所起到的作用日益得到认可，民宿经营有特色且能带动所在村镇文化旅游事业发展的企业主逐渐成为不可忽视的社会治理力量，日益深入地介入参政议政行列。如延庆区的曹一勇（原乡里）、吴金淑（自游自在）、王晓丽（百里乡居）、贺玉玲（石光长城），密云区的梁晴（老友季），平谷区的张海龙（乡博博）等，以政协委员或人大代表的身份反映民宿行业的声音，担当起政府与从业人员之间沟通桥梁的角色。

民宿的本质是以文化为核心的新型文旅融合业态，是城市时尚文化与乡村在地文化相结合的文化产品，能满足市民对于乡村的多重想象与寄望。以住宿空间为圆心、以游客需求为半径，充分整合文旅体商农各产业优势资源，协力构建“民宿 +”社区同心圆。在以政府为主导、企业为主体、市民与村民积极参与下，“民宿 + 非遗”“民宿 + 物产”“民宿 + 采摘”“民宿 + 音乐”“民宿 + 冰雪”等构成了色彩斑斓的泛文化业态，满足了市民进入乡村后“吃、住、游、购、娱、养、情”等多种需求。

借助精品民宿推动乡村振兴，是北京市多个国家级全域旅游示范区业态创新的理性选择；培育共生社区打造绿色生态系统，是践行“两山理论”的自觉实践。基于共生社区理念调动各方资源，从打造利益共同体到构建价值共同体，以民宿为核心、多业态共融共享的“民宿 +”模式，已充分证明其在社会治理和乡村振兴中不可替代的独特作用，越来越深入地应用于美丽乡村建设实践，并在得到广泛认可后逐渐加快模式输出的步伐。

第三章　释放民宿共生发展的政策机制红利

北京乡村精品民宿发端于2015年，经过短时间的预热期，2017年后进入快速发展的上行轨道，与政府、企业分别提供的推力和拉力逐渐形成民宿发展的合力有很大的关系，初步形成的“政府主导、企业主体”发展格局，为北京全域民宿发展奠定了良好的基础。政府作为民宿产业发展的规范主体，不断释放制度和政策上的红利，激活产业要素，调动企业积极性，确保了民宿产业的稳健发展。

第一节　“四级书记抓民宿”形成强大推动力

北京乡村精品民宿的发展始于2015年，是贯彻习总书记“绿水青山就是金山银山”理念在旅游行业的实际行动，也是推进生态文明建设的实质性动作。2019年9月16日，习近平总书记到河南省新县田铺乡田铺大塆，并实地参观了精品民宿“老家寒舍”等“把别具风格的传统村落改造好”的典型业态，不但让民宿人看到了国家领导人对发展民宿产业的积极态度，而且进一步增强了地方发展民宿产业的信心。北京市委书记蔡奇自从2018年7月份到北京郊区大调研明确提出“建设一批乡村民宿精品，吸引广大市民到农村去旅游消费”后，此后每到郊区调研，几乎都会对各区的精品民宿发展做出指示，大力发展京郊民宿成为全市上下的普遍共识，层层落实主体责任大力发展民宿产业很快形成热潮。各区在各部门齐抓共管的基础上，将精品民宿作为推动全域旅游产业发展和乡村振兴的主导产业，进一步明确郊区“三级书记抓民宿”的管理格局，由区委、乡镇党委及村党支部书记形成上下贯通、层层落实的决策链条，对民宿发展起到了直接的推动作用，是总书记提出的“五级书记抓乡村振兴”在民宿领域落地的生动实践。

一、市委书记深入郊区调研助推民宿发展进程

蔡奇书记自2017年当选为北京市委书记以来，多次深入京郊实地调研。根据笔者所做的不完全统计，蔡奇书记前后到各区进行了18次专项调研，每次都会对各区民宿发展做出明确指示，第一次到大兴区考察特色民宿院是在他上任后的两个月后，平均一个季度会下到郊区一次，针对各区实际情况提出民宿发展的指导意见。民宿这种业态得到如此重视，与蔡奇书记曾经在浙江省多地主政有直接关系，那里是“两山”理论的发源地和这一理论得到充分实践的地方，也是得长江三角洲大都市圈地利之便，当地民宿产业发育完全之所。正是有了本地最高领导旗帜鲜明的支持和倡导，为各地下大力气发展民宿产业提供了方向和动力，才有了北京乡村精品民宿的全面布局和快速发展。

表一　北京市委蔡奇书记调研民宿情况一览表

（2017年8月—2021年7月）

序号	地区	调研时间	新闻报道标题	民宿调研内容或指示精神
1	大兴区	2017年8月26日	蔡奇到大兴区调研：努力打造首都南部发展新高地	调研魏善庄镇半壁店村特色民宿院，详细了解改造成本和客房出租率等情况
2	密云区、怀柔区	2018年4月21日	蔡奇：确保率先全面建成小康社会路上一个不掉队	肯定密云区大城子镇张泉村第一书记季景书引入社会资本承租闲置民宅，发展精品民宿
3	门头沟区	2018年5月29日	蔡奇：坚持生态优先绿色发展保持战略定力	引入专业力量利用闲置农宅发展民宿旅游，要同步带动农户增收
4	密云区、怀柔区	2018年8月17日	北京市委书记蔡奇周末京郊调研，要打造这一样本	坚持把乡村旅游作为支柱性产业来抓，打造一批休闲农业和乡村旅游精品路线，建设一批乡村民宿精品，推动传统农家乐提档升级，吸引广大市民到农村去旅游消费

续表

5	怀柔区	2018 年 9 月 13—14 日	蔡奇到怀柔区喇叭沟门满族乡蹲点调研	鼓励村集体通过合作社把闲置农宅组织起来，与社会力量合作开发特色民宿，发展集体经济，保护农民权益
6	门头沟区	2018 年 11 月 21 日	蔡奇在门头沟区调研：守护好绿水青山是生态涵养区头等大事	建设好三大文化带，打造一批休闲农业和乡村旅游精品路线，建设一批乡村民宿精品，带动广大农民增收致富
7	密云区、平谷区	2018 年 12 月 8 日	严寒天，蔡奇陈吉宁在北京远郊山村开启拉练调研！	要鼓励村集体通过合作社把闲置农宅盘活起来，与社会力量合作开发特色民宿，发展集体经济，促进农民增收
8	门头沟区	2019 年 7 月 15 日	蔡奇：心无旁骛抓好生态保护和绿色发展打造“绿水青山门头沟”	在福长农家院、神泉民宿，蔡奇和从事民俗游的农民共算生态旅游收入账
9	密云区、平谷区	2019 年 10 月 12 日	蔡奇用一整天到密云平谷调研指导主题教育，检查规自领域问题整改	积极推进美丽乡村建设和人居环境整治，发展精品民宿，加大低收入农户帮扶力度，确保如期完成脱低任务
10	门头沟区	2020 年 7 月 17 日	蔡奇全天调研，为打造绿水青山门头沟提要求	查看清水镇梁家庄村精品民宿经营现状，称赞低收入村成了特色村、富裕村；市属国企带头，村企结对帮扶，引入市场运作机制，打造精品民宿，带动全村脱低与致富增收的做法很有代表性，值得倡导
11	密云区	2020 年 7 月 23 日	蔡奇来到北京最东端，调研生态涵养区，要求密云建设践行“两山”理论的典范之区	山、水、林、石、雄关漫道都是宝藏，要保护好山水资源，发挥生态优势，发展精品民宿，让游客融入大自然之中
12	通州区	2020 年 8 月 1 日	确保明年春季“精彩亮相”！蔡奇陈吉宁调研检查环球主题公园	环球主题公园利用周边一定半径资源发展精品酒店及精品民宿，提升交通接驳和酒店民宿服务品质

续表

13	平谷区	2020年8月18日	蔡奇到平谷区调查研究：守护好首都东部绿色生态屏障	好山好水就是聚宝盆，通过盘活闲置农宅，发展乡村旅游，壮大村集体经济，让村民富起来。强调依托山水旅游资源，发展精品民宿
14	通州区	2020年8月20日	时隔一年，北京市委书记蔡奇再次调研台湖演艺小镇，强调了这些	主动为环球主题公园做好服务配套，布局高品质精品酒店、民宿，打造特色消费街区，发展夜经济
15	密云区	2020年9月5日	蔡奇再次调研密云水库，与建设者守护者座谈，学习贯彻总书记重要回信精神！	依托山水资源，发展乡村旅游和精品民宿，开发看山、护林、保水等生态公益岗位，促进农民就业增收，巩固脱低成果
16	怀柔区	2020年9月7日	蔡奇：怀柔是首都功能重要承载地和重要生态屏障	要注重生态和风貌保护，打造有文化气息的精品民宿，带动村民增收
17	延庆区	2020年9月16日	长城脚下、妫水河畔的这个区是北京的后花园，蔡奇用一整天时间调研	用好京张高铁延庆支线和市郊铁路S2线，推进全域旅游示范区建设，发展精品民宿"共生社区"
18	密云区	2021年7月9日	瞻仰英模雕像、检查耕地保护、察看精品民宿……蔡奇利用一整天时间调研密云区	察看民宿院落改造和运营情况，指出这里是"两山"理论的生动体现，要用好生态优势发展精品民宿和文旅产业，市属企业支持，撬动社会资本参与，带动农民就业和村集体经济发展，让农民成为最终受益者

二、区委书记积极布局区域民宿大盘

区委书记作为各区实际推动民宿发展的掌舵人，直接决定当地民宿产业的整体布局和发展方向。对于北京郊区而言，大部分都处于生态涵养区范围内，以往进入乡村的多个产业都受到限制。随着全域旅游在各区的持续推进和生态文明建设地位的日益重要，旅游产业在各郊区的地位逐步提升，民宿便成为各区无法忽视的新兴产业，在一些区成为优先发展的产业，将其作为带动其他产业综合发展的业态而重点加以扶持。在举全区之力推动民宿发展上，起步并不领先的延庆区将精品民宿发展作为“一把手工程”，放在全区各项事务的优先级序列，取得了很好的成效，在北京各郊区行政区的民宿发展格局和质量中的领先位置得到公认，开创了中国民宿“南方看德清，北方看延庆”的新局面。

作为拥有生态资源和独家国际会展、赛事资源的延庆区而言，大力发展旅游产业成为全区上下的共识，作为产业要素重要一环的民宿业自然成为延庆区抓住机遇重点发展的方向。穆鹏从2015年开始任延庆区区长，这一时间点恰好是延庆区精品民宿的发轫期。三年自发成长的良好态势让决策人看到了发展前景，在他2018年就任区委书记后，亲自布局并大力推动，让延庆区精品民宿发展很快步入发展快速路。穆书记对民宿发展抓住了五个关键点，这是推动民宿产业做大格局的根本，可以概括为“二联、一会、一标、四品”，即民宿联席会、民宿联盟、民宿大会、民宿标准四个品牌。

一是民宿联席会，这在北京民宿领域称得上是首创之举。由区委书记总抓，主管文旅业务的副区长挂帅，由文旅局牵头，联合农业农村局、园林局、公安局等共18个与民宿经营相关的行政部门正式成立延庆精品民宿联席会，以联合办公的形式高效推进掣肘民宿发展的各项问题，为那些一直游走于灰色地带的民宿投资、运营方最大限度降低风险，打消顾虑，让企业全身心投入民宿发展，是近年来旅游管理领域少有的制度创新之举。联席会成立后，多次召开精品民宿监管规划、政策扶持等乡村旅游产业发展专项会议，在事关民宿安全的公安住宿联网登记、消防应急等重要事项上，建立多方共同支持和监管的机制，形成全区精品民宿“一盘棋”的协同管理局面，为2019年北京市出台领先全国的“一照、两证、一系统”的民宿审批制度做出了卓有成效的探索。

二是延庆民宿联盟，这是一个汇聚各方力量共建民宿企业资源共享、协作发展的专业服务平台，成立于2018年。区内达到一定条件的精品民宿自愿加入，由民宿主以民主选举的形式确定会长及理事单位，行使议事职责，是向下推进政策红利区落地、向上代表民宿企业表达诉求的顺利渠道。这是北京各区民宿领域最具活力、高效运作的联盟组织，对外整合行业力量集体发声、对内积极开展行业自律和争取政策支持，为不断拓展民宿产业发展空间持续进行积极而有效的探索。区文旅局负责人通过与民宿联盟负责人的定期沟通，能及时了解行业发展实际，迅速做出决策，这是延庆区民宿一直保持发展活力的重要原因。

三是北方民宿大会，从 2017 年开始持续在延庆区召开，区里每年都会在经费上予以支持，通过大会发挥延庆在北方民宿发展中的龙头地位和纽带作用。至今举办的四届北方民宿大会紧跟国家发展战略、结合区域现实的主题设定，吸引了诸多北方地区民宿投资、运营领域的从业人员和各地政府的主管领导，同时将多个南方地区民宿行业领军品牌代表邀请为主讲或对话嘉宾，不但为北方及当地从业者带来先进理念，而且带动了南北方在资本、运营、品牌等多层面的合作，整体推动了北方民宿尤其是延庆地区民宿经营意识和理念的提升，确立起北方各省市地区沟通枢纽的作用，大大提高了延庆在北方乃至全国的认知度和区域民宿品牌形象。

四是民宿发展标准制订，延庆区于 2018 年出台《延庆区精品民宿标准与评定》，率先在北京市开展民宿规范化建设。标准规定了精品民宿的基本条件、安全要求、卫生环保要求、服务要求、特色要求，对作为非标产品的民宿从总体上进行规范管理，有助于促进行业稳健发展。随后怀柔和其他地区陆续出台了相关标准，这为 2019 年北京市级民宿发展指导意见的出台提供了基础。

五是民宿品牌化发展，延庆区在全市民宿领域是起步最早、规划最完备也是效果最好的行政区。依托延庆区长城、世园、冬奥及自然山水等人文、自然条件，从 2019 年开始着手区域品牌建设。按照全域品牌布局、突出地域特色的总体要求，将全区所有村镇都纳入品牌建设规划，从南向北、向东分别确定为长城人家、世园人家、冬奥人家、山水人家四大品牌，在发展到一定阶段后自然生成区域整体品牌——延庆人家，如期完成民宿品牌化目标。区域品牌的规划有助于域内民宿凝练主题，对于市民选择不同地域特色的品牌也有帮助。各品牌根据相关标准由文旅局挂牌，有助于统一管理，并能让游客放心。

在区党委的统筹协调下，全区制订了清晰的民宿发展路线图，于 2018 年制订了民宿产业发展三年行动计划（2019—2021），计划用三年时间集中发力，建设目标是：北方民宿产业引领者、中国民宿产业集群建设标杆、国际乡居生活度假目的地。这一目标的达成是以世园会、冬奥会两件绿色发展大事为依托，以深化乡村旅游供给侧结构性改革为主线，创新民宿发展模式，丰富民宿产品供给，推动民宿集群发展，全面提升延庆民宿产业的核心竞争力、独特吸引力、辐射带动力，到 2022 年北京冬奥会召开前，打造一批具有延庆地方特色的乡村民宿，形成“奇迹长城”“缤纷世园”“激情冰雪”“生态画廊”四大民宿集聚区，打造 100 个民宿村、500 个精品民宿小院，5 000 张精品住宿床位，实现全区乡村民宿从大体量到高质量的全面提升，完成“一区多集群、一镇多品牌、一村一特色”的发展布局。计划明确制订出每一年的建设目标：2019—规模化发展；2020—高质量发展；2021—品牌化发展。尽管这一进程受到新冠疫情的影响，但全区与民宿发展相关的政府管理部门和民宿企业克服各种困难扎实向前推进，这一目标在 2022 年冬奥会来临之前已如期实现，延庆民宿已成为展示区域旅游发展品质的重要名片。

正是由于将精品民宿产业作为“一把手工程”并由区委书记全面主抓，政策红利得到充分释放，“延庆模式”作为理念成熟、路径清晰的全域民宿发展样板，得到了业界和学界的认可，被认为是可以与南方“德清模式”相提并论的新型民宿发展之路。

三、乡镇书记探索地域特色民宿发展道路

怀柔区渤海镇作为北京乡村精品民宿第一镇，不但民宿绝对数量领先，而且在基于沟域旅游基础条件和外部资源优势，以乡镇为单元整体推动地域特色民宿发展上，探索出独具特色的道路。

渤海镇作为北京最早发展民俗旅游的郊区乡镇，拥有慕田峪和响水湖两个长城景区，对外国游客有独特吸引力。美国人萨洋在北沟村开办瓦厂酒店，通过“洋家乐”——小园带动周边闲置农宅改造民宿的热潮，让这里成为北京乡村精品民宿发源和民宿经营理念向周边区县扩散的“小黄埔”。随着以该地为核心的长城国际文化村知名度的扩大，以板栗文化为核心的沟域经济的发展以及怀柔科学城外溢效应的逐渐凸显，渤海镇党委书记于海臣逐渐明确了当地民宿的发展定位——“长城脚下会客厅、栗林溪畔工作室”，并通过把方向、搞联合、出标准、定公约、做平台等环环相扣的举措，力图将“京郊民宿第一镇”的旗帜高高树立在京北大地上。

一是在民宿特色发展规划上，镇党委明确将艺术和科学作为发力重点。渤海镇辖区内的两个长城景区，对外国人和艺术家很有吸引力，很

早就有画家租住在村子里写生作画。近几年镇里积极支持相关业态发展，进一步强化艺术对于市民进入渤海镇进而入住民宿的吸引力。比如扶持大榛峪村建设央美响水湖写生基地，让这里成为中央美术学院每年固定安排近万人次学生进行写生和实践的重要基地。2020 年 7 月景峪村新建植物染色艺术馆，可为客人提供植物染色、古法合香、竹编、竹作、锻铜等手工艺体验课程，这一回归初心、传承传统手工艺的场所，已成为增加客户黏性的共用文化空间，让周边民宿品牌都能受益。2021 年 10 月在北沟村正式启用的瓦美术馆，在设计和建设理念上既不远离城市，也不完全靠近传统意义的乡村，是一座将乡村文化与城市空间有机结合的全新建筑，是对乡村与城市关系探索的新表达，有助于将更多城市元素和资源引入乡村，促进民宿产业的提升和高质量发展。2020 年以来，渤海镇发挥生态和文化两类资源优势，由镇党委负责举办“科学家、艺术家走进渤海”等主题民宿论坛，以“蓝青绿”对接“高精尖”，全力打造科学艺术社交基地，为广大科学家、艺术家提供一个休闲、科研、社交场所。同时将精品民宿纳入“雁栖人才卡”服务范围，推动“科学工作者套餐”方案在民宿长期实施，从而吸引更多科学家、艺术家来渤海工作、休闲、创业，努力打造北方高品质民宿产业集群，推动渤海镇由传统旅游目的地向商务目的地转化。

二是成立联合党委为沟域民宿发展搭建协同管理框架。为切实发挥党组织的凝聚作用，2018 年 6 月成立长城国际文化村、“栗花溪谷”联合党委，将渤海镇民宿产业的核心区域纳入党委统一管理范围，助推长城国际文化村、“栗花溪谷”各项事业尤其是民宿产业的全面发展。两个民宿发展的重点区域多年来由渤海镇投资建设旅游基础设施，前后投资金额超过上亿元人民币，称得上是京郊文旅发展的大手笔。联合党委的成立有利于全面贯彻落实镇党委在民宿发展上的决议，推进渤海镇民宿产业的快速发展。

三是在精品民宿产业发展伊始就着手统一民宿建设标准。全镇范围内的民宿经营要配齐液晶电视机、空调、吹风机等客用物品，还对窗帘层数、WI-FI 网络宽带兆数、床上用品材质等细节做出限定，并要求民宿每间客房需具备不小于 4 平方米独立卫生间，房间隔断墙要采用实体砌筑或其他专业隔音材质进行隔断。对于民宿房屋建筑风格及外立面装饰也提出指导意见，要求与周边旅游环境相协调，体现渤海地区乡村文化特色。

四是制定北京市第一个镇级民宿公约。为最大限度保证镇域内乡村民宿的整体发展品质，促进民宿产业规范、有序、长远发展，经过广泛调研和征求意见，渤海镇于2019年制定、发布了《民宿行业自治公约（试行）》，对镇域内的民宿从基本条件、消防安全、住宿经营、治安安全、环境保护、食品安全等八方面做了详细规定，明确提出民宿深入挖掘板栗文化、长城文化等渤海本地特色文化，积极弘扬渤海非物质文化遗产，开发独具渤海特色的伴手礼、美食，在不断丰富渤海民宿内涵的同时，将渤海文化传承下去。[①]民宿公约的制定有利于引导民宿业遵守法规有序经营，形成主题鲜明、内容丰富、活动富于特色的良性发展格局。

五是建立基于小程序的商业经营与互动展示平台。为提升旅游智慧化经营管理水平，渤海镇于2021年委托专业公司设计开发“玩转渤海”小程序，依托物联网、云计算、位置服务等高新技术手段，上线了智慧地图（含手绘电子地图及旅游电子导览）、民宿预订、餐饮预订、精品路线推荐、私厨定制、渤海礼物等多项功能，提升了旅游产业的技术含量及智慧水平，为镇域内旅游企业增加了一个集中推介展示平台，拓展了营销宣传渠道，同时推动了镇域内旅游产业进一步整合资源交流协作，为其发展创造了更多机遇。同时还可为市民游客提供个性化、定制化旅游体验，让游客通过小程序一站式获得住宿、餐饮、景点、体验活动、伴手礼等多项服务，为民宿产业提供强大助力。

门头沟区斋堂镇党委全面推进精品民宿产业化发展，从制订方案到全面部署，从政策对接到服务保障，建立起完备的招商引资平台，将精品民宿产业作为引领乡村振兴发展的新引擎。斋堂镇党委为了更好地服务于社会投资，成立精品民宿专班，配齐配强人员设备，从24小时热线到上门洽谈，提供专业的政策解读和地域优势讲解，打造良好的投资环境。斋堂镇党委通过建立精品民宿专班和包村科室制度，联动市场监督管理所、税务所、经济发展办公室等职能科室部门，“无缝衔接”民宿企业

① 《北京市怀柔区渤海民宿自治公约》，全文详见【附录三】。

业务办理各个环节，让投资者“少跑腿、速办理”，让上级政策“稳落地、快流程”。镇党委以“开门纳新、上门服务”的积极姿态，为民宿企业商户提供资质审查、证照办理等畅通通道，召开由“一把手”参会的民宿企业商户月度座谈会，收集经营难点和解决发展问题，大力宣传本地特色精品民宿品牌，持续优化本地营商环境，为“门头沟小院”在斋堂镇的迅速落子创造有利条件。

四、村支书躬身入局抓落实

村庄是民宿落脚之地，是民宿整体布局落实的关键环节。纵观各地民宿发展态势良好的行政村，无不与作为村内“一把手”的党支部书记的大力支持密切相关，他们是民宿发展“一张蓝图绘到底”的收笔之人，直接影响民宿的村域布局和未来发展方向。

以“背篓精神”闻名的房山区周口店镇黄山店村，从经历关闭采石场自断财路后依托坡峰岭景区向旅游经济转型的阵痛，到对村域进行整体布局大力发展精品民宿获得良好的效益，村支书张进刚完整经历了整个过程。他的探索之路充分证明这样一个事实：作为神经末梢的底层书记，若真想在民宿发展上有所作为，一定会为乡村带来福祉。

作为黄山店村致富带头人，张进刚书记的过人之处就在于经过摸索找到了一条运营企业与村集体围绕民宿经营建立起来的利益共生关系。坡峰岭景区虽然能给村里带来一定的收入，但季节性强的特点决定了大部分时间都不能创造收益。如何将喜欢这里风景的市民留下来挣更多的钱，将搬迁后整村闲置的房屋重新利用起来，这是将“两山理论”应用于实践无法回避的问题。在延庆区下虎叫村山楂小院刚有了点名气后，张进刚便驱车三个多小时，到近两百公里外的小山村里诚意拜会隐居乡里运营团队，虚心学习将破败民房改造成高端民宿的经验。经过详细考察后，他认为黄山店村具备将下虎叫村的改造模式整体复制的条件，并认识到优质运营团队对民宿发展不可替代的作用，于是下定决心“打开山门，迎接能人”，将隐居乡里引入黄山店村大干一场。

由村集体建立合作社先期完成民宿改造、再由运营商负责对民宿进行整体运营，这种民宿经营模式的确定体现了村支书的眼界和决策能力。双方明确责权利后，村委会全力配合运营商的工作，很快打造出“姥姥家”“黄栌花开”“桃叶谷”“云上石屋”“香邦芳舍”等多个民宿品牌，迅速打开了市场。黄山店村通过与专业公司合作，按照“保底＋分红”的模式，在集体资产所有权不变的前提下，实现了集体资产大幅增值。2016 年 9 月民宿项目投入运营，春节期间，民宿全部被游客提前预订，全年入住率近 80%。2017 年和 2018 年村集体民宿经营收入分成分别达到 300 万元和 400 万元，给村民一次性分红 200 万元。经过五年多的共同努力，黄山店村初步建立起了 36 套院落、84 间客房的精品民宿集群，成为房山区实施旅游休闲区发展战略的示范区。

随着村集体与运营商合作的日益深入，双方在如何提高民宿配套环境吸引力方面各自发挥专长，共同促进坡峰岭景区品质的提高，将门票收入从每年 400 万元提升到 1 000 万元。截至 2019 年年底，村集体资产总额增长到 20 920 万元，人均纯收入由 1.2 万元增长到 2.5 万元。黄山店村先后荣获第四届“全国文明村”“中国最美休闲乡村”“全国美丽宜居村庄示范”“首都文明村”“北京山区发展先进村”等荣誉，张进刚个人也于 2020 年 11 月当选全国劳动模范。以精品民宿为基础，引进亲子教育、非遗传承、户外拓展等业态，将黄山店村打造成业态丰富的民宿聚落群，这是张进刚书记为黄山店村民宿发展迈上新台阶绘制的新蓝图。

第二节　民宿发展“指导意见”利好辐射全国

2019 年 12 月 26 日，这是在中国大陆民宿发展历史上具有特殊意义的一天：第一个有关民宿发展的省级指导意见《关于促进乡村民宿发展的指导意见》（以下简称《意见》）正式发布。[①]这一天恰逢毛泽东诞辰 126 周年，尽管当天有关毛泽东的信息一直刷屏，但民宿人对这一消息分外关注：对于处于野蛮生长状态的精品民宿而言，《意见》就像绝大多数民宿品牌的准生证一样，从此有了可以办理“出生证”的依据。

① 《北京市关于促进乡村民宿发展的指导意见》，全文详见【附录一】。

道理很简单，精品民宿作为非标准化住宿产品，在经过几年的自然生长后，各地逐渐出现了无行业标准造成的混乱局面。为促进行业的稳健发展，各区在民宿主的呼吁下，纷纷出台了各自的民宿标准，比如延庆区于 2018 年出台《延庆区精品民宿标准与评定》，率先在北京市开展民宿规范化建设，促进行业规范发展。同时出台了北京市首个民宿产业专项奖励政策，安排财政资金对全区精品民宿规模化建设、带动就业和带动低收入增收等三个方面进行资金奖励，鼓励和引导社会资本进入延庆发展精品民宿，有效促进了民间资本优先选择延庆开办民宿，推动了延庆民宿品牌数量在短期内实现迅速增长。随后怀柔区文旅局也推出了适合本地发展的规范性指导意见，并参与北京市指导民宿发展的规范性文件的完善工作。这些自下而上不断探索总结的经验和形成的文本，是《意见》出台的重要背景和依据，北京市文旅局公布的《意见》及随后按照《意见》的任务要求编制的《乡村民宿服务要求及评定》，于 2020 年 9 月由北京市市场监督局发布，北京乡村民宿终于可以依法依规地走上阳关大道。

这个由北京市文化和旅游局、农业农村局、公安局、规划和自然资源委员会、住房和城乡建设委员会、卫生健康委员会、市场监督管理局、消防救援总队八个部门共同协商出台的《意见》，对于民宿主而言最直接的好处就是大大简化了繁琐的民宿经营前置条件，乡村民宿经营者只要依法办理“一照、两证、一系统”，即营业执照、公共场所卫生许可证、食品经营许可证（如经营餐饮），安装使用公安机关的信息采集系统，同时落实游客住宿登记等安全管理制度，就解决了民宿经营的合法性问题。

在中国旅游协会民宿客栈与精品酒店分会会长张晓军看来，“《意见》落地，对于北京乡村民宿来说具有划时代的意义，不仅让北京的乡村民宿有了‘合法身份’，还对京郊住宿的品质化发展起到了推动作用。”此前的北京乡村民宿长期游走于灰色地带，张晓军会长在另外一个行业论坛上甚至用了“黑色地带”来形容民宿人遭遇的尴尬境地。

在《意见》出台以前，乡村民宿投资者对这一行业存在顾虑，经营资质的缺乏和对农村土地性质做民宿是否合规的不了解，让有意愿进入乡村民宿的投资者感到担忧。有些地方就曾出现过在民宿业发展火热之时，被一纸文件叫停的状况，还有一些民宿刚开始盈利就被关停，《意见》的出台确实能为北京乡村民宿投资者释疑解惑。

根据北京市文旅局产业发展处副处长于军的解读，尽管2017年《北京市旅游条例》对民宿进行了概念界定，确立了住宅性质的房屋从事住宿经营的合法性，但在实际操作过程中，乡村民宿因民宅经营的性质，无法办理住宿业经营所需的公共场所卫生许可证、旅馆业特种行业许可证，因而不具备提供住宿的合法经营资质。根据《意见》的界定，乡村民宿是乡村旅游发展的一种新业态，隶属于住宿业，有别于旅馆业，需要在管理模式上进行创新，要求卫生部门参照《公共场所卫生管理条例》为乡村民宿经营者办理公共场所卫生许可证，公安部门也不再将其纳入旅馆业管理范畴，而是进行备案管理。卫生、公安部门对乡村民宿加强事中事后监管，就能有效确保乡村民宿卫生、治安安全。

《意见》的公布不但给民宿人吃了定心丸，也让各区的民宿主管部门找到了定音器，管理人员在对辖区内的民宿经营进行管理时有了明确的依据，这对民宿发展的促进作用是不言而喻的。《意见》不但对北京本地的民宿行业产生直接的影响，其大胆创新的思路对于其他省市同样有很好的借鉴价值：既然首都都能以这样的力度解决瓶颈问题，各地没有理由不放开枷锁。在资本自由飞翔的时代，那些通过释放政策红利营造良好营商环境的区域，一定更受资本的青睐。而《意见》中明确以当地农民为本、维护农民利益、限制资本肆意而为的价值导向，则彰显出共同富裕时代政府在扶持新产业发展上的责任担当。

第三节　引入金融机构化解民宿企业风险

针对民宿投资可能遇到的资金不足和在经营过程中遇到的意外情况，各区政府部门主动与民宿社团和企业沟通贷款需求，积极与金融机构对接，推动创新性惠民金融产品的出台。延庆区政府通过与北京农担、北京银行等金融机构合作，搭建起乡村旅游融资贷款平台，并推动出台专门针对民宿项目的金融产品——农宅宝、农宅贷等，帮助民宿主解决民宿项目建设资金短缺、贷款难等问题。隐居乡里在下虎叫村开办第一个项目“山楂小院”取得成功，在盘活更多院子和在更多村落复制这一模式的过程中遇到资金短缺的问题，延庆区文旅局及时了解企业需求，与北京银行探讨金融扶持民宿发展的可能性。2017年，北京银行在深入了解隐居乡里的经营模式和资金需求后，在“山楂小院”项目尚未实现盈利的情况下，向隐居乡里发放了500万元贷款，帮助企业摆脱了资金限制，企业进入了发展快车道。北京银行又为与隐居乡里合作的下虎叫村和小观头村提供了个人经营性贷款共计300万元，帮助隐居乡里增加了“山楂小院”项目的院子数量，并新建了“先生的院子”品牌。2019年，时任延庆区文旅局副局长郑爱娟为切实推动区域民宿产业发展，积极与北京银行磋商，双方确定于当年正式推出“千院计划”，通过开发切实有效的系列金融产品及便民服务项目，精准助力特色民宿产业发展，合作协议由延庆民宿联盟会长曹一勇代表民宿社团组织与北京银行签约。这一计划为隐居乡里、左邻右舍、原乡里等众多民宿品牌提供资金，位于姚官岭村的合宿作为北方第一个民宿集群所需资金较大，通过集体合作社获得贷款，由负责运营的大隐于世做企业担保，通过民宿经营的收入偿还贷款。项目规划在很短的时间内迅速落地并不断发展壮大，姚官岭村因此成为依托民宿实现脱贫的典型，合宿也于2021年11月当选为全国首批国家认定的乙级民宿，这样的殊荣全北京市只有两个民宿品牌，金融支持对于推动民宿跨越式发展的作用可见一斑。“千院计划”随后向北京各区推广，为有资金需求的民宿企业注入了活力。截至2021年9月，“千院计划”支持了1 450个精品民宿院落建设，累计放款超4.5亿元，为民宿产业注入金融活水。

2020年，为缓解新冠疫情的不利影响，延庆区文旅局根据疫情大面积冲击民宿经营资金链条，部分民宿存在运营资金短缺问题的实际情况，主动为民宿和金融机构搭建沟通桥梁，推动北京农担突破创新，及时出台相关规定，推出首个针对疫情期间民宿经营的金融产品“民宿应急保”，采取担保机构与银行“见保即贷”的合作模式，为民宿发放900余万元运营资金贷款，缓解到期资金压力3 500万元，并给予宣传营销等多方面支持，为民宿企业平稳渡过疫情保驾护航，让广大民宿主感受到了政府实心实意为投资者服务的诚意，坚定了他们投资民宿的信心。

根据行业发展的实际需要，北京银行等金融机构开始推出“民宿贷”等产品。2021年5月，北京银行城市副中心分行联合平谷区财政局金融办、文旅局、人力社保局、北京市农业担保公司正式发布“民宿贷”产品，与平谷区民宿协会进行战略合作签约。“民宿贷”产品方案是以乡村民宿实体为服务对象，创新打造“创业担保＋小额抵押绿通＋个性化定制”的模块化服务方案，对处于不同经营周期的民宿类企业、个体工商户实现服务全覆盖。分行还通过与平谷区民宿协会建立全面战略合作关系，在“专属团队、流程机制、服务模式”三个方面建立配套服务机制，为平谷区民宿企业搭建全场景、全流程的金融服务平台，全面提升乡村金融服务质效。但如何解决放款周期慢、资助额度小的问题，是这类产品需要完善的方向。

第四节　建立政府主导的人才培养学院

为满足乡村精品民宿日常经营和管理对人才的需求，向北京市各区及周边省市输送人才，延庆区文旅局和农业农村局共同决定，与民宿运营头部企业隐居乡里合作，拨付一定资金支持建设北方民宿学院。

北方民宿学院属于下虎叫村的集体资产，由隐居乡里负责日常经营，经营效益按照一定比例分红给下虎叫村合作社。延庆区文旅局将本区内的民宿培训活动委托于民宿学院，同时将民宿学院纳入延庆区大培训成员单位，由民宿学院承接的培训获得区人保局的资金补贴。

北方民宿学院成立于2017年11月，是北京地区第一座服务于乡村民宿的培训学院。学院植根于乡村民宿运营，从实践中提炼出理论知识，再将理论知识与实践相结合转化成培训课程，为学员提供满足其就业、创业需要及针对实际问题的解决技巧和能力提升的需求，开展理论教学、现场教学、实操体验、实习训练等多个层次、多种形式的培训。

北方民宿学院的师资部分来源于乡村工作一线实操人员，还有一部分来源是面向社会培养实用人才的专业院校。这些讲师将源于亲身实践形成的经验总结与理论相结合，带给学员一手的可实操的专业技能。

北方民宿学院的培训体系主打三个方向：一是面向妇女的乡村民宿管家培训班；二是面向返乡青年，致力于乡村建设的乡镇青年的乡村经理人培训班；三是面向乡村、县域内的乡镇干部培训班。自 2015 年起，乡村民宿管家班为隐居乡里定制研发乡村妇女的培训课程，逐步摸索实践出一套切实可行的培训方法。课程针对乡村妇女文化知识薄弱、约束力差的特点，采取以实操贯穿培训始终的办法，由培训教师全程陪伴学员，从日常行为的以身作则到服务仪式的处处提醒，再到标准操作规范，实现从服务仪式到餐饮标准、客房维护标准、服务流程及话术的全方位、一对一的培训指导。该课程已培训乡村民宿管家 200 余人，为其余民宿、农家乐提供技能培训、服务意识培训上百场，大大提高了基层服务人员的服务意识和技能标准。由于隐居乡里拥有遍布全国的民宿品牌，为满足自身经营需求而不断完善课程体系，学院在服务于全国各地的民宿人才培训需求上具备很强的实力，其影响早已超出延庆和北京地区，成为名副其实的以服务于北方地区民宿经营人才为主的专业民营职业培训机构。

2021 年 5 月 12—13 日，北京市首个民宿共生社区研修班在北方民宿学院举办。此次活动由北京市延庆区文化和旅游局、延庆区人力社保局、延庆区农业农村局共同主办，旨在结合延庆区实际，在推动世园会后利用、服务保障冬奥会的前提下，以民宿产业为抓手强化一、三产产业融合，促进乡村振兴。此次研修班重点针对延庆区民宿发展较好的行政村，定向邀请十五个乡镇 40 余名民宿村干部、民宿主参加。研修班邀请到在京高校学者、国家级田园综合体创办人、农村集体经济专家、民宿业资深经营人员，开展为期两天的培训，以产业发展、乡村治理、壮大集体经济组织为重点内容，开展专家授课、案例分享、互动交流，传授民宿共生社区建设理念以及乡村民宿与集体经济共生的运营经验，提升乡村旅游管理者服务接待水平，凝聚延庆区民宿共生社区建设共识。笔者作为智库专家，应邀作为课程讲师，做了题为《民宿使命：城乡相成和合共生》的讲座，充分感受到一个扎根北京乡村，服务于民宿人才培养的机构的专业能力和课程组织能力。

作为立足延庆区深山区的培训机构，名正言顺地成为北京冬季奥运会唯一指定的民宿实训基地，为冬奥会举办地的民宿、农家乐服务人员提供数十场培训，惠及上百人。民宿学院成立四年多，截至目前举行了数百场培训，惠及人数超千人，真正起到了乡村人才孵化器的作用。同时通过行业交流、经验推广及专业技能竞赛等方式，促进北方地区民宿管理、服务水平的提高和区域民宿的规范化发展。

第四章　社团组织助推社区共生

第一节　区级民宿联盟：沟通政府与企业的必要桥梁

2021 年 7 月 27 日，北京市就业工作领导小组召开就业创业工作先进集体和个人表彰会，北京市延庆区民宿联盟荣获“北京市就业创业工作先进集体”称号。2021 年 12 月 1 日，在延庆区民政局社会组织评估工作总结会上，延庆民宿联盟获得 2021 年度“AAA 级社会组织”称号。延庆民宿联盟多年来为推动延庆区民宿发展作出的贡献，已经得到了多个政府部门的大力肯定和高度认可。

一、高质量做好“四个服务”工作

延庆区民宿的稳健发展一定程度上归功于 2018 年成立的延庆民宿联盟，这是一个汇聚各方力量共建民宿企业资源共享、协作发展的公共平台，区内达到一定条件的精品民宿自愿加入，由民宿主以民主选举的形式确定会长及理事单位，行使议事决策职责，由理事会选派人员作为专职秘书长，加强政府与民宿从业者的顺畅沟通，负责运营公众号，持续发布民宿联盟的声音，面向公众推介联盟成员民宿品牌。这是北京各区民宿领域最具活力、高效运作的联盟组织，对外整合行业力量集体发声，对内积极开展行业自律，争取政策支持，为不断拓展民宿产业发展空间持续进行积极而有效的探索。这个明确提出服务于行业、政府、社会、会员的联盟组织，在成立伊始就围绕“四个服务”建立了规章制度，[①]明确

①《北京市延庆区民宿联盟章程》，全文详见【附录二】。

了在服务多个主体上应担负的职责，并在实践中积极作为。在疫情期间该联盟与政府无缝衔接，通过理事会会议高频次研讨为民宿企业纾难解困的具体措施，千方百计解决行业面临的共同难题。如在 2020 年“十一”前，为了迎接精品民宿入住黄金经营时段的到来，联盟积极与政府沟通，和联盟企业共同想对策，通过制订消杀方案、规范客人防疫行为、优化住宿环境等措施，将疫情防控风险降到最低，提前为民宿行业复工复产做好各方面的准备，营造良好的营商环境，为“十一”期间政府明确有序复工后迎来精品民宿入住率“报复性”增长奠定了良好的基础，赢得了延庆区内民宿企业的高度赞扬。延庆民宿联盟已经成为北京民宿行业的一面旗帜，对其他区建立联盟性组织起到了示范带动作用。

同时，联盟以“让延庆民宿行业发展更具有活力”为目标，打造了北京市首个地域性民宿平台——沿途旅游，为民宿企业提供富有竞争力的营销解决方案，为消费者提供预订服务的便捷渠道。今后还将陆续上线乡村土产、体验活动等，帮助民宿企业大力推广“延庆品牌味道”，形成对民宿产业链的带动作用，产生叠加效应，推动民宿经营的良性循环。

为提升区域民宿品牌形象，增强民宿对市民的吸引力，延庆民宿联盟在区文旅局的大力支持下，将之前只在个别民宿尝试的民宿音乐会升级为乡村音乐会，于 2020 年 9 月期间在四个区域民宿子品牌——世园人家、长城人家、山水人家、冬奥人家中各选择代表性的精品民宿，在每个周末邀请北京市知名乐队举办音乐会，四地同时进行，每个地方举办五场音乐会，为寂静的乡村带来浓郁的音乐氛围，丰富了入住游客和村民的乡居生活，掀起了一股“民宿 + 音乐”的旋风。这个具有音乐季特点的活动不但为提升民宿格调，振奋被新冠疫情压抑的情绪起到了积极作用，而且为随后的“十一”国庆长假市民入住精品民宿起到了很好的宣传作用，为延庆区民宿收入的大幅增长做出贡献。

民宿联盟日常通过公众号积极宣传联盟成员民宿品牌院落，2021 年春节前后，为吸引就地过年的市民入住民宿欢度春节，民宿联盟组织各个民宿拍摄拜年视频集中亮相，表达延庆民宿热情好客的整体形象。在农历年底预订客房的关键几天，民宿联盟以每天一次的频率将春节期间开业民宿的房源和各民宿企业的联系方式通过公众号积极进行推介，力图让每一间客房都能找到合适的客户，这一力度是其他地区无法做到的。

在联盟和政府的大力宣传和推广下，2021 年春节期间延庆民宿客房的售卖情况达到了有史以来同期的最好水平。

提前为每年入住旺季的到来预热是民宿企业开春的必修课，但民宿个体的能量极为有限。民宿联盟主动联系专业营销公司，由民宿联盟秘书长亲自主持直播活动——2021 年“春风十里延庆宠你”侠侣 3·19 北京民宿抢购节，经过几个小时的直播售卖，在 72 小时后实现销售民宿 3 669 间，共计 207.62 万元的好成绩，充分展现出民宿联盟真心实意服务民宿企业的良好形象。

二、打造北方民宿大会拓展行业影响力

延庆民宿联盟对民宿行业的更大贡献体现在积极推动建立北方民宿联盟的倡议和组织上。为聚合更多力量推动区域之间的合作，建立北方地区民宿发展沟通机制，带动行业的快速发展，由延庆民宿联盟发起的北方民宿联盟（筹）于 2018 年 11 月成立，短时间就吸引了京津冀蒙四省市近 50 家民宿产业相关的协会、企业等加入联盟，共同协商北方地区联合发展大计。北方民宿联盟充分发挥内引外联的作用，最突出的成果就是从 2017 年开始持续在延庆召开北方民宿大会，发挥北京在北方民宿发展中的龙头地位和纽带作用。

2017 年首届北方民宿大会以“打开北方民宿的一把钥匙”为主题，邀请南北民宿大咖进行对话并探讨北方民宿产业发展之路，树立起了延庆区作为北方民宿发展领头羊形象。2018—2020 年分别以“共谋发展，盛会场景下的民宿生态”“乡村的荣耀”“共生社区”为主题举办第二届至第四届北方民宿大会，2020 年更是将北京首届乡村民宿大会与第四届北方民宿大会合办，进一步强化首都在北方地区民宿发展的核心地位。大会在主题设定上紧跟国家发展战略，结合区域现实，吸引了诸多北方地区民宿投资、运营领域的从业人员和各地政府的主管领导。为切实发挥联盟作为交流平台的作用，联盟负责人利用身兼中国旅游协会民宿客栈与精品酒店分会副会长的便利条件，与全国性的专业社团建立起紧密的互动合作关系，将多个南方地区民宿行业领军品牌代表邀请为主讲或对话嘉宾，尽可能让专业人士提供的信息对从业人员有切实的帮助。“黄河宿集”“过云山居”“裸心谷”“墟里”等诸多民宿或民宿综合体品牌的经验分享，不但为北方及当地从业者带来观点的启发，而且带动了

南北方在资本、运营、品牌等多层面的合作，整体推动了北方民宿尤其是北京、延庆地区民宿经营意识和理念的提升。北方民宿联盟事实上已经确立起北方有民宿发展意愿的省市地区沟通枢纽的作用，大大提高了延庆在北方乃至全国的认知度和区域民宿品牌形象，延庆民宿发展格局得到了很大的提升，与各区拉开了距离，为延庆民宿的可持续发展奠定了坚实的基础。

第二节　乡镇级民宿协会做细服务环节

乡镇一级民宿管理、协调机构在推动民宿发展上起着承上启下的作用，既承担各区民宿整体发展战略的具体实施之责，又能对各村的民宿发展起到指引和校正方向的作用，一定程度上决定了镇域民宿发展的整体格局。

以北京市首个乡镇级民宿旅游协会——怀柔区渤海镇民宿旅游协会为例。该协会成立于2020年10月16日，由渤海镇旅游产业链上的企业、组织等自发成立，旨在促进镇内民宿旅游行业规范经营，破解各经营单位各自为战难以形成合力的局面，汇聚各方能量和资源，共同推动民宿经济发展、农民创业增收和美丽乡村建设，让渤海镇域内旅游产业发展步入同心向上、融合发展的新阶段。

渤海镇是北京乡村旅游重镇，在北京市民中有很高的知名度，域内的民宿企业数量众多，目前加入协会的民宿企业超过150个，是名副其实的京郊民宿第一镇。渤海镇民宿产业发展态势强劲，旅游业作为渤海镇的两大主导产业之一，对渤海经济事业的发展起着至关重要的作用。渤海民宿旅游协会的成立，不但促进了渤海镇旅游业形成发展合力，同时加大行业内改革创新力度，创新产品，提高优质服务供给能力，推动文旅产业融合发展，丰富产业形态，满足游客日益增长的多元消费需求。

协会成立后，在引导行业自律、规范市场操作、提高民宿服务标准、营造科创生态环境上持续发力，为商务活动提供更多高端休闲会务服务。

协会的重要职责就是为镇域内以民宿为主的旅游企业搭建交流平台，通过举办相关论坛和活动，促进民宿主面对面沟通和与民宿经营相关企业的交流，通过成员单位之间的资源共享，开拓共商、共建、共享的民宿产业发展格局。

协会成立至今，通过举办民宿管家培训班、成立物业管理服务队、建立专业洗衣房，将更多镇域民宿整体运营和物业配套服务主动承担起来，提高了民宿管理和服务水平，优化了多元主体共同参与的吃、住、行、文化活动体验一体化的旅游产业链，提升了旅游产品附加值，通过整合宣传报道渠道提升了渤海镇旅游品牌的知名度。

乡村民宿的同质化发展是京郊民宿无法回避的问题，渤海民宿旅游协会在这方面的尝试值得称道。针对艺术元素在渤海镇集聚势头逐渐显现这一趋势，如何将艺术打造成为渤海镇域民宿的标签，是协会成立之后重点拓展的方向。协会秘书长姚远不但以画家身份将绘画艺术引入民宿率先示范，而且在景峪村联合知名艺术家曹振创办了植物染色艺术馆，为全镇民宿提供一个容纳客人体验的高质量公共艺术空间。他发挥多年来一直在渤海镇从事旅游接待工作的优势，将各国艺术家吸引到渤海镇举办国际艺术沙龙活动，让更多外国人走进渤海，强化该区域的“艺术范儿”。协会也会不定期举办艺术市集，将艺术家和中央美院等艺术院校吸引到夜市里进行艺术品交易和交流，丰富民宿客人的夜间生活，这种经营意识在全市范围内都是领先的。

通过举办“艺术走进渤海民宿文化沙龙”主题活动凝聚民宿人、促进相互间的协作，是协会确定的重点工作内容。2021 年 4 月 25 日，协会在渤海镇三渡河村花台子创意生活集举办活动，目的是给各民宿经营单位提供文创活动和旅游商品展示平台，推动具有渤海镇特色“伴手礼”的开发。活动汇集了镇域内 40 多家民宿经营单位、艺术家以及民间手工艺者的作品和技艺，面向民宿客人、消费者、民宿经营者进行展示。“四海小筑”民宿主马斌介绍了欧洲古板画文创产品与民宿结合、博物馆文创产品与民宿经营场景结合的经验，非遗传承人焦宇展示了丰富多彩的手工烙刻葫芦手把件，大榛峪村主任赵军将中央美院写生基地学生们的作品拿到现场进行展示，“渔唐”精品酒店负责人张纪伟介绍植物蜡染技术、“老栗树”板栗专业合作社带来了板栗衍生旅游商品……活动还提供了京绣与绳编、泥塑以及葫芦木板烫画等多项体验活动，为民宿同行、产业链上下游、政府与企业创造了自然、轻松的交流氛围，在强化渤海镇民宿的内涵式、主题化发展上做了有益的尝试。

第三节　民间协会组织推动特色资源赋能民宿

位于塞外游牧文化和中原农耕文化交融地带的北京，拥有丰富的历史文化遗产，尤其是世代相传的民俗和非遗资源，大量保留在广大乡村，很多是城市人接触不到的。精品民宿作为生活体验型旅游产品，地域特色文化对于吸引市民选择入住并延长停留时间具有独特作用。适应这一需要，在延庆区妇联的组织和引导下，延庆妫水女手工艺发展促进协会成立，在精品民宿“石光长城”创始人贺玉玲于 2019 年成为协会会长后得到了进一步的发展。协会的一项重要职能就是将民间技艺引入民宿空间，文旅局为此建立了顺畅的沟通对接渠道。协会目前会员人数超过 150 名，成立 22 个巧娘工作室，骨干巧娘超过 50 人，能够为入住民宿的客人提供布艺、葫芦烙画、面塑、手工灯笼、毛猴、剪纸、中国结、草编、刺绣等多种民俗技艺，为游客提供住宿服务之外的附加值。协会积极搭建供需对接渠道，每个民宿都有协会联系方式，能为有需要的客人匹配需要的巧娘，为手工艺进入民宿、充实游客体验内容提供周到的服务。

手工艺进入民宿基本上采用的是点单式服务，基于各民宿客户不同需求及相关节日、节庆主题活动，安排适合需求的手工项目及相关手工艺师。在重大节日、节庆期间，协会与民宿共同开展相关主题活动。随着延庆民宿品牌的提升，协会也为部分民宿管家提供相关技艺的培训，大部分民宿管家都掌握了两种以上手工体验项目，经过多年的积累，延庆区大部分知名民宿品牌都有手工体验类项目。协会提供的服务项目中，最受欢迎的是配套节庆主题活动的项目，如端午节缝制香包，平时提供较多的手工艺项目有布老虎制作、剪纸、糖画等。协会经过多年实践发现，那些体验周期短，易让客人拿到成品的项目更容易被客户接受。这些经验逐渐被民宿品牌应用于民宿日常服务项目的提供上，提高了游客的体验好感度。

在协会的扶持和培育下，现已成立了 22 个巧娘工作室，其中市级工作室 5 个。协会不只是组织巧娘为游客提供简单的手工体验，而是帮助巧娘挖掘手工艺的地方文化内涵，讲述手工艺背后的故事。这些工作室不但实现了依靠手工技艺提高收入的目标，而且带动了所在村庄及周边地区的妇女学习手工艺，并凭借技艺提高了个人收入。8 名工作室负责人还成功申报了延庆区级非物质文化遗产保护项目传承人，为更好地服务于民宿客人奠定了基础。

协会同时创造条件提升会员的民宿经营能力，打造具有民俗特色的民宿品牌。Visa、中国妇女发展基金会、北京体育大学于 2020 年年底共同发起“冬奥有她”项目，这是借助北京 2022 年冬奥会和冬残奥会赛事，为服务女性小微企业量身打造的公益项目。协会积极联络组委会，推荐会员郭春平作为活动的学员。通过学习项目设计的系列课程和提供的平台，郭春平将自己擅长的皮雕画技艺作为为客人提供的特色内容，逐渐增强了自己经营的民宿的吸引力，个人获得了更大的成长空间，为延庆“冬奥人家”民宿品牌发展探索出一条特色经营之路。

第五章　民宿区域、产品品牌建设与运营

任何形成一定规模的产业都需要抓住契机，借助一定的势能带动自身的发展，精品民宿的发展也不例外。就像起步于 20 世纪九十年代由北京民俗户经营的“农家乐”，“吃农家饭、干农家活、睡农家炕”的模式肇始于怀柔区。之所以“农家乐”能在这一地区得到发展，是因为 1995 年 8 月底到 9 月上旬在怀柔召开的第四次世界妇女大会和世界妇女大会 NGO 论坛，共有来自世界 189 个国家的 3 万多名代表出席了这一盛会，不但展示了首都良好的精神面貌，而且通过各路媒体的广泛报道，让城里人看到了京郊自然山水的秀美风光。当年 5 月 1 日，国家正式实行周末双休制，这为市民去郊区享受休闲时光创造了条件。最早从事民俗经营的单淑芝，她创办的民俗小院被北京市旅游管理部门命名为“农家乐 00001 号”，开启了京郊农家乐模式，掀起了农家乐经营的热潮。2014 年在怀柔雁栖湖召开的 APEC 会议，再次将市民的目光吸引到以“会都”命名的“京郊明珠”上来。经过全新建设和大力改造的会议服务设施和周边景点，在国际会议举办地光环的照耀下，迅速产生了“虹吸效应”，对有京郊旅游意愿的市民形成特别的吸引力。为满足超越“农家乐”服务水准的中高端住宿需求，精品民宿应运而生，以渤海镇为中心向全区各村镇辐射的民宿发展热潮就此拉开帷幕。可以说住宿产品的升级有其自身的逻辑，在发展过程中外力的催化剂作用能够加速高峰期的到来，尤其是重大赛事或节事活动往往能起到“四两拨千斤”的作用，无论是区域民宿品牌的建设还是民宿产品品牌的运营，都要具备乘势而上的能力。

第一节　区级民宿品牌“门头沟小院”稳步成长

门头沟区的民宿发展起步较晚，与其他区域的发展思路有所差异。门头沟区在民宿产业起步期就致力于以“门头沟小院”作为全域民宿品牌，通过顶层设计、政策支持、严格管控等手段逐步释放生态资源的价值。

一、强化民宿对于消费者和地方经济发展价值的品牌定位

门头沟区是北京市唯一的纯山区，山地面积占全区总面积的98.5%，2022年森林覆盖率和林木绿化率分别为40.08%、72.75%，北京母亲河——永定河贯穿大部分地区且已实现全年不断流，区内的京西古道、寺庙道观、传统村落、红色文化旧址、煤炭工业遗址等文化形态多样，这为民宿发展提供了良好的条件，让入住民宿的客人有了多样化体验在地文化的机会。正是基于这一独特的区位条件，门头沟区在对区域民宿品牌定位上突出“门头沟小院＋”的无限可能，不断丰富拓展“门头沟小院＋”的内涵，目前已经在乡村旅游、影视艺术、医药康养、文化演艺上探索出有效路径，推动“门头沟小院＋”主题生态沟域建设，持续打造具有门头沟特色的“门头沟小院”田园综合体“带”和“群”，体现“门头沟小院”品牌为市民享受良好休闲环境、带动区域经济发展的价值诉求。如围绕“门头沟小院＋百果山”，清水镇李家庄村建立拇指姑娘奇异莓园区，通过品种科研、基地生产、储藏加工、品牌销售等一体化环节，2020年带动低收入户年均增收6 900元；与北京同仁堂集团、北京演艺集团等企业深化战略合作，创新文旅休闲与健康养老等产业深度融合模式，不断提升以“门头沟小院＋”为特色的精品民宿产业带动力。

二、通过整体规范引导确保品牌发展方向

门头沟区成立区精品民宿发展工作领导小组，由区委、区政府主要领导任组长，下设政策服务与区域协作、项目牵审推进、流转合作与资金管理、规划建设及验收管理、宣传推介等五个工作专班，制订“推进精品民宿发展工作实施意见”“‘门头沟小院’＋田园综合体实施方案”

等系列文件，加强对全区精品民宿产业发展的战略谋划和系统布局，引领民宿产业品质化、规范化发展。为确保生态环境的长远价值，门头沟区在村庄风貌上建立一整套管控体系，出台《门头沟区村庄民宅风貌设计导则》，对村庄民宅风貌建设进行分类引导和管控，明确在村址、宅基地、胡同肌理、文物古树位置、一户一宅、老宅院“六个不变”原则，以确保精品民宿建设“体现出特色”同时要“留得住乡愁”。

三、通过持续宣介强化品牌形象

门头沟区搭建常态化宣传推介平台，与市文旅局每半年共同开展北京精品民宿发展论坛暨“门头沟小院”推介活动，通过整体打包的形式集中展示优质乡村资源，推介精品旅游线路，重点推荐“门头沟小院”评星创优擂台赛获奖小院和能够代表当地民宿品质和特色的精品民宿品牌，让公众通过优质民宿产品认知“门头沟小院”的品牌形象。在新媒体和网红时代，图片和影像质量往往决定了消费者的选择。为增加民宿的“颜值”，门头沟区文旅局与北京电影学院合作开展“影像助力美丽乡村发展”活动，大力推动“一村一摄影师”“一民宿一摄影师”计划，为顶级艺术院校提供实践基地，借助专业师资的力量将民宿最美的一面展示给公众，引发市民的情感共鸣和消费意愿。

目前纳入“门头沟小院”旗下的精品民宿品牌约有三四十家，数量在北京各区处于劣势，但总体上民宿品质较好。生态资源的价值在民宿发展中的核心地位得以充分体现，这是生态涵养区功能定位占主导的北京郊区的理性选择，在不久的将来就能看到这一选择带来的可预期结果：慢就是快，少即是多。

第二节　延庆区区域民宿品牌建设

精品民宿区域品牌的建设，不但要借势有影响力的赛事或节事活动，而且要结合自身的资源优势、特点造势而为，不断强化自身的品牌定位，增强竞争优势。根据中国旅游协会民宿客栈与精品酒店分会会长张晓军在官方公众号“CTA民宿客栈与精品酒店分会”2021年3月11日发表的观点，“人家”作为对旅游产品的命名要追溯到2003年，当年旅游行业知名专家魏小安在为北京市平谷区大华山镇编制旅游发展规划，对其定位为“京东桃花深处，大华山里人家”，“人家”这个词从此用来形象、生动地描述和表达一地的乡村生活，随后出现山东的“黄河人家”、北京的“奥运人家”等多个旅游产品名称。随着民宿在大江南北的乡村遍地开花，以“行政区划名称”+“人家”已经成为普遍采用的地域民宿命名的做法，有的地方政府以品牌思维创意注册“某某人家”民宿区域公用品牌，如安徽省芜湖市南陵县烟墩镇政府使用“霭里人家”作为公用民宿品牌，依据标准进行评定，授权给霭里村的民宿企业和经营者使用。

“人家”这个平实质朴的名字，恰恰体现了精品民宿能够为入住游客提供的服务特质，北京郊区早在2019年就开始以“人家”命名区域品牌，有序推进当地民宿的规模化发展，这就是延庆区围绕民宿品牌化战略推出的四大人家——世园人家、长城人家、冬奥人家、山水人家。经过几年时间地不断强化，这些区域品牌在游客中有了一定的认知度，品牌名称基本上起到了民宿产品的区隔作用。

2019年，短时间涌入的庞大游客人群不但让世园公园附近的“世园人家”受益，那些入住需求无法得到满足的游客向其他区域扩散，带动了周边区域民宿短时间快速成长。为推动更多区域民宿持续稳定发展，延庆区经过多方论证，结合区位自然条件和多年来在旅游资源开发上的深厚积淀，放大“世园人家”品牌效应，大格局规划出其他三个子品牌——长城人家、冬奥人家、山水人家，四个品牌涵盖延庆整个区域，可谓全域旅游战略在民宿领域深度布局的体现。四个子品牌区域明确，品牌内涵指向明晰，品牌区隔明显，为游客选择住宿目的地提供了便利条件。

一、世园人家

这是延庆区最早推出的子品牌，是借助世园会举办的良好契机顺势而为的品牌塑造之举，是启动延庆民宿品牌化战略的先手棋。延庆区创新实施自有民宿品牌形象塑造工程，这也是北方地区首个地域性民宿品牌。围绕2019年北京世园博览会召开，延庆区政府从丰富住宿产品，确保满足开园期间骤增的住宿需求出发，积极引导世园周边村镇布局中高端民宿。为提升民宿品质，提高游客对延庆精品民宿的认知度，延庆区于2018年出台了“世园人家”品牌民宿认定标准，对那些达到一定标准的民宿发放铭牌，并为每一家民宿编号，这也是北京地区第一个区域民宿品牌。经过世园会的洗礼，这些分布在世园周围的精品民宿不但在当时收获了国际性博览活动招牌带来的丰富客源，而且为京郊民宿亮出了闪亮的“金名片”，让更多市民对满足高端客群的住宿产品有了新的认识，发挥了为民宿市场启蒙的作用。世园会开园期间，接待各类入园参观人数达934万人次，会期共举办了3 284场中西交融、精彩纷呈的文化活动，吸引观众310多万人次，吸引国际友人20万余人次。这场汇聚千万人次的国际盛会，为延庆民宿的整体亮相提供了千载难逢的时机。

作为服务世园会接待的乡村住宿品牌和展示延庆旅游形象的重要产品，“世园人家”将地方元素与国际会展有机结合，品牌名称识别度高，指向明显，借助世园公园园艺美景和区位优势，易于在游客心中形成正向的品牌联想，对于短时间获得市场的认可大有好处。世园会开园期间吸引数以万计的世界各地游客，世园公园周边的民宿是最直接的获益者。“世园人家”品牌民宿尽显延庆本土特色，广受游客欢迎。仅2019年“五一”小长假期间，201家“世园人家”民宿、客栈8 000个床位共接待住宿游客2.65万人次，平均床位出租率达85.7%。代表性的民宿品牌有荷府、龙源里、一棵树、清孔雀秘境等。

二、长城人家

八达岭长城作为国内最热门的旅游目的地，每年吸引大量游客到此一游。为满足中高端住宿产品需求，长城脚下开民宿便成为自然而然的事情。延庆最初以精品民宿面貌示人的，就是长城脚下石峡村建造的石光长城精品民宿，这是以在当地颇负盛名的闯王宴为特色的民宿品牌，由此带动了多个以“望长城”为主打特色的民宿院落建设浪潮。直到今天，长城沿线依然是热门的民宿开发区域，除了靠近长城景区的优势外，与城区一个小时车程的距离优势为发展民宿提供天然契机。

“长城人家”以八达岭长城作为品牌依托，具有鲜明的品牌标识和地域特色，占据延庆民宿品牌版图的南部区域。该区域具有距离城区近，紧邻长城景区的地理位置优势，此前开发民俗旅游已有良好的传统旅游住宿产品基础，“长城人家”品牌不但很容易得到市民的认可，而且对外地游客有很强的吸引力，是自带光环的民宿品牌。代表性的民宿品牌有石光长城、原乡里三司、醉氧仙居、栖柳园农庄、大隐于世富春山居等。

三、山水人家

百里画廊是十余年前依托山水资源大力规划并取得很好宣传效果的旅游打卡地，清幽凉爽的气候条件不但吸引驾车族光顾，对热衷于骑行的市民也有十足的吸引力，几乎算得上除了长城之外京郊知名度最高的休闲旅游区域。这里是距离北京市区最远的区域，但对于喜欢见山又见水、寻找悠游于山水之间快乐的游客格外有吸引力。尽管这一区域的精品民宿开发时间较晚，但已展现出强劲的后劲，目前该区域已推出几十个精品民宿品牌。

“山水人家”因百里山水画廊这条北京郊区旅游线路最为成功的规划项目，让无数有逃离都市喧嚣梦想的游客一遍又一遍地驾车或骑行于其间。百里山水画廊景区位于千家店镇，2010 年经国家旅游局和全国旅游景区质量等级评定委员会批准，成为北京市首家涵盖全镇范围、“镇景合一”的大型国家 4A 级旅游景区。作为持续多年一直热度未减的打卡地，自然山水的秀丽风光让品牌天然具有绝尘脱俗的气质，占据延庆民宿品牌版图的东部区域。代表性的民宿品牌有百里乡居、净隐南山、乡里乡居、合宿・延庆姚官岭、山楂小院、大树与猫等。

四、冬奥人家

作为冬奥会北京赛区高山滑雪赛事的举办地，延庆区再次将“双奥之城”的金字招牌作为布局民宿发展的翘板，在京张文化体育带的相关区域进行精品民宿的整体布局，以“冬奥小镇”为牵引，做好海坨山脚下“冬奥人家”品牌民宿的推进工作。以张山营镇为核心的区域迎来品牌民宿建设的热潮，其影响不局限于延庆境内，而且因区位优势对延庆以北的张家口地区民宿建设产生影响，在民宿发展上已显现出一定的溢出效应。

“冬奥人家”以冬奥会赛场所在地为核心进行布局，早在 2016 年，精品民宿品牌大隐于世就开始在海坨山下的张山营镇后黑龙庙村实施冬奥小镇项目建设，2017 年底建成冬奥小镇 1 号院和 5 号院，随后更多院落落成，目前已达到 19 个院落，并带动更多品牌在本地和周边区域落地，已有三十余个精品民宿品牌营业，占据延庆区西北部，是目前最为活跃的民宿投资区域。代表性的民宿品牌有大隐于世、自游自在、左邻右舍、老马回乡等。

打开延庆区民宿分布区位图，四个子品牌界限分明，接待游客类型指向明确。更为重要的是，不同的区域品牌定位为各镇村结合自身条件发展民宿产业提供了发力方向，从总体规划上最大程度避免从事民宿投资运营主体的不理性行为带来的负面结果，有序推动市场经营按既定轨道运行，充分体现了政府的主导作用。

【链接】

山村小院+冬奥元素，100个“冬奥人家”亮了！

即将到来的冬奥盛会，人们在延庆赛区观赏完激情的冰雪赛事，可奔山林乡村，留宿“冬奥人家”民宿小院，享受融合乡愁与冬奥元素的田园生活。

经过近年来的打造提升，眼下，延庆区文旅部门围绕紧邻延庆赛区的三个乡镇——张山营镇、旧县镇、香营乡，推出100个冬奥主题的中高端乡村民宿产品——冬奥人家。包括“冬奥人家”在内，冬奥会时，延庆将提供500个精品民宿院落、近5 400张床位，遍布全区15个乡镇，为四方来客带来乡村民居新体验。

临近春节，在延庆区张山营镇后黑龙庙村的“冬奥人家”精品民宿，订单向雪片一样飞来，经营者张海超忙得不亦乐乎，“冬奥会自带流量，正是因为有了它，精品民宿才会如此火爆。”

后黑龙庙村地处北京2022年冬奥会延庆赛区所在地张山营镇，这里距离赛场直线距离只有5公里。走进“冬奥人家”精品民宿2号院，率先映入眼帘的是一个长方形的室外泳池，对面是个独栋复式。走进其中，五米的挑高、随意摆放的懒人沙发、文艺的流苏挂毯，颇有北欧风格。屋内转转，随处可见冬奥元素：“冰墩墩”“雪容融”的玩偶抱枕，“冬梦”“飞跃”模样的剪纸窗花，模仿冬奥会开幕式的国旗串联景观、冰壶球桌游等，吸引入住小朋友们体验玩耍。

张海超是土生土长的张山营人。2016年，原本在市区做生意的他，看到冬奥会筹备如火如荼，家乡发展驶入快车道，决定返乡创业。他与后黑龙庙村集体合作，流转村民闲置的老院子，开起了精品民宿，并将其打造为冬奥元素满满的“冬奥人家”。如今，全村19处“冬奥人家”全年入住率达70%左右，一次性可接待游客300人，年均接待游客两万多人次。

除了“冬奥人家”，遍布延庆的其他民宿也各有千秋。橙色的大南瓜、自然干枯的绣球、年代感十足的老旧木门，延庆区刘斌堡乡小观头村村民赵自芝家的老院子里，舒适整洁的房屋与浓浓的田园味道混搭起来，成为吸引城里人留宿的法宝。

这家以“先生的院子”命名的精品民宿，是有名的“世园人家”。实际上，早在2019年北京世园会举办之前，延庆区就围绕世园会园区周边的康庄镇、刘斌堡乡等，打造了一批以园艺为主题的中高端民宿品牌——世园人家。

延庆区文旅局相关负责人说，除了“世园人家”“冬奥人家”，延庆区还根据地域特色，在延庆区南部的八达岭镇等培育了100个“长城人家”，在北部山区珍珠泉乡等培育了100个“山水人家”，形成特色鲜明、覆盖全域的四大民宿品牌。截至2021年底，“冬奥人家”“世园人家”“长城人家”“山水人家”四大品牌均已亮出，全区共计建成精品民宿院落500个，提供近5 400张床位，遍布全区15个乡镇，冬奥会时游客可尽享缤纷多彩的田园生活。

冬奥会即将到来，延庆500个精品民宿院全力准备着。即日起至3月底，延庆将以民宿和高星级民俗户为载体，推出滑冰戏雪、小院大年、年俗体验、饕餮盛宴、休闲采摘等五大系列产品，带给海内外游客一个欢乐、充实、收获满满的延庆之旅。

“希望通过打造四大品牌民宿，能为冬奥会期间的旅游接待需求提供保障，同时提升延庆民宿品牌影响力，助力乡村振兴，为延庆区发展全域旅游示范区提供重要支撑。”延庆区文旅局相关负责人说。①

第三节　“长城人家”民宿品牌建设构想

目前各区虽有意识通过品牌化发展突显民宿特色，通过强化某一区

① 李瑶：详见北京日报客户端，2022年1月19日。

域的民宿品质增强吸引力，但由于处于起步阶段，无论是政府主管部门还是民宿主，都无法在短时间内打造出鲜明识别度的区域品牌。根据对长城周边民宿的实地调研和对长城研究专家的访谈，本文尝试以“长城人家”为例探讨区域民宿品牌构建思路。

一、“长城人家”区位条件

（一）“长城人家”地理区位

“长城人家”区域民宿以延庆境内八达岭长城及周边长城遗址为依托，涵盖范围包括八达岭镇、井庄镇、大庄科乡及相关村镇。延庆区长城城墙长度占北京境内总长度的三分之一，是拥有长城资源最为丰富的辖区。特殊的地理位置使其成为中原地区与草原、西部地区沟通的重要通道。

（二）“长城人家”人文资源

八达岭是北京最早修复开放的长城段，接待各国领导人数量最多，国际、国内知名度最大。蒙古人、金人、李自成农民军由此进攻北京，慈禧太后逃难经过此地。纳兰性德、徐渭、朱彝尊登临长城留下诗篇，大量名人都有吟咏诗句。这里是知名度最高的长城段落，留下了大量的珍贵照片。沿线的城堡、关墙遗迹众多，与中国近代史关联紧密。民俗、非遗、故事、传说内容丰富，为游人留下探寻历史文化、体验世界遗产的巨大空间。

二、区域品牌体系建设基本步骤

（一）明确区域品牌内涵

阐明区域涵盖范围、拥有资源情况、核心产品构成、品牌价值诉求、为品牌消费人群带来的价值等。

（二）确定品牌标识系统及品牌符号

设计出能够将品牌内涵清楚地传达给公众的体系化标识系统，核心是品牌 LOGO、代表性图案、品牌口号、品牌代言人等，使其具有清晰的品牌识别度。

（三）打造区域品牌的常规手段

1. 精心打造区域内体现品牌内涵的高质量产品，这是品牌的核心。

2. 通过媒体传播品牌价值理念，使其深入人心。

3. 通过对代表性产品的推广，强化公众对区域品牌的认知。

4. 借助社会化媒体持续与消费人群沟通，增加品牌黏性。

5. 按一定频次持续举办公众参与的活动，保持公众对品牌的关注度。

6. 为消费人群提供激活兴奋点的特色内容，提高地域吸引力。

三、“长城人家”区域品牌体系建设思路

（一）明确“长城人家”品牌内涵

以八达岭长城及延伸墙体风貌、沿线关城古堡遗迹和周边民俗非遗为依托，以村域精品民宿为核心载体，为游客在入住周期内提供观赏长城景观、感受长城文化、体验长城民俗的定制化服务，为游客带来长城景观的崇高感、长城非遗文化的历史感和长城脚下美食美宿的满足感。

（二）确定品牌标识系统及品牌符号

1. 品牌 LOGO

体现长城和民宿元素，通过规范标准明确使用范围，增强民宿企业使用意愿。

2. 品牌口号

向公众传达品牌能够为游客带来的独特价值和体验，是从游客角度定义品牌价值，如“长城脚下的美好生活”“住长城人家　品美宿生活”“品味长城生活从民宿开始”“住长城民宿品人家生活”等。

3. 确定“长城人家”品牌代言人

以能够体现长城精神、气质或代表长城脚下居民生活状态的当地人或游客为代言人，直观展现民宿为入住游客带来的价值和好处。代言人最好是自身从事民宿经营的民宿主，或从事与长城保护事业相关的工作，有助于激起游客共鸣。比如“长城人家”001 号民宿石光长城创始人贺玉玲；长城铁花非遗传承人，长城沿线老物件收藏人，醉氧闲居民宿主孙泉；石峡关长城脚下石峡村老村长，一生守护长城的长城保护员梅景田老人；长城小站站长尚珩等。也可以选择北京电视台主持人或民宿达人，从游客的角度为品牌发声。

（三）打造“长城人家”区域品牌的实施要点

1. 对区域内达到一定质量的精品民宿进行认定、编号并悬挂铭牌，为入选品牌赋能。

2. 媒体传播

（1）拍摄制作代言人宣传片，通过主流媒体进行传播。

（2）通过意见领袖、网红等借助公众号、社交媒体进行传播。

（3）流量支持代言人开通抖音、快手账号进行推广。

3. 遴选具有鲜明地域特色和独特主题的代表性民宿进行重点宣传推广，强化品牌认知，如石光长城、醉氧闲居等。

4. 开通“长城人家”微信公众号，同时嵌入“长城内外”公众号，借助社会化媒体持续与消费人群沟通，增加品牌黏性。

5. 按一定频次持续举办公众参与的活动，保持公众对品牌的关注度。可以围绕主要节气和节假日举办“XX 长城徒步（长走）”活动，如“端午节长城徒步”。

6. 为消费人群提供激活兴奋点的特色内容，提高地域吸引力，如长城铁花表演、延庆旱船表演。

（四）强化精品民宿与长城元素关联

1. 长城 IP 为精品民宿赋能

“长城人家”区域品牌的核心要素是精品民宿，长城是世界上独一无二的文化IP，是能够为民宿加分的重要元素。为强化民宿主题和吸引力，应尽可能利用与长城相关的各种元素强化与民宿的关联，带给游客不一样的体验。

（1）长城的物质元素：城墙、古堡、城关、墩台、人物、文创、饮食等。

（2）长城的非物质元素：民俗、非遗、故事、传说、图片、照片、影像等。

2. 民宿经营强化与长城之间的关联

（1）长城饮食进民宿，如石峡山茶（与修筑长城的民夫、守卫长城的士兵有关）、夹肉火勺（与戚继光主持修筑长城相关）。

（2）重要节假日或节气为游客提供长城非遗表演项目，如长城铁花、竹马、旱船表演等。

（3）长城题材戏曲展示，如《三疑计》（李自成巧计赚取石峡关）戏曲台本内容或音视频节目。

（4）组织游客开展长城游览或游学活动，由长城研究专家、长城保护员、长城小站志愿者等为客人提供特色游览路线导引和讲解服务，如请“八达岭长城传说”北京市级代表性传承人池尚明讲长城故事。

（5）长城书籍、画册、老照片、版画、摄影展获奖照片进民宿。如将清末民初长城老照片悬挂张贴在民宿内，让民宿成为了解域内长城历史变迁的宣讲空间，可考虑将延庆人孟宪利收集的大量长城明信片放大、装裱后挂在民宿客房或公共空间，展示长城的历史变迁。

（6）民宿开展长城文创产品体验活动，如开发长城烽火台、城墙木作创意产品，制作长城羽毛画、剪纸等工艺。

（7）设计“长城徒步游览路线”，为民宿客人提供有专人导引的组团徒步健身活动。

（8）在重要传统节日为客人提供与传统民俗相关的活动或用品，让游客感受到“长城脚下过XX节”（如“长城脚下过大年”）的仪式感。

四、“长城人家”品牌建设的制度保障

1. 区文旅局做好“长城人家”全域民宿发展规划，重点推进公共文化服务设施建设

（1）从盘活长城文化资源，带动民宿产业发展的大局出发，梳理出域内的长城物质元素和非物质元素，为各村结合长城元素打造“一村一品”主题民宿进行宏观布局和行政指导。

（2）区图书馆制订并实施“长城书籍进民宿”活动，遴选与长城文化相关的画册、图书，在“长城人家”民宿中建立“长城文化图书角”，定向配送图书、长城挂图；会同文化馆选择长城老照片及长城摄影作品放大装裱，供民宿选择张贴于民宿内；由书法家书写与八达岭长城相关的诗词作品，装裱后作为民宿室内装饰之用，可选择的诗人有高适、徐渭、纳兰性德、康有为、陈毅等。

（3）指导民宿重点村乡情村史陈列室建设，强化长城民俗文化展示功能，为游客了解当地长城文化，体验非遗活动提供公共场所和空间。

（4）制订奖励补贴政策，对区域内结合长城文化经营较好的民宿企业进行奖励，对主动结合长城文化开展文创活动的民宿给予补贴或评级加分。

（5）调动区域文化资源，在重要节假日为游客提供民俗展演活动，如长城铁花表演、旱船表演等。

（6）整体规划建设长城徒步观光健身步道，尽可能将民宿纳入步道辐射范围，利于游客参与游览。

2. 镇政府结合“长城人家”区域品牌规划做好镇域品牌规划及公共

服务设施建设

（1）结合镇内长城文化资源和民宿发展状况，明确镇域民宿品牌发展规划，提升竞争力。

（2）补齐民宿发展短板，完善民宿经营所需的公共设施建设，优化营商环境。如岔道村长城文化资源丰厚，但古庙、旧驿站、老城门等游览景点开发严重滞后，夜间照明系统长期缺失，亟待完善提升。

3. 村两委积极参与“一村一品”主题活动打造

以社区共生理念为指导，在村两委的支持协调下，调动全村资源并链接外部资源，以村为单位合力打造与长城相关的主题活动，将主题民宿经营上升为村域发展的核心战略，带动村集体和农户走共同富裕之路。如石峡村以提供“长城石烹宴”并配以长城美景照片墙、长城博物馆，让游客因民宿而获得物质和精神上的满足感，石峡村在精品民宿的带动下知名度得到了提升，村集体经济也得到了发展。

第四节　民宿产品品牌的运营模式

民宿产品品牌是游客进入乡村实际接触到的一个个以院落、客房为实体形式的精品民宿，是游客对民宿外观、内涵、食宿、活动等各方面情况体验后得到的整体印象。截至目前，北京市精品民宿品牌超过 1 000 家，不同民宿品牌根据自身条件不断探索更适合的民宿主题，达到一定规模的民宿品牌开始进行更大规模的品牌运营，总体上呈现出蒸蒸日上、生机勃勃的上升态势。

一、民宿运营品牌输出模式

位于延庆区刘斌堡乡下虎叫村的“山楂小院”“先生的院子”等是在民宿扶贫语境下被反复提及和解读的案例，院子的投资运营主体——隐居乡里品牌走出延庆，在全国各地持续拓展民宿品牌版图的经营活动，也被赋予了金手指进入乡村点石成金的特殊光环，多个被作为产业扶贫典型的案例，一遍又一遍地印证了产品品牌模式输出的可行性。在延庆开发的几个颇具网红效应的民宿品牌，是隐居乡里落脚乡村、经营民宿的原点，也是隐居乡里探索品牌输出模式的起点。以村集体为合作对象，通过集体合作社撬动政府和农户资源，为农民提供资产性、劳务性收益并让进入合作社的农民获得分红收益，这一整套后来被广泛采用的经营模式，就是在隐居乡里深度融入乡村后探索出来的有效路径，隐居乡里以乡村运营商而不仅仅是民宿产品运营商身份介入各地民宿产业发展，这一理念就是在延庆提供的宽松舞台上逐渐成型的，可以说延庆是该民宿运营品牌的孵化地。隐居乡里不但在延庆多个区域布局了多个院落，而且在北京其他郊区如怀柔区、房山区不断复制这套模式，在全国各地的撒种落子也越来越得心应手，多年来在延庆的深耕经营，为更多品牌走上模式复制之路提供了有价值的参考模板。

二、品牌连锁经营模式

大隐于世创始人作为返乡创业人员，改造自家宅院开办精品民宿让他看到了这一产业的美好前景，自此开启了他以张山营镇为核心向周边区域进行品牌连锁式拓展的模式。大隐于世将位于2022冬奥会赛场南侧的后黑龙庙村按整村开发的思路进行综合体项目开发，目前有19个在营院落和1个接待中心，并将整个项目命名为冬奥小镇，是北京郊区第一个使用冬奥名称开展民宿业务的项目。冬奥小镇规划建设包括雪具租售、滑雪滑冰室内体验、农副产品展销中心、牛栏咖啡吧、花园餐厅、中国风伴手礼商店等项目，按照商业街区综合业态进行打造。值得一提的是，由于创始人有在北京市区从事酒店经营的经验，大隐于世具备很强的品牌意识，是最早着手设计有鲜明识别度的品牌LOGO的民宿企业，于2020年8月正式推出，每个民宿院落都挂上了醒目的品牌标识。随后大隐于世又在刘斌堡乡建立净隐南山私汤度假项目，拥有13个采用时尚前沿设计理念建造的私汤度假院落，打造包括山顶咖啡吧、蔬菜大棚旋转餐厅、骑马环山游、山地游乐园等多个供游客选择项目的山体娱乐区，很受年轻群体的欢迎。位于拥有首都文明村称号——井庄镇窑湾村的富春山居民宿品牌，由6栋北欧现代风智能别墅构成，综合配套设施包括山体泳池、洞穴酒吧、儿童探险乐园、婚礼草坪等，占地面积约5亩，能够满足高端客户多种需求。大隐于世以民宿综合体项目持续进行品牌连锁经营，既有深度参与投资建设的民宿品牌，也有负责整体运营的民宿品牌，在深耕延庆本地项目的基础上，将触角延伸到北京其他区并积极向北京以外的省份如海南、云南拓展，是延庆纯本地民宿企业携品牌优势进行连锁经营模式的开拓者。

三、品牌联合打造集群模式

作为北方首个民宿集群品牌，“合宿·延庆姚官岭”在延庆区文旅局的协调引导和刘斌堡乡委乡政府的支持下，探索出一条多品牌联合打造民宿集群的创新路径。合宿品牌由延庆区民宿六个头部品牌——乡里乡居、石光长城、原乡里、百里乡居、左邻右舍、大隐于世，依据自愿原则共同设计建造的民宿集群项目。该品牌在建筑形式、景观设计、装修风格上尽可能保持不同品牌既有的状貌和独特的文化内涵，确保集中在姚官岭村的单体院落在民宿产品形式上的多样性与文化上的丰富性，以错位经营满足不同人群的消费需求，可谓小型的“民宿超市”。为便于集约化管理，发挥集群效应，合宿品牌由大隐于世统一运营管理，在公共设施建设、公共空间打造上充分发挥了多品牌集中带来的资金充裕和客群人数众多的优势，在公共配套设施建设上给游客以更为良好的体验。这种多品牌集中于某一村落联合开发的形式，不但降低了运营成本，确保高效优质的服务，也为个体民宿运营成本高、单体品牌影响力弱等问题探索出可资借鉴的解决方案。每一个品牌在合宿的院子就像样板间，集中展示给入住的游客，客人在获得良好体验后，很有可能在日后选择该品牌在各个村镇建造的更大体量的院落，在这个意义上合宿更像是合作品牌的导览系统。多品牌联合运营不但激活了存量资源，而且能够孵化出增量资产，与合宿结成利益共同体的在地村民俗旅游专业合作社获得了相比于以往更多的集体收益。由于村委会看好民宿的良好收益前景，合作社决定将资金用于新民宿的建造，在姚官岭村建设的民宿品牌“汀风”已开门迎客，以托管经营的形式加入合宿品牌大家庭，探索出集体经济依靠民宿产业壮大进而投资民宿、实现良性循环发展的有效模式，为集群民宿品牌发展做了可圈可点的尝试。2021 年 11 月初，全国甲级、乙级旅游民宿评定结果公布，合宿·延庆姚官岭民宿集群成为北京仅有的两家上榜乙级民宿中的一个（另外一个是石光长城精品民宿），体现出民宿集群在公共空间打造和配套服务设施建设上对于提升游客体验感上的优势。

正是看到了民宿集群对于促进区域民宿发展的好处，更多地区开始着手打造民宿集群。平谷区在北京各郊区民宿发展中总体上起步较晚，这反而为成就高起点布局的后发优势提供可能。为更好地规划、发展民宿产业，在平谷区政府班子尤其是区人大的整体协调下，各乡镇及村领导先后赴台湾和大陆民宿发展较好的地区进行考察，总结北京怀柔、延庆等民宿发展较快区域的经验，在制订发展路径上主动规避可能带偏发展方向的陷阱，正高标准规划建设丫吉宿集。位于平谷区刘家店镇丫髻山脚下的丫吉宿集，是平谷区民宿协会汇聚优势资源着力打造的精品民宿聚落，2021 年引进北京市政协港澳台侨工作顾问兼优客工场创始人毛大庆、北京电视台主持人马丁为项目顾问并各自打造高品质民宿，引领北京东部民宿集群的发展。项目依托丫髻山景区周边前吉山、松棚、东山下、行宫村四个村，汇聚刘家店镇全镇的力量进行高标准建设。随着“太极小院”“开门见山”“朗朗读书声”等民宿品牌的陆续营业，这里将成为依托道教圣地丫髻山旅游资源、优质平谷大桃农产品资源的北京乡村度假精品品牌，带动当地农民就业，盘活闲置农宅，助力乡村振兴。

第六章　民宿经营模式的多维拓展

针对以院落为基本产品形态的精品民宿进行运营是民宿企业生存与发展的关键，探索依托本地自然、人文资源并发挥民宿投资运营商自身优势的经营模式，使其发挥激活民宿所在地产业要素活力的作用，为乡村的持续稳定发展打下良好基础。在政府的积极引导下，各区在民宿产品运营模式上不断进行多方面的探索，奠定了区域民宿发展的基本格局。

第一节　坚持以集体经济发展为导向的合作运营模式

发展壮大集体经济是中央对乡村振兴的基本要求，通过激活多年来政府在基础建设上投入的大量沉淀成本，村集体积极发挥主体地位，将土地资源进行深度开发，主动对接城市资金、人才要素发展民宿，这是各区在实践中不断实践的基本路径。根据北京市农村经济研究中心所做的统计，目前北京的 3 885 个村中，尚有 590 个集体经济薄弱村。这些村 70% 位于山区，23% 位于浅山区，7% 位于平原。在对集体产业发展方向的预期上，参与调查的样本村将发展乡村观光休闲旅游业作为首选方向，其中门头沟区意愿最强（66.7%）。在对相关产业的选择上，“盘活利用闲置农村宅院，发展精品民宿或民俗旅游”这种模式成为重要选项之一。在这种情况下，发挥集体作为产业发展主体的作用，就具有内化社会成本、节约交易成本、区域统一开发、带领共同富裕等独特的组织比较优势。

各地汲取此前城市资本与农户直接对接过程中产生的利益纠纷教训，为满足民宿投资主体安全、稳定、可控的投资诉求，各村通过建立合作社吸纳有闲置住宅农民加入，借助组织的力量、以权责分明的契约约束村民行为，再与投资运营商以合约形式规范对方经营行为，让民宿逐渐走上了规范经营的道路。目前各村普遍采用“村集体经济组织 + 企业 + 农户”“民俗旅游专业合作社 + 企业 + 农户”等多种合作运营模式，建立“多重收益、按股分红”的利益联结机制，民宿企业与村集体组织、专合社（农户）量化入股，共同开发民宿，让农户在收取土地租金基础上增加股权收益，与产业链各方利益主体真正结成产业共同体、利益共同体和命运共同体，带动农民财产性、劳务性和经营性收入提升，帮助农民在家门口实现增收致富。经过五年左右的持续探索，逐步总结出以原乡里、百里乡居等企业为投资运营主体的企业投资模式，以左邻右舍、先生的院子为代表的村集体或合作社投资、专业公司运营的合作社开发模式，以世园人家为代表的乡村客栈、星级民俗户改造升级的 IP 升级模式，以肆舍、龙源里等为代表的返乡人才投资运营的返乡创客模式，以大隐于世为代表的民宿品牌委托经营模式等。各种模式百花齐放，为延庆民宿产业发展积累了示范样板，持续带动一批又一批民宿项目落地建设。截至 2020 年年底，全区精品民宿盘活了闲置房屋 500 个，年均增加村民财产性收入 1 200 余万元；带动村民就业千余人，每人年均增加劳务性工资 2.6 万元；带动村集体及合作社增收千余万元。民宿产业在调整和优化乡村旅游产业结构、促进当地产业经济发展、实现乡村振兴方面发挥了切实的拉动作用。

门头沟区妙峰山镇水峪嘴村，早在 20 世纪九十年代就在全国劳动模范、村书记胡凤才的带领下，坚持走集体经济道路，通过发展乡村旅游改变落后面貌，实现全村整体搬迁上楼。大约在十年前，村两委就尝试开办民宿，取得了一定的经济效益。近两年村集体将闲置农宅出租给民宿投资人，先后建起了梦回古道、妙峰小筑等精品民宿品牌。整村搬迁后，原村旧址空出上百个老宅。按照胡凤才书记的设想，未来将进行整村开发建立古道民宿群，结合古道文化、永定河文化、民俗文化等进行经营，通过招商引资盘活集体财产，壮大集体经济，达到共同富裕的目标。

第二节　打造识别度明显的主题化产品体系

2021年4月10日开始进行投票评选环节的“2020浙江民宿主题榜投票活动”，是由浙江省旅游民宿产业联合会和浙江旅游信息中心有限公司共同发起，浙江省旅游民宿产业联合会营销推广专业委员会等多家单位协办的民宿主题评选活动。这应该是国内首个以民宿主题作为重点的评选活动，由国内精品民宿发端省份正式推出，表明在经过十余年的自发经营，民宿数量持续增长到一定规模后，政府为提高民宿竞争力而主动引导的行为。评选活动确定的6个浙江民宿主题榜单分别是最温暖民宿、最美民宿主人、最美民宿阿姨、最具贡献民宿、最美民宿厨房、最佳非遗主题民宿。其中主要从民宿非遗传承、非遗展示、非遗价值的发挥等方面评价的最佳非遗主题民宿评选，是为了强化民宿体现地方特色、具有独特价值主题在民宿运营中的价值，在浙江民宿企业之间竞争加剧的背景下，这一导向对于浙江本地乃至全国民宿行业都具有示范意义。

民宿主题的打造贵在自然，要结合民宿所在地域的自然人文资源进行开发，为游客带来在地化的独特体验。竹子作为莫干山的特色，在当地村民的挖掘与创作下，不仅成为民宿装修与设计中的重要元素，更将其发展成民宿的文化特色。除了东沈村宣国维老人栩栩如生的竹编工艺品外，紫岭村民宿梅皋坞的老板潘洪财自创竹枝工艺品，将竹加工剩下的竹片、竹梢简单加工，摇身一变成为妙趣横生的“渔翁”“三口之家”、飞鹿、竹笼等工艺品，并凭此获得外观设计专利。在竹枝工艺品逐渐成熟后，潘洪财在自家民宿边上建立一个小型工作坊，前来的游客免费体验竹枝工艺品制作课程。因此，竹枝工艺品课程也就成为梅皋坞的特色。[①]

民宿的独特价值在于能够为市民提供差异化的文化体验空间，北京

---

① 张国芳，蔡静如，张怡：《多元主体互动机制下的乡村社区产业营造——基于浙江德清莫干山民宿产业的个案分析》，岭南学刊，2018年第3期。

郊区精品民宿品牌约有一千个左右，在以北京市民为核心目标消费群体的民宿市场，民宿缺少特色鲜明的消费主题将难以售卖。为更好地突出各个民宿的特色，延庆区文旅局在确定“长城、世园、山水、冬奥”区域品牌矩阵的前提下，在产品的文化体验上尝试进行主题化区分，根据各地资源禀赋赋予其特色内涵，力图形成十大民宿主题。这些主题主要分为两类：一类是依据自然资源条件明确主题，包括山水、红色、冬奥冰雪、古城文化、花海等主题。例如冬奥滑雪场附近村镇，可以利用冬奥元素打造特色体验项目，以“冬奥小镇”为代表；永宁镇附近的民宿，可以围绕千年古镇的历史文化进行主题开发；大庄科乡颇负盛名的花海周边民宿，可以大力开发婚纱摄影、网红打卡等项目。另一类是在已有一定主题方向的基础上逐渐强化差异化的主题，包括亲子、自驾、骑游、农事体验等，如自游自在品牌就是以汽车主题打造的特色民宿，将汽车元素应用到民宿产品和服务的每个环节，对于有车族人群来说吸睛效果明显。

紧邻延庆区旧县镇古城村龙庆峡景区的自游自在民宿品牌，是由兼营汽修业务的吴金淑创办的汽车文化主题民宿。民宿主因喜爱自驾，崇尚自由，于 2018 年以幸福、包容、自由、自在的理念，打造集精品酒店与高端民宿于一体的特色民宿，汽车元素渗透到民宿空间的每个角落。集装箱式的外部装修，蒸汽火车头造型的门岗亭，用轮胎搭建的花坛，创吉尼斯纪录的巨型铜线轮胎，灯可亮、笛可鸣的复古红色车头的前台设计，还有客房楼道两侧也装饰成流畅的公路，房间号设计成车牌，根据各类人群的需求确定床型和面积，差异化的设计风格颇具匠心。在室内陈设上有妫水河穿流造型的茶几、汽车形状的纸巾盒、各类模型车摆件、欧铁装饰灯，体现了民宿主对汽车文化的独特理解和为汽车人打造文化家园的情怀。与精品酒店一体化运营的高端民宿在宥叠院，由平安、吉祥、快乐、幸福和智慧人家五座特色小院组成，这里的汽车文化主题餐厅也处处体现汽车元素：超大瓦特蒸锅可同时制作百人美食，复兴号、和谐号、动感号、自由号几个包间的取名也与交通运输有关。民宿专门设置了儿童休闲娱乐区，变形金刚、电动模型汽车、轨道交通拼插玩具等几百个让孩子们尽情释放天性的各类玩具，仿佛是一个小型的汽车王国，就连北京汽车博物馆的文创产品也将这里作为展示和售卖的合作店。由民宿客人自发或由民宿主不定期举办的各类自驾游活动或其他社交活动，增强了品牌的黏性，进一步强化了汽车主题民宿的品牌调性。

创建于2019年的香邦芳舍位于房山区黄山店村，是一家与芳香博物馆、神秘瓶子和植物共处的芳香主题精品民宿。该民宿以“芳香”作为经营核心，将芳香知识、芳香活动、芳香体验、芳香住宿融为一体，为都市人打造立体化的能够唤醒五感六觉的芳香世界。民宿主作为香邦芳疗创始人，对植物精油有深入的研究，将以往只是围绕天然香料开发产品的芳香产业，延伸到了品质生活、康复花园构建、城市人焦虑睡眠障碍诊疗等方面，借助民宿空间扩大应用范围，通过对传统要素的系统性重组，围绕芳香美学价值建立新的应用场景，产生全新的意义。

香邦芳舍与其他民宿最大的不同，就是“味道设伏”工作先于客人入店，从客人选定房间之时即宣告服务的开始。在客人动身之前，管家就会联系客人，询问需要什么样的香气——果香型、木香型或是花香型。管家会根据客人的偏好，将香气提前布满客厅、卧室，客人进入民宿空间就会“闻香识客房”，一股暖意“油”然而生，一下子被自己喜欢的香味“俘获”。除了精油香气之外，香邦芳舍还配有水疗SPA机和精油泡浴。

让客人印象深刻的还有山脚下的芳香博物馆，客人在这里能够得到芳香疗法知识普及，看到上百种芳香植物展示，增长对芳香植物的见识。博物馆里有很多置物的小格子，每个格子都有主题，在器皿里放置的植物标本用做装饰。巨大的玻璃墙、整面落地的展架、好玩的容器、上百种芳香标本，在不同时段阳光的照射下，营造出五彩斑斓的光影世界。

芳香博物馆同时也是芳香活动的主要场所，在这里可以举办手工沙龙、芳香主题讲座和与芳香、疗愈相关的活动。北京市内的央企或外企做企业培训、工会活动、手工活动及企业团建，往往会选择这些项目。

在众多项目里，“我是调香师”较受欢迎。客人在这里首先会了解香水的文化和知识，然后在讲师的带领下调配属于自己的专属香水。这些区别于化学合成香型，全部由植物精油调配的香水，诞生于民宿，加入了自己的心血，带着这瓶特制的香水回到家里，独特的味道久久陪伴，带给客人独一无二的美好体验。尤其对于女性而言，碰巧赶上妇女节或圣诞节，用天然的植物油、精油和植物色素，亲手做出一款自己钟爱的颜色和香味的专属口红，无疑会爱不释手。此外还有亲手制作空间香氛、植物主题的护肤精华、护肤油等活动。

香邦芳舍由隐居乡里和香邦联合运营，这些活动也会植入到隐居乡里旗下在北京的项目里。香邦芳舍作为一家最有“味道”的民宿，不仅在北京，即使在全国也是类型独特的主题民宿。

位于延庆区四海镇大吉祥村的“大树与猫”民宿品牌，是由负责整村运营的北京时光成长旅游发展有限公司，进驻村里主打猫文化创意开发的主题民宿。运营方以民宿为载体，围绕“猫”主题，孵化有IP属性的猫故事发源地，打造有猫相伴的治愈系乡村空间。民宿经营的独特之处在于有高品质的公共空间作为开展各项主题活动的依托场所，包括上千平米的挑高建筑绒·艺术馆（猫公馆）乡村文化中心和占地几百亩的猫叔农场。该农场对大吉祥村本地特色物产如松蘑、蜂蜜、果树、农产品等生态农林产业进行整体规划、品牌化包装与深度开发，并与乡村休闲度假活动以及亲子教育科普活动相融合，增强生态农林产品的场景化和故事性，满足亲子家庭的多样性选择。

运营方采取乡村合伙人的方式，引入具有项目运营经验的团队和能够带来流量的专业人员，与大吉祥村共同开展合作，带来文创、文化艺术、影视动漫、生态农业、中医康养、餐饮、节事活动、户外骑行、节目制作、星空观测、亲子教育等各类优质内容。

运营方除了展开常规的活动外，在节假日为亲子家庭策划深入参与的活动内容上已经积累了丰富的经验。比如EarlyRider小骑手跨年聚活动，在三天两晚的活动单元内，安排了越野骑行、全家总动员包饺子、蒸花糕、打糍粑、制作冰灯、彩砖贴花、冰雪争霸赛（冰爬犁、冰陀螺、冰壶、拔河）、捡柴劈柴比赛、喵屋观影等活动。大吉祥村现有花隐、方庭、雅柳、蔓草、有鱼等八个院子，相当于是为活动运营提供的高品质配套设施，能够满足这些有更高需求的游客。住宿产品与活动相得益彰，成为京郊颇具特色的高品质主题民宿。

第三节　发挥民宿标杆示范、带动作用

北方民宿的发展尚处于摸石头过河的探索阶段，在没有范例可循的

情况下，通过标杆民宿区域和民宿品牌的带动，能最大程度降低民宿企业进入这一领域的学习成本，提升民宿发展的整体水平。这需要以民宿区域和民宿品牌为单元通过比较加以提炼总结，将值得分享的先进经验进行广泛推广。

综观七年时间郊区民宿的整体发展情况，延庆区在政府主导、企业主体的基本思路指导下，无论是产业发展的规范程度、行业整体发展态势、民宿品牌经营水平，还是民宿对于当地社会发展的推动作用、游客对当地民宿的整体评价，都走在了各区的前面，并形成了具有内在发展逻辑和稳定发展路径的模式，已经具备一定的输出价值。

目前延庆区十五个乡镇几乎都有投资体量大、经营效益好、特色突出的精品民宿品牌，延庆区政府部门不但重点进行扶持，而且注重发挥它们的引领示范作用，为重点民宿品牌引领本地区民宿产业整体发展提供支持。这些具有先发优势的民宿品牌优先进入延庆民宿联盟并担任理事单位，深度参与区域民宿发展的议事程序。根据各乡镇民宿发展的实际情况，延庆区会同龙头乡镇政府共同制定精品民宿发展的重点发力方向，比如：刘斌堡乡—民宿之乡、康庄镇—世园风情美宿小镇、张山营镇—冰雪运动潮宿小镇、八达岭镇—长城文化野宿小镇，力图通过打造区域主题强化特色。为落实民宿重点乡镇计划，政府部门对特色民宿村进行定向帮扶，并以共生社区建设作为指导方向。

2021 年 7 月，延庆区在全市率先推出共生社区示范村建设计划，对民宿发展基础较好并有明显特色的行政村进行重点扶持。由延庆区农业农村局认定的首批示范村有六个，分别是康庄镇火烧营村、张山营镇后黑龙庙村、刘斌堡乡姚官岭村、旧县镇盆窑村、八达岭镇石峡村和四海镇大吉祥村，另外确定了四个后备村。这些示范村在多年的发展中逐渐形成了特色，如石峡村—长城文化体验小镇、后黑龙庙村—冬奥风情小镇、盆窑村—陶艺主题村、火烧营村—荷塘园林风光村等，通过多种手段积极引导“一村一品”工程真正落地。延庆区大力推动的共生社区示范工程，由区里财务提供资金支持，同时争取到市里提供的专项资金，重点投入到共生社区建设所需的高品质公共设施建设上来。比如，姚官岭村作为多个民宿品牌联合打造的村域品牌“合宿”，随着知名度的提高和特色饮食的推出，加上以温室大棚蔬菜、观赏花卉为主的集体经济逐渐发展起来，周边的游客越来越多地选择到这里就餐，导致现有的餐厅无法满足需要，村委会打算将示范村建设专项资金用于两处餐厅的建设，进一步突出餐饮服务特色，提高合宿作为旅游微目的地的吸引力。火烧营村将对村内上百亩设施农业大棚进行升级改造，同时对此前长期闲置的产业用地进行开发，更好地满足民宿经营对配套设施和延伸服务的需求，通过激活存量资源提高共生社区建设质量，为村集体积累资产。

“南有德清，北有延庆”，北京多个郊区行政区中，延庆区总是先人一步，在多方面进行大胆探索与尝试：建立区级精品民宿联席会议制度，成立民宿产业联盟，出台北京首个民宿产业专项奖励政策，推出北京首个地域性民宿品牌“世园人家”，成立北方首个政府主导的民宿学院，在全域范围内首倡精品民宿的社区共生……一系列实质性推动精品民宿发展的组合拳，迅速打开了京郊精品民宿市场，在行业中产生了一定影响。延庆精品民宿经过持续探索和创新发展，日益迸发出昂扬生机与蓬勃活力，奠定了北京乡村精品民宿的基本格局和发展方向，为中国北方乃至全国民宿的发展贡献了智慧和力量，也为乡村振兴战略在文旅领域的振兴提供了具有普遍适用价值的“延庆方案”。

第七章　北京乡村精品民宿现状述评

2019年8月、2021年8—10月，北京师范大学文化创新与传播研究院（首都文化创新与文化传播工程研究院）先后组织两次电子问卷调查，通过北京市各区民宿社团组织、政府部门直接针对民宿品牌负责人进行定向调查，回收的样本量分别为179个、375个，涵盖的民宿品牌数量超过当时总量的三分之一，相关数据能够反映北京乡村精品民宿的总体情况。值得一提的是，通过对两次问卷调查结果的对比分析，有助于更为深入地认知目前北京民宿发展的基本状况。

第一节　精品民宿供给状况

调查发现，来自北京市区的知识精英是京郊民宿经营主体，学历为大学本科以上及北京市内返乡或入乡人员占民宿主群体的半壁江山；进入北京乡村开办民宿集中在2017—2018年，绝大多数民宿主进入乡村经营民宿的时间较短；小体量民宿成为京郊民宿的主力，4—7间客房成为民宿品牌的基本体量；客房单价以800元以下为主体，整体上客房定价有下降趋势；住宿之外的收入来源较为单一，民宿内容开发存在明显短板。

一、城市知识精英主导京郊精品民宿

[2021]①民宿主在经营民宿前的身份，18% 为“北京市内工作的返乡人员”，23% 为“出生在北京城区的市民”，13% 为“北京市内工作的外来从业人员”，三者加在一起占受调查人群的 54%，即超过一半的民宿主是从北京市区来到“后花园”从事民宿经营，构成主导北京乡村精品民宿的主体。他们在城市积累了一定的资本、资源，具有开放胸怀和广阔视野，对于来自市区客人的消费心理和消费期待有一定的认知，因而在提供相关服务产品上能够尽可能匹配消费者的需求。对于一部分民宿主而言，他们开办民宿一定程度上是因对乡村生活心生向往，经营民宿恰好能够兼顾个人喜好和他人需求。笔者接触过的民宿主里就有这样的自由职业者，平时在市区上班，周末回到民宿，打理民宿就是和客人分享自己生活状态的过程，对经营状况不是特别在意。

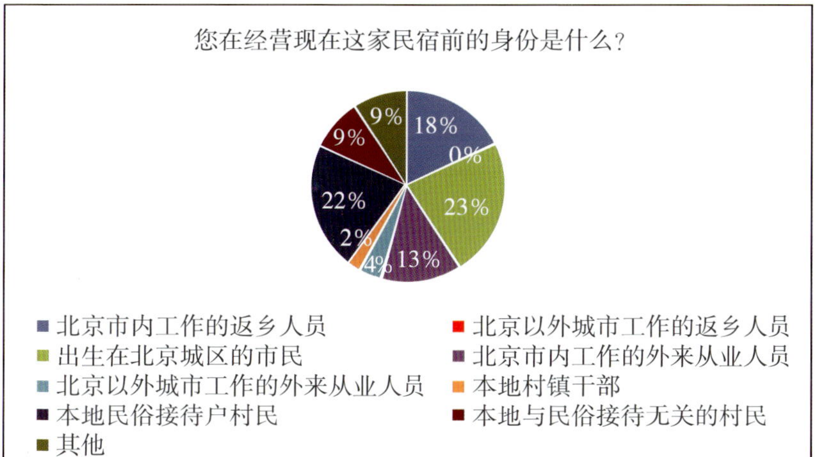

从事民宿经营的负责人大部分具有大学本科以上学历，这也是服务于首都旅游消费从业者的一大特点，52% 受调查者具有大学本科及硕士以上学历，其中后者的比例为 6%，与 [2019] 基本一致。

① 注：为便于表述，“xx 年问卷调查结果显示”或“根据 xx 年的问卷调查结果”，缩略为 [2019] 或 [2021]。

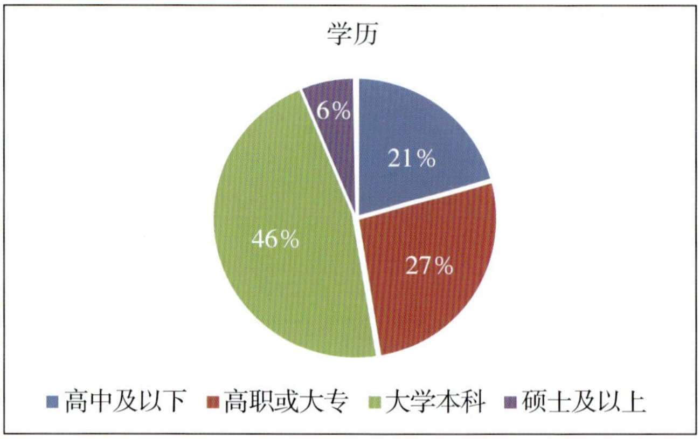

在笔者接触过的民宿主中，不乏拥有博士学位的民宿经营高知。这些经过高等院校、科研机构深造的高端人才和时代精英，对于国家生态文明和乡村振兴战略有一定的认识并愿意亲身实践，有一定的远见和格局，利他人格成分更多。有了这些接受大学教育并有城市工作经历的人主导乡村民宿经营，理性行为会成为主流。他们主动进入乡村并投入此前积蓄的全部资金扎根乡村，实际上就是在乡村种下了充满希望的城乡融合的种子，他们是主动介入乡村振兴的先行者，也是缩小城乡差距、实现共同富裕的推动者和探路人，这是对北京乡村精品民宿发展基本面的判断。

二、“十九大”东风带动民宿发展热潮

[2021] 受调查的民宿品牌经营时间为 2—4 年的占 45%，1 年左右的占 41%。[2019] 民宿品牌经营时间在 2 年以下（含“不到 1 年”“1—2 年”两部分人群）的比例为 59%。以此来推算，2017—2018 年这段时间为民宿主进入这一领域的高峰期，这与笔者接触到的实际情况相符，可视为“十九大”带动了民宿发展的热潮。经过 2015、2016 年两年时间早期民宿品牌的普及，更多民宿从业者看到了京郊民宿的发展前景，尤其是 2019 年世园会即将在延庆区举办的利好消息，将更多创业者的目光引向京郊，这一集中开办民宿的情况在延庆区体现得尤为明显。比如荷府·世园人家壹号院就是从 2017 年开始设计，到 2019 年正式开业，敏锐的商业意识让这批民宿品牌占据了风口之利，迅速提升了知名度，很快便打开了市场。总体而言，北京乡村精品民宿绝大多数经营时间在 4 年以下，中间又经历了近两年疫情的反复考验，尚处于成长期。作为民宿经营空

间的乡村比较复杂，进入乡村的民宿主需要一点点梳理各方资源，在不断试错中逐渐找到适合自身的发展方向。只要能够平安度过初创期，培养起长期发展的韧性，踏上了国家战略节拍的民宿主一定能获得更大的成长空间。

三、小而美成为京郊民宿主流

[2021] 拥有 4—7 间客房的民宿品牌占 48%，接近总数的一半；3 间及以下客房的品牌占 14%，这一比例与拥有 8—10 间、16 间客房以上的品牌占比较为接近。总体上看，7 间（含）以下客房量的品牌接近总数的三分之二，小体量占主体。

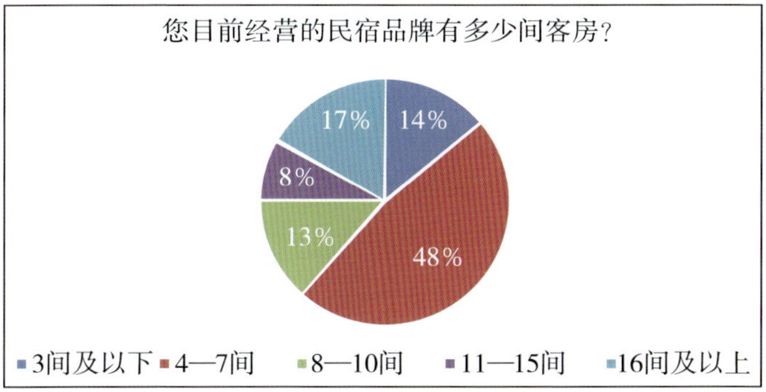

民宿作为小而美的住宿产品和生活分享型空间，让入住的客人能够接触到民宿主的生活状态，与民宿主产生互动，这是住宿体验的重要组成部分。[2021] 民宿主在对游客选择自己民宿的原因判断上，也将“民宿主人亲自参与接待”作为仅次于“院落装修设计有特色”的选择，甚至要高于环境和资源因素。

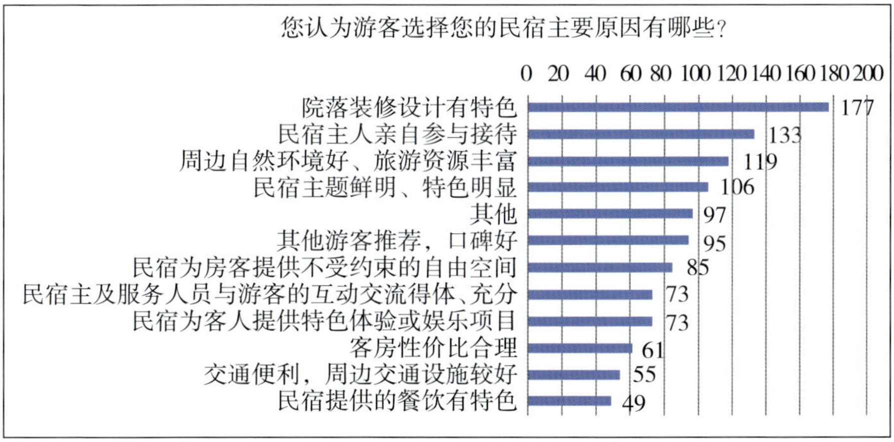

民宿是一个具体而微的小型经营体，民宿主要处理的相关经营环节头绪繁杂。要想确保主人能与客人保持一定频度和质量的互动，民宿主能够照顾到的房间数一定有上限。京郊某知名民宿品牌刚接待客人时，主人在接待区和公共空间出现的场合很多，客人能明显感觉到民宿浓郁的主人文化。但随着开发院子的增多和房间数量的大幅增加，民宿有向精品酒店发展的趋势，客人接触到民宿主的机会也越来越少，一定程度上影响了客人的体验，民宿的吸引力随之下降。[2021] 民宿拥有 10 间（含）以上客房的品牌数量占总数的三分之一，超过 16 间（严格上说已无法纳入民宿的范畴）的比例为 17%，这样的民宿必然以稀释主人文化为代价，表明北京乡村精品民宿分化的程度在加深。如何在民宿客房数量和服务质量之间平衡，如何强化主人文化在民宿品牌经营上的竞争力，这是部分进入规模扩张阶段的民宿主必须要解决好的问题。

四、800 元成为中、高端民宿分水岭

[2021] 客房单价低于 800 元的比例为 68%，即超过三分之二的客房处于这一区间。值得注意的是，极少数客房单价在 300 元以下，这一价格几乎接近于农家乐的水平，这样的民宿能够提供的服务质量可想而知。客房单价为 500 元以下的比例和为 36%，[2019] 这一比例为 15%，两年间增长了 21 个百分点。[2021] 客房单价超过 1 800 元的比例为 6%，[2019] 单价超过 2 000 元的比例就占 11%。将单价高点和低点两个数据结合起来看，可以解释为随着民宿市场的逐渐规范，民宿产品的定价趋于理性，这也是北京民宿数量达到一定规模后品牌之间竞争加剧的必然选择。

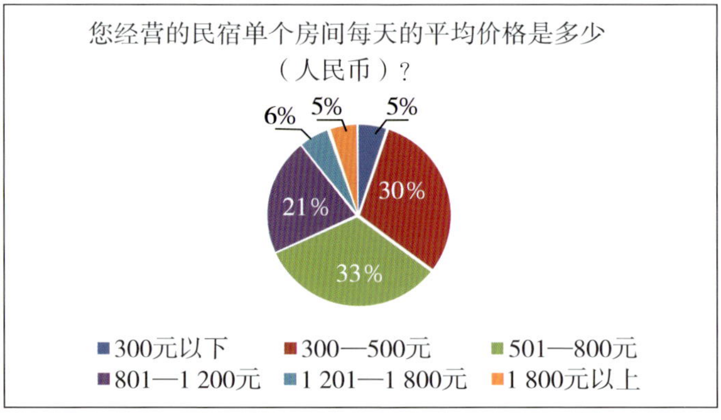

五、餐饮之外的其他营收渠道有限

民宿的收入结构较为单一，[2021] 接近四成的民宿除了客房售卖之

外没有其他收入，与有餐饮收入的比例相近。“农副产品精加工或深加工后售卖给客人”“民宿直接或间接参与经营的有机农产品售卖收入”所占的比例分别为 21%、17%，娱乐和体验活动所占的比例都只占 9%。这样的收入结构不只是让民宿品牌很容易看到营收的天花板，而且为游客带来的附加值较为有限，对游客的吸引力很小，也不容易延长游客的停留时间，更谈不上为游客提供高质量的时间管理服务。如何通过精细化的服务项目设置增加收入、提高民宿黏性，这是摆在绝大多数民宿品牌面前的一道必答题，也是需要民宿持续修炼的内功。

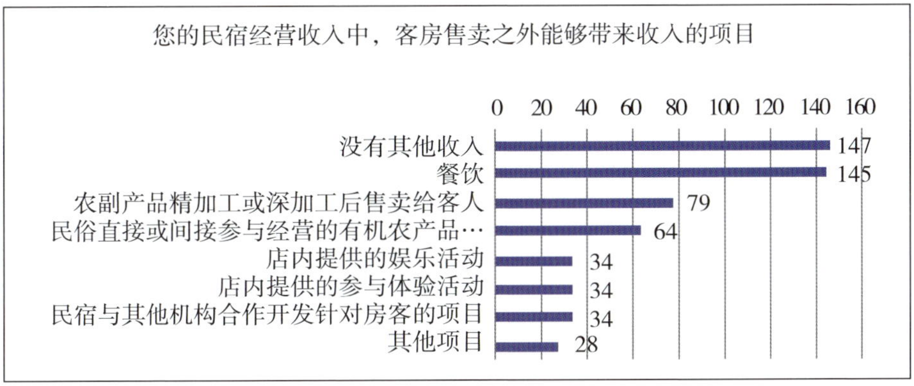

第二节　精品民宿消费状况

调查发现，北京市民基本成为京郊民宿的唯一客源，做好内容和服务才是根本；公司职员、自由职业者和企业高管依然是消费主力人群，其他类型消费群体在稳步成长中；普遍注重私域流量池建设，但在沟通上存在不足，获客依然高度依赖民宿预订平台。

一、京郊民宿京城市民买单

[2021] 京郊民宿的客人 97% 都来自于本地，这一结果并不完全归因于疫情，而是绝大多数民宿都是为满足游客短期度假功能的必然结果。

这一判断的对照系是疫情之前的客群分布状况，[2019]99% 的民宿接待的是北京地区的客人，35% 的民宿接待过津冀地区的客人，15% 的民宿接待过三地以外其他北方城市的客人，只有 2% 的民宿接待过南方地区的客人，这一比例甚至低于境外客人。历时态数据充分说明本地市场才是京郊民宿主发力的重点，不要太奢望吸引外地人进入京郊入住。疫情反复出现提供了让市民更多关注和了解北京乡村民宿品质的难得机遇，能否让不期而遇成为京郊民宿赢得市民长线消费的机会，取决于民宿能否为游客带来超出预期的消费内容和服务。

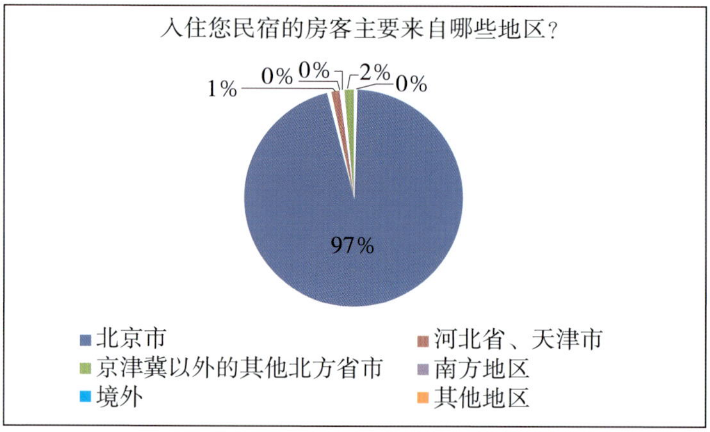

二、有钱有闲阶层带动更多群体消费民宿

[2021] 入住民宿居于前三位的房客身份为公司职员、自由职业者和企业高管，与两年前相比主体客群没有变化，但这几类人群对于民宿的重要性在降低。[2019] 这三类人群所占的比例分别为 77%、67%、59%，两年后比例分别降为 67%、50%、49%，约降了 10 至 17 个百分点；两年前占很小比例的事业单位人员、退休人员、政府公务员、学生等群体，绝对数量虽不大，但加在一起的总量不容小觑。尤其值得注意的是退休人员也加入到民宿消费群体中，这些时间充裕又有较多积蓄的银发族，有可能在工作日为民宿带来消费机会。在传统的重度消费群体之外，其他类型消费者的加入带来的客群类型多元化，有利于降低民宿对某类群体的依赖程度，丰富民宿产品类型，对于民宿的长远发展来说是有益的。

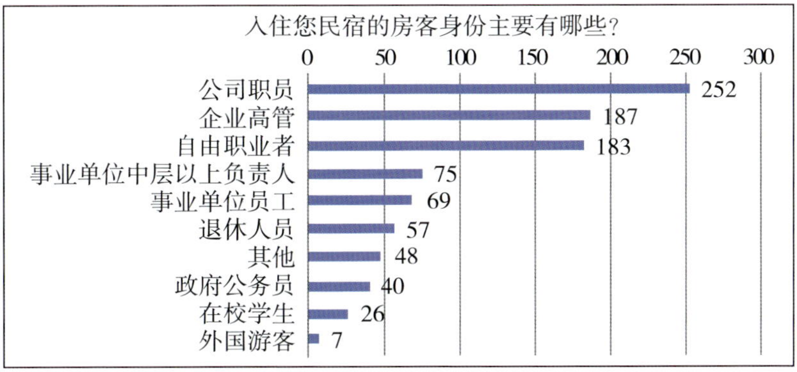

三、平台魔咒主导客房预订格局

[2021] 民宿品牌主要通过微信朋友圈和抖音、快手等短视频平台发布相关内容，微信群和小程序是补充渠道，表明在私域流量积累上民宿品牌普遍都有这方面的意识，也说明民宿主普遍认可社交性是民宿产品的主要特性。

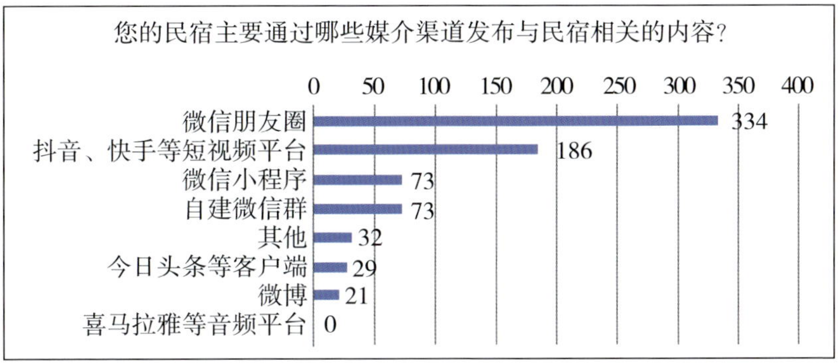

尽管如此，在发布信息上民宿主普遍表现得比较随意，“没有规律”的发布行为占比最高，为 49%，其次是每周一次（16%）、每月 1—2 次（13%），保持一定频次的比例普遍较低。

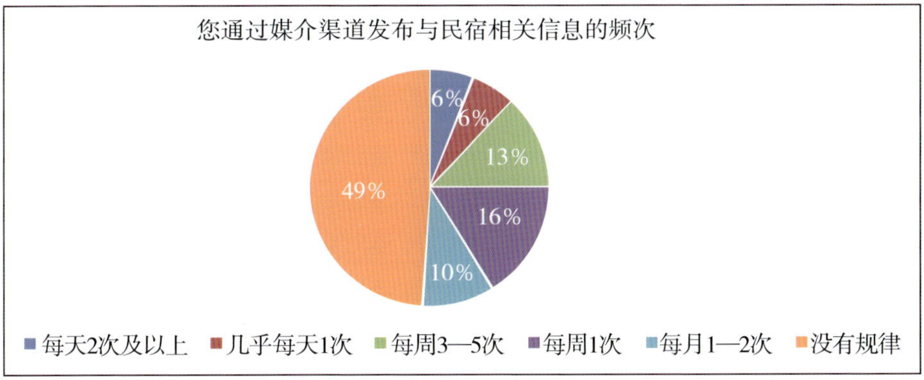

与消费者保持良好的互动关系、通过社交媒体展现民宿活力，是吸引消费者选择入住或推荐他人入住的重要因素，经营较好的民宿主会将自己民宿的日常状态以较为稳定的频次发布出来，这也是民宿主文化的重要组成部分。比如密云区金叵罗村的老友季花园民宿，民宿主雷打不动每天都会更新民宿的日常生活或自己对民宿生意的观察与思考，这为住过的客人打开一扇自己曾经生活之地的窗户，民宿主每天都在用心地打理那片天地，客人与生活目的地的情感纽带得以持续维系，一旦客人想住民宿或朋友向自己求推荐，这里就会成为首选。因此，能否通过日常沟通渠道定期且保持一定频次发布信息，是民宿经营的柔性功夫，也是沉淀私域流量池的“涓涓细流”。有了这个流量池，就能为获客建立起相对稳定的渠道，否则就要依赖外部渠道。目前民宿品牌普遍将民宿预订平台如携程、途家、云掌柜等作为获客的主要来源，77% 的民宿品牌将这类渠道作为房客来源，占比最高，其次才是各类社交渠道。

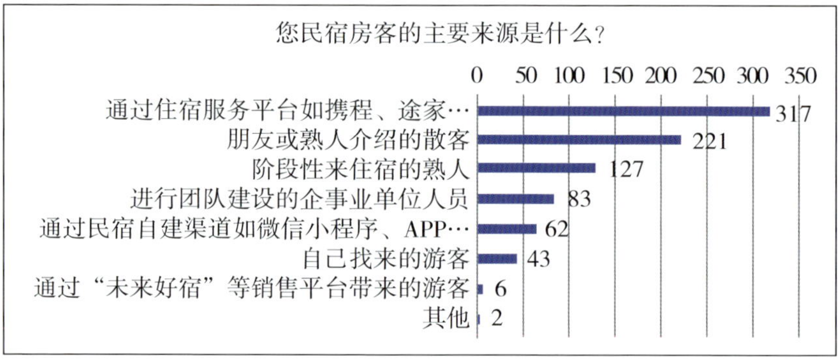

对外部渠道过度依赖而自身渠道获客能力不强，已经成为除疫情等不可控因素之外制约民宿进一步发展最令民宿主担心的问题，41% 的民宿主持有这种想法。

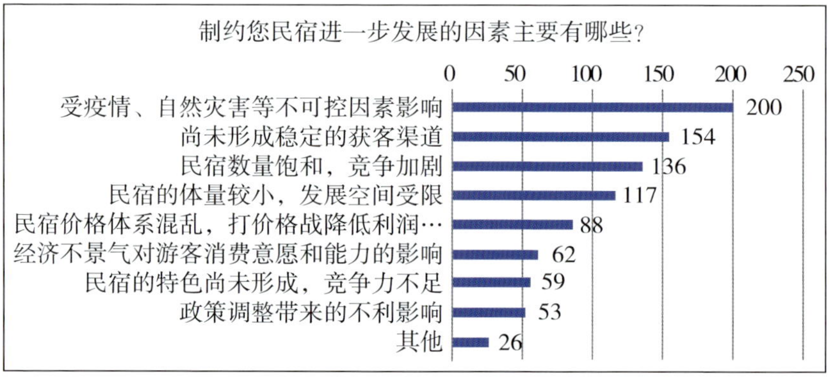

构筑私域流量池并将其作为获客主渠道，对于绝大多数民宿品牌而言，还有很长的路要走。

第三节　精品民宿营商环境

调查发现，民宿人才普遍存在缺口问题，运营、传播、营销、创意人才缺乏问题突出；民宿联盟、协会的重要性日益凸显，但其发挥的作用距离民宿主期待还有一定距离；民宿主普遍认同村两委的表现，共生社区建设如何实现组织共生亟待破题。

一、年轻人才成为民宿经营刚需

民宿硬件建设相对容易解决，制约民宿进一步发展的核心问题就是运营。[2021] 民宿当前最需要引入的是“整体运营人才”，有 60% 的民宿主表达这一意愿，紧随其后的是“利用新媒体做传播的人才”“市场营销人才”“文化创意人才”，占比分别为 47%、46%、40%。整体运营人才需要具备多方面的能力，目前能够承担这一角色的人主要还是亲力亲为的民宿主，在不断尝试过程中积累的经验是确保民宿走在合适道路上的重要依据。政府部门和商业机构近来也在积极推动民宿管家的培训，但这类人群的成长需要时间，很难在短时间内得到解决。其他方面的人才更多指向接受过一定教育的年轻人，他们思维活跃，善于利用新媒体进行社交活动，了解时代潮流，对市民消费需求较为熟悉，民宿为年轻人提供了广阔舞台。

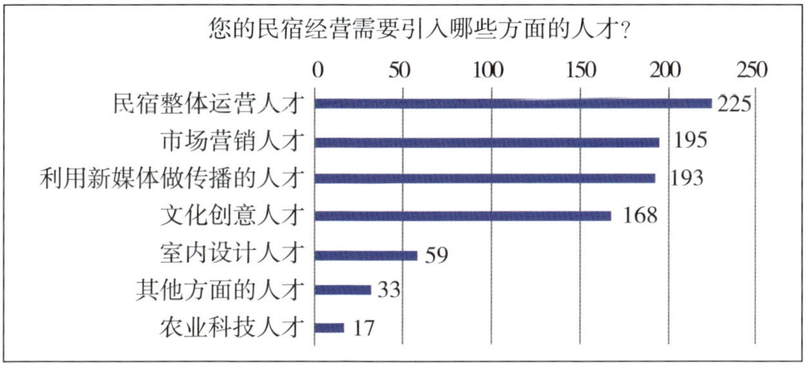

京郊民宿的快速发展吸引了越来越多的年轻人返乡或入乡参与民宿经营，但年轻人在不同民宿中的数量和发挥的作用各不相同。[2021]“民宿员工中没有年轻人”的比例略高于“民宿员工都是年轻人”的选项，“民宿员工中只有个别年轻人”的比例略高于“民宿员工中大部分是年轻人”的选项，显然后者的竞争力要高于前者。民宿主都知道年轻人参与民宿经营的重要性，但如何能将年轻人吸引到民宿行业中，则并非由民宿主单方面能够解决，需要多方主体共同发力，让年轻人看到长远发展的空间，才有可能从根本上解决问题。值得关注的是，“民宿员工中管理层基本上都是年轻人”的民宿占比为17%，这样的民宿相对而言会有更广阔的发展前景。

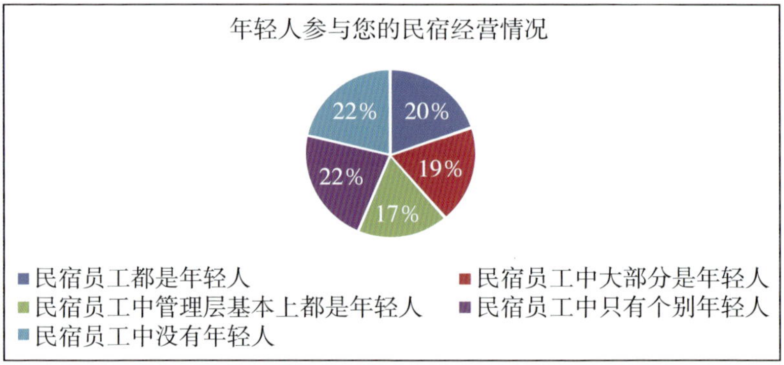

值得关注的是，民宿主的年龄有进一步年轻化的趋势。相比于两年前，[2021] 九零后民宿主的比例为15%，增加了3个百分点，八零后和七零后则下降了2个和1个百分点。当更年轻的群体越来越多地选择民宿创业，自然而然就会吸引更多年轻人进入乡村，这无疑是可喜的现象。

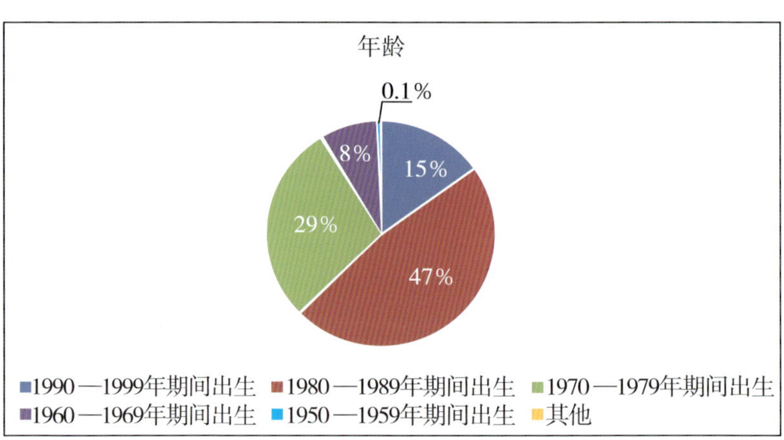

二、民宿社团组织依然任重道远

[2021] 民宿主最看重的是社团组织“宣传、推广加入联盟或协会的民宿品牌”“为民宿品牌提供政策解读或技能培训服务”“搭建政府和民宿企业之间的沟通桥梁”，表达了对其作用发挥的强烈期待。

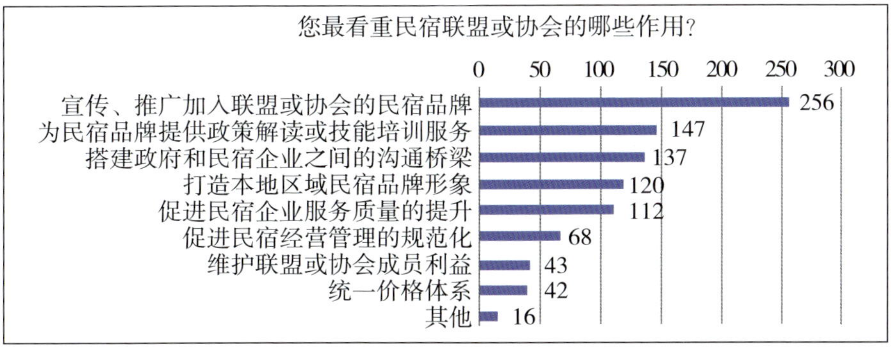

但调查发现，实际情况却并不乐观。京郊各区多地建立起了民宿联盟或民宿协会，[2021] 居然有近四分之一的民宿主“不清楚本地区是否有民宿联盟或协会等类似机构”，知道的民宿主认为“作用不大，对民宿没有实质性的推动作用”，二者相加接近四成，说明民宿社团组织在履行职责上并没有得到民宿主的认可，只有 24% 的民宿主认为“起到很大作用，行业规范发展得到保证，与政府关系处理妥善”，26% 的民宿主认为“有一定作用，能为加入联盟或协会的民宿品牌增加收益”，正面评价的比例为 50%。与两年前的数据作比较，更能说明问题。[2019] 民宿主回答“不清楚本地区是否有民宿联盟或协会等类似机构”的比例为 15%，两年后不但没有缩小知晓比例，反而增加了 9 个百分点，暴露了民宿社团组织与民宿主之间缺乏有效沟通的问题。

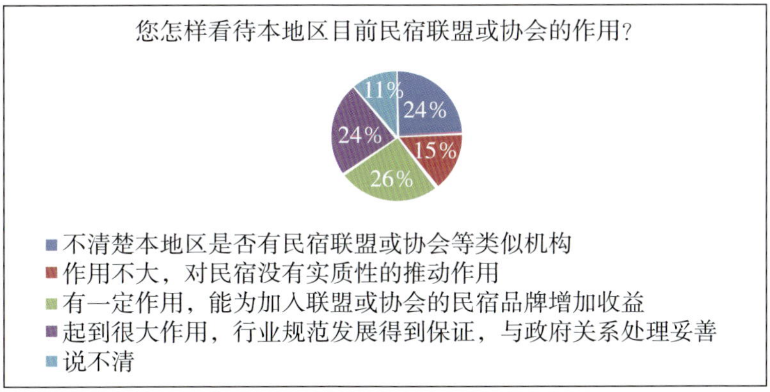

延庆民宿联盟这些年在促进当地民宿快速发展过程中发挥了重要作用，成为政府推动民宿产业发展的重要抓手。其他各区重视程度不同，产生的效果也不一样。如何进一步发挥民宿社团组织的能动性，这是各级政府必须认真对待的问题。[2021] 民宿主在对政府提供帮扶措施的期待上，“建立民宿联盟或协会等行业组织开展有助于民宿经营的活动”呼声最高，37% 的民宿主表达了借助社团组织帮助开展民宿经营的愿望，值得重视。

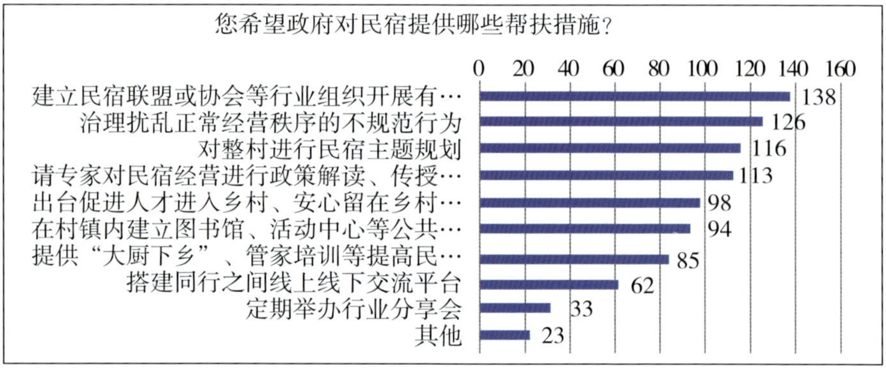

三、共生社区建设已成共识

[2021] 民宿主在经营过程中逐渐意识到共生社区建设的重要性，66% 的民宿主“从经营民宿开始就知道共生社区建设的重要性，始终积极参与其中”，15% 的民宿主“在经营民宿过程中逐渐意识到共生社区建设的重要性并主动参与其中”。值得注意的是，首先倡导民宿社区共生的延庆区，民宿主在回答选择上述两个选项的比例分别为 57%、27%，在参与共生社区建设的自觉性上反而低于平均水平，说明这一观念早已深入人心，不必经过动员就能达到一定程度的认知。

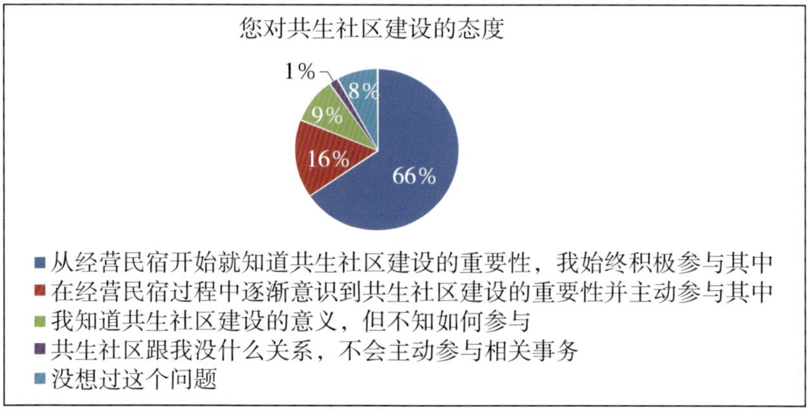

[2021] 作为推动共生社区建设的核心力量，村两委的表现得到了民宿主的普遍认可，“非常积极”“比较积极”的比例分别为 40%、24%，“很不积极”“拖后腿”两项共占 8%，总体上表明基层组织在意识上和民宿主是高度合拍的，这是共生社区建设得以顺利推进的重要因素。

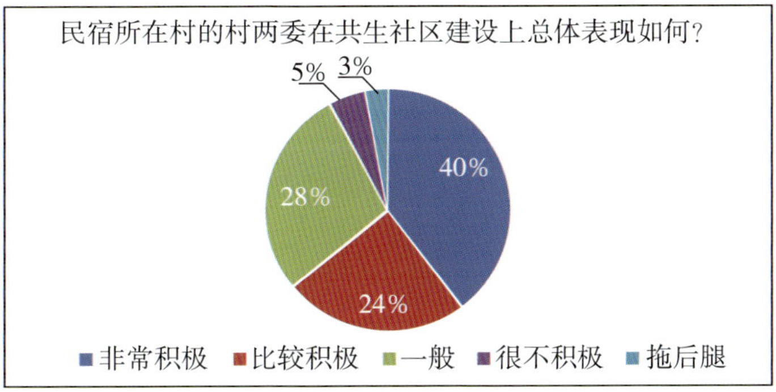

民宿主作为返乡入乡人员，往往没有本地户籍，民宿经营的营商环境往往取决于村两委负责人的个人品质和管理水平，人为因素影响较大。如何通过合理渠道将个人诉求和意愿表达出来，深度参与地方治理，这是部分民宿主提出的要求。[2021] 民宿主普遍认同民宿投资运营代表进入村两委的好处是“拥有向村集体传达诉求、反映意见的正常渠道”“能够深入参与村域民宿发展规划，推动民宿发展”“改变投资运营者在村里长期处于弱势地位的局面”，也认为进入村两委有足够的必要性，但如何能够在这方面破局，需要涉农的多方利益主体深入磋商，这样才能将有民宿进入的乡村治理提升到更高水平。

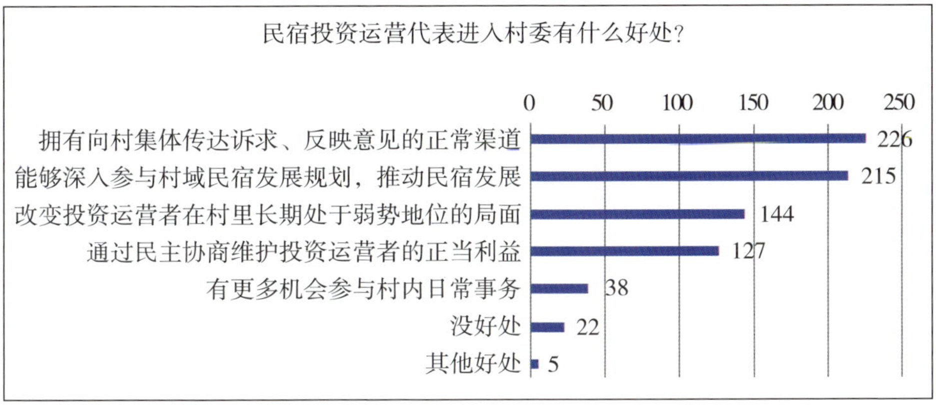

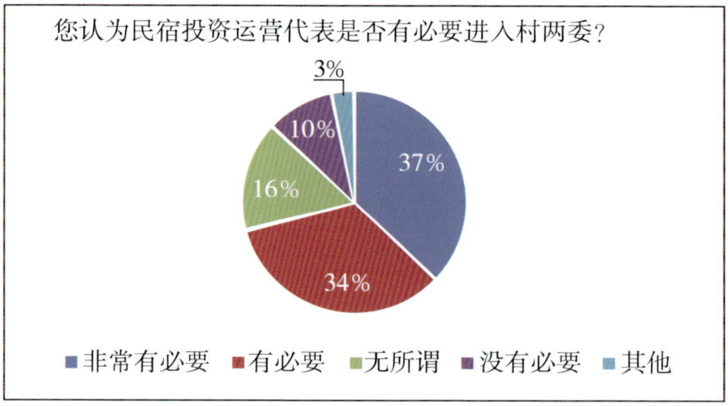
您认为民宿投资运营代表是否有必要进入村两委?
3%
10%
37%
16%
34%
非常有必要
有必要
无所谓
没有必要
其他

下编

创新实践篇

爨舍：以字为媒重张北纬 40 度古村烟火

2019 年中秋，我带着家人到爨底下村游玩，期待在乡下过一个不一样的中秋夜。第一次开车两个多小时，下车后只想尽快找个农家院落脚，于是沿着石板路看完新中国前地主家的院子后，顺着台阶信步拐进一个高台之上的院子，问明住宿价格后，就选了一个能看到村庄全貌的房间。吃完晚饭坐在庭院当中，习惯性地拿出门头沟古村落书系中的《爨底下村》，有一搭无一搭地与院主人聊天。当男主人看到我手中的书时，不紧不慢地说：当初区里编这本书时跟他要了不少材料，但编出来的书他并不满意，此时我才知道自己住在了当地“高干”的家里——跟我聊天的正是曾经做过一村之长的老村长韩孟亮。肃然起敬之余还想跟他多聊一会，他却急着出去，说是要给儿子帮忙，因为当天客人太多，儿子的民宿忙不过来，于是知道当地有个叫“爨舍”的精品民宿。在长达两年多的时间里，我一直和“爨舍”民宿主韩永聪通过微信持续沟通，直到 2021 年 9 月底终于线下相见，并从对方手里接过爨造社文创笔记本——于我而言最有意义的礼物，因为笔记本的扉页上用爨体字书写了我此前送给他的那句 slogan：“爨舍，北纬 40 度的古村烟火”，原封未动，一字未改。

一、以“爨”为根，宿二代的宿命与使命

2001年，老村长韩孟亮以黑马姿态参加“迎奥运展风采”导游员大赛，以独特的韩氏幽默风格一路高歌猛进，在与众多选手的竞争中抢关夺寨，站在了赛事的最高峰。但由于他之前没有办理导游资格证，按规定无法获得一等奖的奖项，主办方临时决定，将大赛的特别鼓励奖颁给他。通过这次大赛，人们不但知道了老村长，也让这个始建于明朝的特色山村进入京城百姓的视野。在他的积极推动下，爨底下村逐渐成为京郊知名的旅游景点，老村长毫无疑问成为该村代言人的不二人选。进入古村的游客几乎都听过他的讲解，现场感受货真价实的金牌讲解员风采。经他挖掘和提炼的爨底下村的掌故，也成了权威版本。

老村长说，1992年前的爨底下村是门头沟区有名的穷村，政府一度认为爨底下村给门头沟丢脸，要村民集中移到镇里。但村民离开爨底下村后的生计是大问题，于是他提出搞旅游开发他，带领全村经营农家院，接待四方宾朋，而他的院子也因独具特色的巡山讲解而格外得到游客的青睐。如果没有当年的坚持和努力，这个村子很可能就不存在了。20多年过去了，将爨底下村推介给世人，让爨底下村成为京郊著名的以村落格局吸引游客的旅游目的地，韩孟亮无可争议地成为第一代民宿人的代表。

20年后，在中旅总社从事旅游工作十余年的韩永聪放下了游走世界远方的梦想，毅然回到爨底下村，将全部精力投入到精品民宿的经营上。

从 2017 年第一个院子“爨舍”开始，到今天已经改造了六个院子，围绕餐饮和文创，从最直观的“爨”字形体、爨书字体，到深入挖掘农耕文明的多层次文化内涵，爨舍民宿品牌渐次展开一个扎根乡村的文旅产品所能拓展的不同领域，带着游客不断探索一个以民宿为核心的创意产品的多种可能。而目前民宿空间所呈现出来的一切，都在表明民宿主将此前的职业生涯积累的经验、资源和锤炼的观念、眼界充分发挥出来，试图与以往的农家乐形态形成区隔甚至有意进行切割，明确宣示以精品民宿为主业的宿二代相比于父辈的事业格局，以及蛟龙入海后对民宿运营方向的掌控能力。

像许多走出故乡又返乡创业的青年一样，韩永聪回村创业的底气就是“从故乡出发，从世界回来”的“眼高＋手高”。他能将爨底下村的独特资源——“爨”字作为经营的核心要素，并尽情发挥创意的力量，这是他最大的手笔和过人之处。几乎是笔划最多、以五行为元素构造的会意字“爨”，长久以来只能刻在村口的石头上，作为村子的独特标记。

韩永聪先是将这个字移到民宿的招牌上，进而写到院子的大门上，而后写到院里房间的标牌上和餐厅里，接着又把它作为食物的命名吃到客人的肚子里，将书写这个“爨”字变成打发古村时光的体验项目，在客人离开时，又把已经深入游客心里的爨文化变成可触可感的文创产品，装在客人的汽车后备厢或口袋里，又能以各种伴手礼的形式进入市民的客厅和房间里，甚至成为日常生活所用之物长时间陪伴在已回城的市民手里，比如茶杯和笔记本，不断延长游客与古村接触的时间和互动的深度。笔者已将获赠的茶杯作为平时饮茶的器具，爨字冰箱贴只要使用冰箱就能看到。“爨”字“生火做饭”的朴素含义，提醒现代人回归生活的本来状态，在今天具有特别的意义。于是，笔者在作为证婚人的学生婚礼上，将笔记本以伴手礼送给新人，寄予“常回小家过好小日子”的朴实愿望，让新人倍感亲切。韩永聪看到我在朋友圈里的这个发文后颇为意外，就此专门发文如下：“我们的文创手伴，被赋予了一个新的高度，居然被张佰明老师，作为证婚人礼物赠予一对新人。高级，属实是高级。”（2021年10月17日）韩永聪不是那种愿意主动表达的年轻人，但从2017年经营民宿开始，以“爨”为根所进行的多层面拓展，已能揣摩出他重返故乡操持民宿的“野心”：将爨文化发扬光大，让爨底下村成为满足市民对乡村生活多重想象的短期度假高地，这就是一个宿二代超越宿命的不凡使命。

在基本完成在爨底下村的布局后，逐渐将视野转向更大空间的韩永聪回望爨舍，偶尔会自我感觉良好，尤其是“爨舍”这个名字，在经营了几年之后才发现，原来自己无意中竟然选择了一个充满诗意的名字，因为这个词出现在宋朝诗人吴锡畴的诗里：

我爱山居好，蔬畦间莳花。
觅泉归爨舍，篝火乞邻家。
茁嫩猫头笋，焙芳雀舌茶。
野人曾拜号，何用给黄麻。

回归山里经营民宿能与上千年前的诗人的意境暗合，这一意外收获让韩永聪很是高兴了一阵子：没错，民宿就是城里人的诗和远方！

二、以“爨”为魂，会意字的创意空间

对于一个民宿品牌而言，再好的室内外设计也只是吸引游客 N 个 8 小时的住宿时间，获得的收益也只是 N 个房间看得见的额度。对于支付了甚至高出五星级宾馆价格的游客而言，乡村能给游客带来的体验，尤其是与在地文化相关联的体验，就成为决定民宿黏性的重要元素。民宿做文创，对于绝大多数民宿品牌而言，不只是要不要的问题，而是如何做才是与民宿调性吻合并具有持续生命力的问题，是如何突破民宿住宿营收天花板的问题。

推开游客办理入住手续的爨造社兼接待间，大大小小几十种文创产品占据了大部分空间：有身着明代锦衣卫服饰、延续爨底下村卧虎山基因的品牌代言玩偶爨小宝，有冰箱贴、杯垫、茶杯、购物袋、折扇等，几乎清一色都打上鲜明的“爨”字符号。“兴字头，林字腰，大字下面架火烧”，这个需要念着口诀才能完整写下来、多达三十划的生僻字，

既是摩画“烧火做饭”场景的会意字，也是分布在云南、贵州一代极少数中国人在用的姓氏，还是平时只能见到“招商银行”招牌上使用的特殊字体——爨体。在这个只有三间房大小的爨造社里，这些文创产品陈列于游客进入爨舍的第一入口，建立起游客对爨舍的最初印象，也是游客办理结账手续准备离开民宿的最后一站。游客选择文创产品，既是对住宿周期内民宿整体感受的认可，也是对文创产品本身品质的接纳。每过一个阶段，这里就会有新品出现，表明游客对文创产品有一定的接受度，同时也彰显出民宿主对文创产品开发的信心。可能其他汉字在字形上都不具备如“爨”字一样的张力，能够做多样化的开发。这是一个一望而知其字义的会意字，将“生火做饭”、居家过日子的意思描述得如此生动形象：除了下面的“火”“木”之外，上半部分埋锅做饭的意象包含了五行中的另外三个元素——“金”（铁锅）、“土”（灶台）、“水”（锅内物）。有了这五行集于一身的“爨”字，似乎人世间的一切都可

以从中生发出来，可以任意进行创意了。单是“爨”这个字本身，直接写在大背心上，就是一个让人忍不住多看几眼的文化衫。笔者常用来喝茶的茶杯，因一个“爨”字加在黑身白口的杯身上，就成了一口收纳粮食的粮缸或渍酸菜、饮水的水缸，看着就让人觉得踏实，仿佛这个字符有镇妖的魔法一般。

但这并不意味着拿起这个字做创意就能成功的。韩永聪说之前请过专业的文创设计老师开发文创产品，这些称得上见过世面的专家试过多次，做出来的产品就是水土不服，缺少与爨底下村相融的感觉，最后只能作罢，由韩永聪带着自己的小团队亲自上手。尽管用这种方式推进起来很慢，也不太容易形成规模，但目前尚无法找到更合适的方式。韩永聪对于文创产品开发的态度是“不疾不徐”，目前开发出来的产品有爨小宝、爨字印、爨字烧、爨小饮、爨杯、爨字冰箱贴、踏曲爨酿等。在他看来，乡村文创应该是自然生长的状态，长期浸润其中，一点一点尝试，再加上灵感和天分，一件与这片土地有内在关联的产品才能做出来。就像土地一样，按照四季更替自然生长出的庄稼才有味道，人为加快进程，味道就不一样了。从这个意义上说，在文创产品开发上“韩永聪们”的角色不可或缺，既有外面世界打拼获得的眼界和客群心理解读能力，又有对在地文化的深层理解，二者缺一不可，否则创意产品就可能跟当地文化两层皮，这样的产品只能是创意人员的一厢情愿，客人不会买账。

除了可以直接带走的小批量商品，爨舍还为客人准备了半成品，即提供创作的素材等待客人完成具有独特价值的作品。最开始是将当地建房剩下的瓦片提供给客人，在上面书写各种字体的“爨”字，后来客人又在瓦片上面画画，而后又开发出“拓爨砖”的项目，将爨底下村的砖雕拓下来。这些具有独特乡村元素的作品都是付费项目，孩子们可以把来自国家级古村落的乡村印记带回家。

为了让进入村子的游客吃上可口的饭菜，爨舍特地聘请外地的大厨主理后厨事务。为解决厨师的住宿问题，老村长已经停止了农家院的客房接待业务，将最好的院子让了出来。

提供的食品除了一些特色菜和本地的家常菜外，还尝试将“爨”字烙在烙饼上，凝固在咖啡里，正所谓“吃文化”，给游客不一样的感受。

笔者曾建议将“爨”字印在擀面条的面饼上，切好的面条煮好后盛到碗里，每一根面条都带着“爨”字的笔画，也很有意思，韩永聪表示有过这个想法，后面也会考虑尝试。总之，让文创无处不在，给游客不一样的感受，爨舍要给游客异于其他民宿的特殊体验。

在回乡经营民宿四年后，韩永聪在区里和市里举办的民宿设计、创新创业大赛上，已经多次拿到了奖项，理由很简单：能够找到创意之“魂”，明眼人一看就知道选手的创意是内生的还是强弩的。他那些文创产品是深入骨髓的文化印记的自然投射，别人学不来，当然也夺不去。

三、以“爨”为媒，超越灶台的社交平台

在2021年中国国际服务贸易交易会首钢园区展会上，门头沟区文旅局将“门头沟小院”民宿作为重点进行展示，爨舍品牌在多个民宿中格外亮眼，一定程度上跟“爨”字的特殊字形有关系：认识的人愿意告诉

别人这个字的读音；不认识的人觉得有新鲜感。实际上，这个笔划繁杂的字在“烧火做饭”的基本意之外，还是百家姓中的一员，只不过使用这一姓氏的人很少罢了。偶尔有好事者以为爨底下村是爨氏聚居地，会远道而来到这里一探究竟，才知道村子的命名源于附近的军事隘口——爨里安口，村子就在隘口脚下，故名爨底下村。本村户主皆为韩姓，祖上为山西移民，经过几百年奋斗，留下了这一片由三合院和四合院组成的布局严整、层次分明的明清建筑群。按照老村长的讲解，爨底下村是“前有照山、后有靠山”，村前的青山像照壁，村后有酷似元宝的老龙头，还有蝙蝠、伏虎、神龟，整个村子的形状像茫茫山海中的一颗珍珠，形成了一宝三兽的风水格局，可谓福地。2003 年建设部和国家文物局授予该村第一批“中国历史文化名村”称号。走南闯北的韩永聪相信这个被罗哲文先生所称道的“建筑艺术瑰宝，历史文化名村”具有独特的民宿经营价值，认为回到生养自己的村子做民宿是最好的选择，于是开启了经营爨舍的生意经。

只对院内和房屋内部进行改造的爨舍，和谐地散落在村子的各个角落，那种气质让进入民宿的客人感觉很舒服。每年都要到民宿里住上几天的北京市民郭女士，忍不住将照片发到朋友圈，总能引来更多入住的朋友，像郭女士这样主动通过社交媒体向朋友圈宣传的大有人在。所在村落的独特风貌、饮食和文创产品，让民宿具有突出的社交属性，爨舍借助朋友圈和住宿客人的口碑带来的客人占了很大比重，韩永聪对推广平台的依赖度很低。让笔者印象深刻的是，门头沟区曾经向公众重点推介一批具有特色的民宿品牌，为吸引游客入住，各民宿品牌纷纷挂出较低的折扣，只有爨舍仅仅让出了一折的折扣。他一直坚持给旅行社或朋友介绍的客人统一按 8.5 折让利，这是最低折扣，但“您学生来七折即可”的让利幅度，着实让笔者傲娇了一阵子——这需要多深的交情啊！这从一个侧面体现出民宿主经营民宿恪守商业规则，坚持自己的经营准则，当然，情分除外。

一个字同时是一个字体，用这个字体写这个字，似乎只有几个字具有这样的身份，“爨”就是享此殊荣的特例。让更多文化力量与爨舍发生关联，增强爨舍的社交性，是韩永聪打定发掘爨文化主意后一直坚持的方向。“招商银行”的招牌是公众了解爨体字的最佳途径，除此之外平时基本上看不到这种字体的影子。爨体字用笔方峻，起收果断，似昆刀切玉，笔力雄强，结体茂密，继承汉碑法度，有隶书遗意，运笔方中带圆，笔画沉毅雄拔，兴酣趣足，意态奇逸，因此被康有为、潘天寿等大家奉为书体中的“国宝”。爨体在中国缤纷多彩的书法字体中有着特殊的地位，是中国汉字从隶书到楷书的过渡字体，堪称中国文字演变的“活化石”，至今依然吸引为数不少的书法爱好者。

为更好地挖掘爨文化，韩永聪凭借多年在旅游圈积累的人脉和信息渠道广泛结识爨体书法家，比如云南的梁培生、邵建国和北京的毛广淞等人，韩永聪跟他们都有过不同程度的交往。笔名为“湘刀文斌”的书法家文斌先生认为韩永聪是“爨文化骨灰级的发烧友”，他在公众号里详细介绍了自己结识韩永聪的经过。原来，韩永聪是在看到介绍爨文化最多的公众号“小满乐坊”后在公众号的后台留言，得以与文斌相识。

两个人在微信上持续沟通神交已久后，文斌终于在 2021 年 3 月与中华爨体书法家协会（澳门）秘书长王立彬、画家申木养从三个地方汇聚到爨底下村，开启了四地网友“以爨会友”模式。经过两天的实地考察，文斌对韩永聪的评价是：他打造了这世上以爨文化为内涵的最好民宿，他创立了这世上品种最为丰富的“爨造社”文创店。为支持爨文化的更好发展与传播，文斌不但在民宿现场留下爨体墨宝，而且将协会中各地代表，比如广东、澳门和云南等地书法家的作品留在了爨舍，让这些跨越千山万水的作品找到了最好的收藏之地。爨体书法作品与爨舍民宿二者能实现跨界合体，充分展现了民宿经营者的文化情怀和追求维度。

这些来自于各地的爨体书法作品，让爨舍的文化味道更加浓郁，也夯实了借助民宿空间让爨文化发扬光大的根基。尽管书写爨体书法的人并不多，但这一群体有自己的粉丝群，他们借助朋友圈的自发传播行为，对于扩大爨舍的知名度起到很大作用。“爨”字独特的文化张力，为爨舍以爨文化为核心持续搭建社交平台创造了有利条件，这也是爨舍生命力得以持续增长的一个秘诀。

四、以“爨”为业，为家族和乡村守住根脉

扎根乡土的爨舍吸纳乡创人才3人，直接带动就业20人，间接带动就业40人，活化古村院落8个，爨舍在以爨文化整合相关资源实现多维共生上做了卓有成效的探索。以民宿为事业的原点，五年间韩永聪从1座院落、5间客房，发展到6座院落、30间客房。没有新建扩建，爨舍是将爨底下村的存量房源经过金手指“点化”成为自己品牌的增量，而这个过程就像晕染笔墨一般，在合适的位置下笔，墨色便四散开来，幻化出期待的样子，是那么的自然而美好。而这个“合适位置”，就是“爨”字本身——五行归爨是也，一个将金木水火土五行集于一身的会意字。五个院子——爨舍、涵舍、椿舍、鋆舍、垣舍，其命名对应的是五行中的火、水、木、金、土，它们统归为爨舍品牌，在院子的命名上也体现了“五行归爨”。爨舍的客房是有辈分的，这在全国的民宿中有可能是独一无二的，辈分源于韩氏的排序。据村里“祖先堂”记载，爨底下村为第一世族韩福金后裔中的一支，该村韩门的二十代辈份排序为：福、景、自、守、玉、有、明、万、宏、思、义、巨、晓、怀、孟、永、茂、广、连、文，老村长和韩永聪分别为第十五和十六辈。因爨底下村户主皆为韩姓，家谱一直保存至今，因而在取名上能一直恪守祖上传下来的辈分顺序，这在经过“文革”巨变的中国大陆北方地区难能可贵。韩永聪将辈分字嵌入每个房间的命名里，以这种方式强化韩氏后人对祖宗遗产的承袭，也在提

示后人对家族文化的尊重。当外人进入村子了解了民宿主人的这一慎终追远的“神来之笔”，由不得不有所触动。民宿经营能兼顾现实生计和文化传承，将巧思和匠心融入民宿的细节之中，处处体现浓郁的主人文化，这在相比于纤巧的南方多少有点粗粝的北方乡村来说并不多见。

深耕爨底下村四年有余，爨舍品牌基本上完成了在村里的布局。全村 74 套院落，45 家民俗户，爨舍已改造了 8 套院落。尽管爨舍并不是村里的唯一精品民宿品牌，但其他品牌无论在体量、特色还是文化挖掘、接待能力上都远为逊色，在游客的心目中爨舍与爨底下村基本上可以画等号：爨舍无可争议地代表了爨底下村精品民宿的水准。今天的老村长已经放下了自己的农家院生意，一门心思做起了爨舍独具特色的“院主巡山”“老村长茶话会”项目执行人的角色，带着入住爨舍的客人一遍又一遍地重复说着他说了二三十年的解说词，心甘情愿地为儿子的民宿生意夯实古村文化的基底，为这艘扬帆远行的航船磊好压舱石。

韩永聪以他在中旅十余年积累的人脉资源和从业经验，不断吸引海峡对岸和外国人入住民宿，这样的经营能力是老村长无法企及的。民宿生意无疑提升了爨底下村的海外知名度，老村长从一拨拨远道而来的国内外游客的满意评价中真切地感受到这一点。在对家族和村落文化根脉的守护上，儿子相比老子毫不逊色，甚至在许多方面更胜一筹，货真价实的青出于蓝。

由于爨舍名声在外，旺季时好多人无法如愿预订房间，爨底下村用于开发的院落所剩不多，韩永聪终于接受了周边民宿投资方的不断邀请，接手了雁翅镇黄土贵村土店儿民宿的运营，2021 年“十一”前已开始将爨舍的客人导流到代运营的民宿客房中，这也会成为他未来业务拓展的方向，他也会选择旅游资源好的区域做旅游服务配套项目经营，如在灵水村经营咖啡厅，他表示不排除在所在村经营民宿业务。谈及远景规划，他说暂时没有考虑过离开门头沟区做民宿，原因是不能离开自己的大本营爨底下村太远。

2021 年“十一”前夕，笔者陪同《经济日报》记者李佳霖去爨舍实地调研，该报以《网红民宿更精致》为题对爨舍做了报道。我把这一消息告诉老村长，“把报纸给我寄一份”，老村长见到微信后第一时间提出这个请求。从老村长收到报纸后回复的“谢谢”中，分明能分明感受到对方对中央媒体报道的珍视，他要为爨舍享受到的礼遇保留物证。民宿不但能释放民宿主韩永聪的情怀，同样也折射了作为重要关联人的老父亲的情愫。两代民宿人接力传承，来共同守望乡土、乡情和乡韵，这份质朴的情感令人动容。也许在生意之外能促进文化的传承和跃升，更应成为民宿价值创新的重要方向。

“爨舍，北纬 40 度的古村烟火”，笔者送给韩永聪精品民宿品牌的口号，表达了对这家独一无二民宿发展方向的期许。这一纬度是人类文明的重要孕育带，贯穿了首尔、北京、玉门、敦煌、蒙特利尔、华盛顿等重要城市。很希望人们再说到北纬 40 度时，会提到一个叫做“爨舍”的民宿，当大家都说它配得上享用这个坐标时，那时它就真的成功了。

小民宿要有这样的大梦想，美好的民宿也能承载这样美好的梦想。

爨舍品牌各项目开业时间

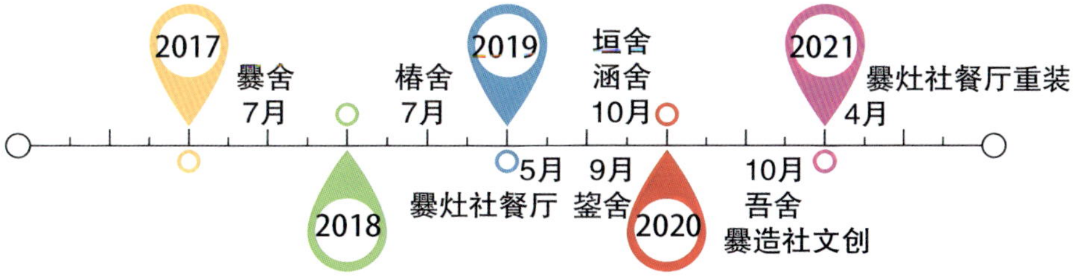

（本章摄影：韩永聪）

老友季：满巨罗诗心守望麦田与远方

2021年8月10日15时29分，微信系统提醒："老友季民宿与咖啡"更名为"老友季花园民宿"，一直朝着这一方向发展的精品民宿终于以这样的加冕方式宣示了它的实至名归。我立刻给民宿主梁晴发了这段文字："您的民宿主题是您用鲜花的汁液一点点晕染而成，就像一粒种子种到土里眼看着一点点破土发芽、添枝长叶、开花结果，仿佛自然生长出来的状态。扎根乡土的民宿就应该是这样，随着自然的节律倔强而茁壮地成长。以前是从民宿主人看民宿，现在是从民宿反观民宿主人，发现都是一样的，二者有机融合，无法分割，不分彼此，我看到了民宿应该有的样子，无关南北，不问西东！"我的反馈立刻得到了主人的热切回应，虽没有直接表达出来，但能读出对方的潜台词——“深得我心”。在微信上和朋友圈互动两年多时间，才有机会和市政府研究室调研组一起入住开满鲜花的民宿小院，亲身感受扎根乡村的老板娘用一花一草一餐一茶培育起浓浓主人文化的花园民宿，体会一个来自首都核心区的创客为一个三千人的村庄注入的活力，见识了一颗棋子落入棋局恰当的位置而引发一切向好的新生与裂变。

一、时空跨越：从追求卓越到回归自然

梁晴在返乡创业之前，一直在互联网行业打拼，慧聪国际、红孩子、亚马逊几个公司闪转腾挪的 21 年职业生涯，她见证了中国商业互联网如火如荼改变中国社会发展进程的狂飙突进时代。在有相当知名度的国际互联网巨头公司工作，代表了一个跻身于工业文明核心区域的金领光鲜亮丽的职业高光。但处于事业顶峰的梁晴越发觉得自己与喧嚣的摩登时代格格不入，出于对咖啡的热爱，她开始在密云城区经营老友季咖啡馆，生意做得风生水起。但乡土似乎有无穷魔力，县城咖啡馆生意依然无法让她安放心灵，对自在生活的渴望牵引着她继续向行政区划的最底层迈进，几年后她彻底离开灯红酒绿的都市，坚定地踏上了乡村的土地，心灵的天平最终定格在养育自己的这方热土上。在经过上穷碧落下黄泉的认真考察后，于 2016 年开始设计建造自己的民宿，开启了落户金叵罗村的民宿新生活。

金叵罗村是一个人口超过 3 000 人的大村庄，北边距离密云水库大坝只有几公里，被龟山三面环绕，像一个巨大的叵罗，这就是金叵罗村名称的来历。就村子的自然环境而言，这里并没有什么特色，实非民宿选址的上佳之地。梁晴看重的主要有两点，一是“地利”优势，2012 年开始进行的土壤有机改良，让 1 000 亩耕地土壤达到国家自然保护区标准，在优质土地上建立的金叵罗农场逐渐成为能吸引市民进村种植和采摘的特色体验地，不仅带来了一定规模的客流，同时也为民宿提供曾享有直供宫廷待遇的特色主食——金叵罗小米，让市民入住民宿后能吃上民俗美食——贡米打包饭。最让梁晴放心进入金叵罗村的其实是“人和”因素——金叵罗村的村书记，尤其是第一书记伊书华，他主管招商和村集体经济，有机农场和金樱谷项目的打造倾注了他大量的心血。在他发展绿色、有机农业思路的引领下，坚持多年的秋收开镰节和金叵罗村丰收节终于在 2021 年“十一”前夕迎来闪亮时刻：密云区丰收节启动仪式在农场开幕，让北京市主管领导和市民有机会深入农场感受生态乡村的独特魅力，这也是基层组织治理能力的集中展示。

早在 2015 年，伊书记就带头拿出自家房子让村里人在金叵罗村开办了第一个升级后的民宿——北井小院，很快得到市民的认可，但由于视野不够开阔，难以满足市民日渐提高的消费需求，民宿发展的瓶颈逐渐显现出来，迫切需要引入更高端的民宿带动当地民宿产业的发展。当梁晴向村里表达这个意愿后，伊书记经过长达一年时间的认真考察，认为梁晴“跟金叵罗气场契合，有定力，能守住本心”，才将梁晴看中的百年宅院租给她，并全力推动项目落地，从多个方面不遗余力给予支持。比如，民宿一开张就享受农场免费提供餐厅所需蔬菜的优待，村集体在数量上不做限制，看得出金叵罗村本就是将老友季作为战略合作伙伴另眼相待。事实证明这是一桩超高收益的“投资”，因为老友季每年能为农场带来超过食材价值二三十倍的销售额，而且让这个名不见经传的普通村落在短短两三年的时间里因民宿而迅速提升了知名度。笔者在与伊书记交往中，能够感受到他对引梁晴这枚关键棋子进村这一手笔的欣慰。村集体根据未来产业发展布局有意识引入撬动乡村发展的生产力要素，这种格局和眼界，在有效推动乡村振兴战略更快更好地落实显得格外重要。

进入金叵罗村的梁晴就像一粒四处漂泊的蒲公英终于找到了一方适合的土壤，一旦扎下根来就拼命地向大地深处延伸根系，在多方探索中尽量缩短水土不服的过程，并想方设法将自己变成接纳各种新要素而进入乡村的有机土壤，让民宿迅速成长为荫庇更多生物的繁茂植被，将老友季化身为社会企业，为金叵罗村做好对接城市资源的转换枢纽角色。在对民宿调性的塑造上，梁晴将自己对鲜花、绿植的喜爱发挥到极致，将大自然最美好的馈赠长久地留在庭院、房间里，老友季两个院子超过两百种植物，它们诉说着主人对自然近乎偏执的追求。如果说“老友季民宿与咖啡”尚保留她对都市文明残存的留恋情绪的话，“老友季花园民宿”的更名无疑表明了她完成了从都市白领向乡村主人的蜕变过程。她以如此决绝的态度宣示一个投身乡土怀抱的都市人，用后半辈子创造，同时超越市民和农人期待的域外之地的勇气和决心。她已迈过了不惑的门槛，清楚地知道自己的天命所在。有些人天生就适合做民宿，在这方天地里他们能将自己的潜能发挥到极致，让自己的人生得到最璀璨的绽放。这种时空上的跨越无疑是惊险的一跳，迈过这个充满变数的门槛，展现在她面前的将是无比广阔的天空。

二、身份跨界：超级个体锚定乡建平台

随着新媒体技术的广泛普及，现代人基于广泛互联的各种数字终端获得的能量超乎想象。那些有能力链接多方面资源、促成不同一般的项目搭建和完成的人，就是《超级个体》这本书所界定的“超级个体”。要想具备这种能力，只局限于原来的圈子里很难获得足够的资源，只有打通分属于不同领域的圈层，让资源之间产生化合反应，就有成为超级个体的可能。

在乡村振兴战略指导下的乡村建设之所以有希望，是因为在与改革开放四十余年共同成长起来的新一代知识群体中，已有部分积累了一定财富和社会资本的先知先觉者率先进入乡村，怀着对乡村的敬畏和对美好未来的憧憬，和同道一起梳理乡村资源，主动承担城乡之间的资源、文化对接的角色，以实际行动进行乡村建设。“有恒产者有恒心”，民宿主相比于以往进入乡村的主体最大的不同，就是用心打造有着独特风格的院子并长期驻留其间，全身心地投入乡村建设，与在地资源结成紧密的利益共同体，甚至以“誓与村庄共荣辱”的决绝态度将事业的重心全部转向乡村，苦心孤诣地构建起既不同于城市又有别于自然村落的乡村社区，进而将自己的民宿打造成为具有平台属性的半公共产品。梁晴经营的老友季花园民宿，正是沿着这个方向进行多层面、多维度的探索，以超级个体的身份打造汇聚乡建力量的超级平台，调动全部资源为乡村赋能。

民宿主是村庄的最佳代言人。一个村庄因一家民宿而声名鹊起，这是老友季之于金叵罗村价值的最直观体现。这些进入乡村的民宿主长期在城市工作、生活积累的资源主要在城市，他们知道市民的消费需求是什么。当他们通过朋友圈传播自己的生意和生活时，影响到的往往都是潜在的消费群体或以往的客人。当他们一次又一次地介绍自己的民宿时，

所在村子的名字已深深地烙在了市民的脑海里。当他们以自己的努力赢得市场的认可后，自然会成为村集体力推的对外交往的村庄名片。伊书记说，现在全国各地的考察组到金叵罗村学习先进经验，村两委都会将梁晴推出来，经过各种场合锻炼后，今天的梁晴毫无争议地成为金叵罗村的金牌讲解员，接待过北京市各委办局领导和来自全国各地的乡村振兴考察团。这不仅仅是因为她对村子的了解非常深入，对村子的发展脉络了然于胸，还因为她自己就是活生生的亲历者和见证人，高颜值的花园民宿让这里成为直观展示金叵罗村发展成就的不二之选。

在村子里驻守近六年的梁晴毫无疑问是金叵罗村最知名的新村民，大概有一半的村民都认识她，见面主动跟她打招呼的村民有很多，大家很自然地把她当作村子里不可缺少的一分子。尽可能深入地融入所在村子是民宿主做好生意应具备的基本素质，能最大程度地吸引带着资源和创意的能人进入乡村进而成为前进路上的同道，这是梁晴与众多民宿主相比超长的能力之所在，最突出的表现就是以她为核心吸引到金叵罗村的精英团体——金叵罗 11 队。

金叵罗村有 9 个生产队（村民小组），走进村子的外来创业者会不定期地聚在一起，或各自带着对乡村建设有兴趣的朋友，通常会聚在老

友季的咖啡厅里，为村庄的发展出谋划策，俨然是村里的一分子，这个特殊群体被村干部亲切地称为“金叵罗11队”，这个称号在京郊各地不胫而走。这个编外生产队作为定位明确的乡创小分队，已成为链接各方资源进入乡村的平台接口，在京郊乡村振兴的新一波浪潮中发挥着活性因子的作用。由梁晴直接或间接拉进金叵罗11队的有飞鸟与鸣虫农场创始人李一方、蓝海咨询公司负责人荣振环、亲子教育机构田妈妈公司总经理要雁峥、西口乡村研食社创始人刘甜恬、《中学时事报》执行主编薛静等，还有媒体记者、政府部门领导、智库研究人员等从不同方面不定期汇聚到老友季的外围人员，所有人都将作为小分队的一员而感到自豪。这些携各类资源的“带电粒子”都愿意汇聚到梁晴这个“原子核”周围，因为大家都将老友季看作是具有公共属性的议事厅，有什么想法跟梁晴沟通后达成初步的意向，再通过她与村支书沟通，事情很容易落地。正因如此，伊书华书记很是倚重梁晴这个特殊的新村民，对她的建议格外重视。梁晴对各方资源的悦纳态度，让外来力量愿意通过民宿这一“桥头堡”实现链接，将好的项目和创意引进村庄。

梁晴清楚地意识到多业态进入乡村形成的营商环境对于自身和周边业务发展的重要性，对于关键性的资源会锲而不舍地跟进，以无法拒绝的诚意打动对方。比如休闲农业知名专家荣振环不但有强大的策划、实施项目的能力，而且运营着几十万粉丝的抖音号，引入这一资源对于丰富金叵罗村业态、提升乡村发展品质具有无法估量的价值。为了达到这一目的，梁晴一直和对方持续沟通，经过长达两年时间的不懈努力，终于在2021年将荣振环和他创办的蓝海咨询公司引入金叵罗村。在伊书记的积极配合和支持下，这一重要的资源富矿落脚在伊书记经营的民宿北井小院2号院，并将北京首家“乡村会客厅”的牌子挂在小院门口，成为金叵罗村承接外来合作事务的代理机构，搭建全国乡村从业者和三农领域专家与村庄对接的桥梁，吸纳先进思想和乡创力量促进金叵罗村的跃升，这在全国范围都称得上是创新之举。这一努力的成效在随后举行的丰收节上立刻得到了体现：蓝海咨询作为金叵罗农民丰收节总策划，结合主题打造丰收的十个场景，带领游客领略金叵罗的乡村之美，以时尚化、网红化、简洁化的场景满足市民对乡村的美好期待。策划的绝大部分内容于2021年9月顺利落地，借金叵罗村为密云区丰收节开幕式举办地的良机闪亮登场，进一步提升了金叵罗农场和金叵罗村的整体形象和认知度。开幕式当天，包括梁晴在内的11队成员几乎悉数亮相，以不同角色为进入金叵罗村的市民、考察团、研学机构等提供讲解或引导服务，市民与农人、新村民与老村民畅游于广阔天地间，那一天梁晴发自内心的笑容，诠释了一个返乡青年用真情、智慧和力量推动乡村向着自己期待的样子发展的全部意义，真切地展示了城乡资源有效对接、充分融合所激发的无穷潜力和由此产生的化合之美。

梁晴扮演的是藉民宿平台锚定广阔乡村的创客角色，在民宿与村庄同步成长的过程中，对民宿生意前景的确定性和确信感让她更为从容，也能更好地展示自己的真实状态，用突出成效证明了精品民宿有能力并有责任成为乡村振兴的有效入口。在2021年9月14日金叵罗村接待市政府研究室民宿发展调研组举行的乡村振兴交流会上，“梁晴和她的朋友们”在金叵罗村党支部会议室逐一亮相，深情讲述各自发掘在地资源与乡村共同成长的修行过程。梁晴在最后出场讲述一个民宿品牌与一个村庄共生的历程时，她努力控制自己的情绪，从她略带哽咽的讲述中，所有人都能感受到历经艰辛取得成功的喜悦。密云区领导宣布将会在资金和政策上对金叵罗村进行扶持，目标是将其建设成为密云区乡村振兴示范村，这无疑是对锚定乡村事业的“梁晴们”的认可和加冕。“德不孤必有邻”，这些有着共同愿景的乡村创客从不同方向丰富着乡村业态，协力探索乡村产业重构的方向，这正是乡村振兴的希望所在。

三、运营跨圈：为乡村资源深度赋能

从笔者接触过的民宿品牌看，能做到雷打不动每天更新朋友圈文章的民宿主只有梁晴。她就像太阳按时出现在天空一样从来不会缺勤，自觉恪守着和粉丝之间达成的默契，这份自然形成的约会意识既与长期的职场生涯形成的习惯有关，又可以用回归乡村后要跟上自然运转的节律来解释。不管怎样，如果你想了解距离市中心百公里外的乡村四季更替和岁月轮转，看着梁晴日更状态就可以了。一个只要不出差就泡在村子里的老板娘，用真实生活状态堆叠的日志体文字，慰藉着无法挣脱大城市羁绊的现代人的乡愁，像磁石般累积着城市人踏上乡村土地的欲望。对于普遍具有乡土情结的中国人而言，只要微博、微信朋友圈里有一批做乡村民宿的好友，看着他们的状态就会感觉很治愈。梁晴的推文看似随意，但看得出是经过认真打磨的严谨表达，感性的文字有理性的节制，总体上呈现出知识女性的成熟与豁达。她所呈现的值得信任、调性统一、具有鲜明主人文化的民宿品牌形象，是民宿运营修炼到一定层次的表现。有了这个信任基础，她就可以利用民宿这一超级平台为所在乡村赋能。

说梁晴是金叵罗村的一号带货人一点都不夸张，老友季从开春到初冬的经营旺季，“老板娘的厨房”所需的原材料绝大多数都来自于村民家中和众多村民参股的金叵罗农场，味蕾被美食俘获的游客往往都会提出购买同款食物的请求，民宿于是成为天然的代销中心。而在猫冬的经营淡季，老友季则会组织村里的巧手大妈制作就地取材的各种美食，用外卖持续满足各路客人对乡村美食的期待。伊书华书记粗略估计，约有三分之一的村民通过老友季卖掉自己家的农副产品，比如鸡蛋、小米、核桃等。老友季民宿仿佛是诚信传感器和增容器，客人由于对民宿主的认可与信任而自动放弃议价权，村民的农副产品进入民宿空间立刻价值倍增，不出村就能获得高出以往一两倍的收益。有多少家庭是通过老友季的公众号和梁晴的朋友圈了解并进入金叵罗农场的，确实无法作出准确统计，但存在着一条源于对梁晴信任而不断延伸的好友裂变链条却是不争的事实。

老友季选择超过百年的老房子改造的院落可容纳约 30 个客人，近六年时间接待的客人数以千计，源源不断的人流带动了金叵罗村旺盛的人气和村民持续的增收，这是老友季信任和口碑得以积累的基础，村民们都希望这样的民宿始终生意兴隆，自己也能沾光。民宿的空间毕竟有限，入住的客人希望能够体验更多带有浓郁乡村气息的内容，老友季会主动将客人引向其他经营体，比如民俗接待户。由亲游科技公司进行统筹运营的亲子小院儿充分挖掘农家院的特色民俗项目，培育出多个能让游客沉浸其中的体验活动，如葫芦烙画、捏泥人、制作花馍等。客人只要想参与体验，梁晴都会主动推荐这些亲子小院儿，满足客人对接地气的乡村体验的渴求。老友季为农家院引流，并因此延长了客人的住宿时间，高端民宿和中低端住宿产品之间形成了良性的互补关系。正是看中了老友季客人的消费能力和民俗接待户的承接能力，亲游科技公司更加坚定了进入乡村进行批量化改造、提升民俗接待户品质的信心。老友季丰富了乡村的经营业态，优化了村庄的经营生态，这都是在扎根乡村的过程中逐渐探索的方向，是自然生长的结果，无需刻意追求。

消费品牌主动找上门寻求合作，也不是刻意追求的结果。玫瑰小镇品牌为追求产品的拍摄效果找老友季合作，置身于花园中的产品美图超出业务负责人的预期，于是与梁晴商量将花盆放在民宿代卖，因为对方发现民宿花园主题的调性与商品属性非常吻合，那些入住其中的客人有

足够的时间观摩，深入了解商品的性能，而作为院落有机组成部分的摆件很容易进入客人的视野，这些较高消费能力的市民正是商品的目标消费群体。民宿无疑为此类商品提供了最佳的消费场景，随后有更多消费品牌表达合作意愿，梁晴最终确定慕思、莱克星顿、舒提啦、归味等几个品牌作为民宿消费场景的品牌合作伙伴。她认为选择合作品牌就像商品跟明星合作，

品牌的品质应成为民宿品牌的加分项，合作品牌良好的口碑特别重要。民宿使用的品牌品质会直接影响客人对民宿的认知，这些成为民宿整体环境有机组成部分的品牌进入民宿，不但能提升民宿的颜值，而且会因客人在民宿停留的一两天里对产品有足够长时间的体验，直接带来品牌产品的潜在销售几率，老友季已经帮助合作品牌实现售卖，比如床垫、拉杆箱等。对这一商机的把握同样建立在梁晴之前的销售和营销经验的基础上，老友季在品牌联合上的探索已经走在民宿行业的前面，这与她在民宿行业深耕日久积累的信任和长期打造的鲜明品牌调性有直接关系。

今天的梁晴已是资深新村民了，她对村庄公共事务的参与程度不亚于村两委成员，老友季也担得起社会企业的名号。2018 年她联合飞鸟与鸣虫、合作社和村集体，共同策划、实施了金叵罗村农民丰收节，举办活动三天里就吸引了上万市民走进金叵罗村，获得了 20 多万元的收入。为了能让这个由市民和村民共同打造的节事活动一亮相就人气爆棚，她

利用网络搭建预热平台，组织各方面的力量进行宣传，并促成谷子地乡村音乐会的举办，这些无疑都是“破天荒”的大事。在2020年疫情肆虐期间，看着合作社面临销售不畅的困境，她主动帮助金叵罗有机农场推广，发动自己的熟人网络成功发展300户市民成为菜地的园主，并积极开发机关食堂客户，又增加了几十个大宗园主。同时，在密云区工会的帮助下，梁晴借助政协平台与朝阳区工会合作实施“百万职工游密云”活动，当年“十一”假期金叵罗农场8天创收200万元，最高一天的客流量达到了6 700人，有效缓解了疫情造成的不利影响，让大疫之年的全体村民分红在2021年春天如期兑现。

一些入住过老友季民宿的媒体人受到她的感染，也积极伸出援手，积极为金叵罗村的经营活动进行宣传，这其中就包括北京电视台《美丽新乡村》栏目制片人朱晓梅。多年来她一直没有停下追踪梁晴扎根乡村的脚步，并积极链接各路媒体资源。她很看好有梁晴在的金叵罗村的发展前景，栏目组除对民宿及其他业态进行重点报道外，现已开始在每个节气的时间点对金叵罗村进行连续记录，希望能够跟踪拍摄一个村庄的振兴过程。多年以后回望这段历史，老友季一定会成为老照片中最耀眼的标识。《北京晚报》记者罗颖对老友季民宿高度认可，每次带孩子入住都会拍摄大量美图，她已成为老友记的免费“御用”摄影师，所有对外宣传的照片几乎都由她提供。无数次入住民宿后，罗颖与梁晴已成为闺蜜，掏心掏肺地为老友季义务出谋划策。

梁晴与金叵罗村已经融为一体，老友季与村子里的各类主体共同构成的乡村社区，在生活、经济、文化、组织等多种形态上已经实现了深度共生，以密云区政协委员身份履职的梁晴无疑是这个共生系统的核心。梁晴自己不想被过度拔高，她一再表示民宿与村子之间就是彼此滋养、彼此给予的关系，现在的她很享受这种她称之为“荣闹”日子的状态。她愿意接待她口中的“家人”从城里赶过来住一住、吃一吃、玩一玩，帮他们重拾逐渐被工业文明消解的乡愁。他们羡慕曾经和自己一样的都市白领大彻大悟的决绝转身，感谢她为偶尔逃离樊笼的城里人用心编织、倾情守候的郊野花园，那里藏着每个小康人家的仲夏夜之梦，能够满足都市人对乡村小资生活的所有期待。

老友季花园民宿品牌发展历程

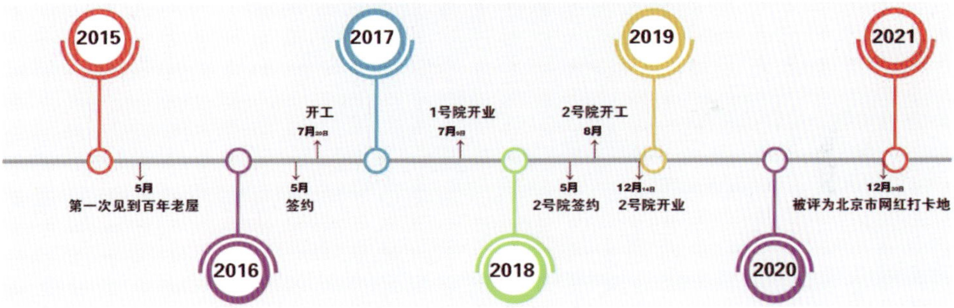

（本章摄影：韩颖）

石光长城："长城人家"民宿就该是这个样子

2021 年 9 月 28 日，得知“石光长城公益书屋”开业的消息，我在当天的微信朋友圈写下了这样的文字：“石光长城公益书屋”的揭牌掀开了乡村民宿品质化建设新篇章，北方民宿走上了内涵式发展道路。拥有与长城这一世界文化遗产相匹配的主题书店，北方民宿和南方民宿站在一起，终于有了挺直腰板的底气和资本。几个月前北师大西门盛世情书店悲情落幕时，石光长城创始人贺玉玲知道范老板有在延庆开办民宿的意愿，第一时间请我帮忙延请范老板进驻当时还处于空闲状态的二层书屋，时任延庆区文旅局副局长的郑爱娟也在积极推动，多个民宿都通过我向范老板抛出橄榄枝。但由于范老板还处于情绪调整期，一时无法付诸行动，我错过了推动书店老板继续用执着情怀做民宿的具有历史意义的机会。但这个二层书屋能以这样的规格和面目呈现在世人面前，确实令人兴奋。"书屋一小步，民宿一大步"，从接触过的大量有贺总这样的情怀和定力的入乡创业者，我看到了上世纪费孝通先生臆想的"城乡相成"时代正一步步变成现实！谢谢贺总用靓丽的书屋擦亮了"长城人家"民宿乃至延庆区域民宿的品牌标识，为城市人落脚乡村打造更多充满温情的美好梦境。

长城作为环绕北京北部山区、具有国际知名度的世界文化遗产，多个乡村民宿都希望与长城建立关联，或把它放到民宿的品牌名称里，或在推广文案中将它作为最核心的元素加以强化。但至今尚无一个民宿品牌能将这一特色资源经营得像石光长城一样，让人在进入它的怀抱之前就能在山路盘桓中感受到长城环绕的欣喜，在入住民宿后感受到长城文化的厚重和长城美食的味道，以及完整体验过长城脚下静谧山村十二时辰后的满足。继延庆区在2019年提出打造"长城人家"这个区级民宿品牌后，2021年北京市文旅局发布的"十四五"发展规划，也将"长城人家"作为某区民宿品牌的发力点。在我看来，"长城人家"应成为北京市级的区域民宿品牌。但无论在哪一个层面上，经过七年悉心打造的石光长城精品民宿，毫无争议是"长城人家"最具代表性的品牌。走出延庆又复归延庆的贺玉玲巧妙结合长城丰富的文化资源，脚踏实地地梳理长城脚下的乡村肌理，将城市人对美好乡村生活的憧憬一步步变成现实，让世代生活在这里的村民看到村庄活力重现的希望，这都得益于民宿释放出的无穷能量。

一、以食为天：长城乡宴立稳民宿发展根基

2021年12月2日，北京市文化和旅游局主办了2021年北京乡村厨神大赛暨"大厨下乡"成果集中展示活动。来自京郊9个区17支民宿及

乡村餐厅代表队经过角逐，由专家多轮评选后确定一、二、三等奖及最具地方特色美食奖，石光长城荣获一等奖。这些获奖的美食将进入“京郊美食地图”和“美食手册”，与京郊其他近70家旅游经营单位富有地域特色的十余种宴席、上百种菜品统一汇编，以图文并茂的形式为北京市民献上活色生“香”的礼物。这些地图、手册随后将发放到全市各街道、镇、乡图书馆及京郊旅游咨询服务站、精品民宿经营单位等，让更多人有机会品尝。此次获奖的意义在于，一直专供入住石光长城民宿客人及其通过朋友圈向更多朋友推荐的美食，在坚守品质立身成就民宿独特竞争力多年后，开始进入大众视野，成为立根民宿、增强民宿吸引力的“硬通货”。

石光长城主打的“长城石烹宴”主要有贺氏扒猪脸、石烹豆腐、石烹鱼头及特色石头摊鸡蛋——一种将蛋液在食客面前浇在鹅卵石上当场生成的鲜嫩菜品。让游客印象深刻的“石烹猪脸”作为宴席上的看家菜，经过老汤炖煮足足八个多小时后，由店小二敲着铜锣抬着轿子送上餐桌，将肥而不腻的猪头肉夹在火勺里，满口留香，让人回味无穷，这就是贺氏酱猪脸的吸引人之处。

贺氏酱猪脸始于公元1894年，贺氏先祖17岁从师学艺，在掌握了熟练的酱卤技艺后，开设了自己的酱肉作坊，迅速名扬乡里。经过四代传承，作为第四代传承人的贺玉玲继承并不断提升酱肉酱制技艺，2020年该项技艺列入北京市延庆区非物质文化遗产名录。

贺玉玲将祖传的餐饮手艺升级为区级非遗的过程，正是她由餐馆生意转型为基于餐饮发展精品民宿生意的关键阶段。如果她仍然在鸟巢旁边开办“妫水人家”餐厅，面积比1 200 m²再大几倍，也不一定能成为这一级别的非遗。正是她在时任延庆区文旅局主管民宿的副局长郑爱娟的诚意邀请下果断返乡，将特色饮食作为民宿立足的根本，并将美食放在长城这一超级IP的光环之下，为美食重新设计出全新的消费场景，让四代传承的酱猪脸融入几百年历史光影笼罩下的石峡关长城的叙事链条中，巧借长城故事为美食赋能，让食客感觉一口咬下去能咀嚼出历史的味道，从而增加了美食的韵味，这一将“现实猪”转换成“历史猪”的经营智慧，为美食地位的跃升插上了腾飞的翅膀。服务员着古装鸣锣开道、吆喝开餐、现场加工烹蛋等具有鲜明仪式感的服务，出现在群山环绕的古村里、明代石峡古堡残迹旁，并不显得有跳脱感，反而会因久违的陌生化效应而心生期待，成为民宿体验美好回忆的重要内容。

贺玉玲2009年开始在北京市朝阳区专事经营餐厅，生意做得风生水起。她之所以敢于一脚踏入民宿领域，是因为她认准了“民以食为天”这个道理，在延庆这个全域旅游示范区会有更大的发展空间：在旅游的六要素中，“吃”永远是第一要素。有了不可替代的饮食，就能为那些没想好是否要住下来的客人提供足够的理由，“食而优则宿”的赛道切换，为贺玉玲迅速做出决策提供了充足的理由。

一旦决定落脚石峡村，贺玉玲显示出的魄力超出延庆区文旅局领导的预期，她一口气签下了20个院子，这在2015年乡村民宿刚刚起步之时需要足够的勇气。为稳妥起见，贺玉玲在随后的几年内同时经营市内的餐厅。随着民宿生意的稳步发展，她于2018年毅然从市区抽身，全身心地投入石峡村的事业。她以这样一种与城市生意告别的决绝态度，开始投身一个全新的领域。今天看来，这个平时并没有多少言语的民宿主

具备异于常人的超前判断能力，当年以较低价格承租下来的院子，在今天不仅逐渐变成稀缺资源，而且价格也要比以前高出好多倍。有了这些连缀成片的闲置房屋，对全村进行整体开发的民宿版图就这样一步步落地生根。

机会眷顾有备人，稳步发展的长城石烹宴满足了一拨又一拨客人的口腹之欲。就在让品尝多次的客人对更高口味有所期待之际，北京市文旅局于 2021 年推出的“大厨下乡”活动，刚好为石光长城红彤彤的灶台里旺火添柴。作为延庆区精品民宿餐饮领域的品牌担当，石光长城成为文旅局首批选派首都高档酒店名师大厨进驻帮扶提升餐饮品质的民宿，由“老饭骨”——郑秀生大师对石光长城进行帮扶指导。郑秀生是北京饭店行政总厨、国家高级烹饪技师、中国烹饪大师、北京市特级烹饪大师，他思路开阔，博采众长，勇于创新，多年来开发出新菜六十多种。郑秀生结合当地食材对现有菜品进行品质提升，代表性的菜品有贺氏酱猪脸、镜箱豆腐、海棠脆皮虾、清蒸狮子头、炸猪排等。在大师的指导下，民宿的菜品有了质的飞跃，进一步强化了美食在民宿经营中的竞争优势。

民无食不稳，有了高品质的餐饮作为民宿发展的基底，把游客从四面八方吸引过来，再一点点完善民宿经营的其他环节，石光长城的生意经其实很简单，就是围绕市民进入乡村的核心期待做足文章，从酱猪脸及配菜、主食开始，拓展到海棠汁、黄芩茶、家酿酒，进而以自主品牌“妫水人家”将一系列能放进后备厢的食品作为住宿之外的附加产品，在另一条产品线上撬动民宿客人的消费需求，而这正是一个没有天花板的产业链条。现在这条与住宿并行的“暗线”，在不久的将来会成为更多有实力民宿品牌必选的“明线”，以综合业态满足入乡市民的多样化需求。

长城脚下石峡村，一个由餐饮奠基的民宿带动发展的古村落，和着长城文化带和长城国家文化公园两个首都和国家文化复兴战略落地实施的鼓点，就此走上了快速发展的焕新之路。

二、社区共生：社会企业分担乡村治理责任

作为从延庆区进入市区又返回故土开展民宿经营的企业家，贺玉玲选择的石峡村并非自己的出生地，但她对这片土地的热爱却一点都不少。从她选择在这里经营民宿的第一天起，就将自己的公司定位为社会企业，将自己对美好乡村的图景一步步变成现实，这是基因传承的必然选择。2019年，延庆区正式提出依托民宿建立“共生社区”的区域民宿发展理念，实际上石光长城这些年来一直是按照这个思路稳步向前发展，随着民宿规模的扩大，这一思路也日渐清晰。2021年7月，延庆区农业农村局启动“共生社区示范村”建设计划，石峡村列入首批重点扶持名单，获得了政府下拨的专项建设资金。这不光是对石光长城一直践行社区共生理念取得可喜成果的精神褒奖，同时也为步入共生社区建设深耕期的石峡

村提供了火箭二次推进的助燃剂。

从民宿经营的角度看，共生社区可以理解为民宿经营主体将民宿所在村域作为一个各要素彼此紧密关联的城乡融合社区和整体运营场景，将社区中的党、政、人、文、地、产、景七大要素融入运营场景中，带动各方利益主体的作用发挥和共同成长，简单概括为四个“共”“生”：以共建、共担、共享、共赢之表达至生产、生活、生命、生态之里，实现生活形态、生命状态、生产业态、文明生态的全面跃升。

民宿的进入重塑了村子的生活形态。在石光长城进入之前，石峡村已有多栋宅院闲置，留守在村里的绝大多数都是老年人，守着沉寂的小山村，一片日薄西山的景象。石光长城对于石峡村最大的贡献就是重新梳理了村落的肌理，将古山村建设成为主客共享的美丽乡村。民宿企业

不但将十几个院落整饬一新，重新规划了村庄的主干道，而且建起了露天剧场，重启停滞多年的公共文化生活。2018 年中秋节这天，八达岭镇“诗韵颂中秋月满石峡关”中秋传统文化节就在石光长城的露天广场举行。夜幕下村庄各条道路燃起长城主题的灯笼，两条长廊上挂满了红灯笼，石峡村的灯火与晴空之上的中秋圆月遥相辉映。演职人员身着古代服饰，献给游客的舞蹈、长城主题诗会、中秋拜月活动精彩纷呈。尤其是拜月仪式，主祭人带领全村女性村民齐坐台上，按照“净手”“上香”“献爵”“读祝”“焚祝”“再拜”“馂”的流程庄严祭拜，古朴庄重的气息让观众沉浸在传统仪式的美妙氛围里。在古长城边的石峡古堡旁，以身着古装的形式还原古老的拜月仪式，那种古韵古风无论是当地人还是市民游客在别处都难以见到，这在当天北京举办的多处中秋赏月活动中别具一格，给人们留下了深刻的印象。

盛夏时节，村民们白天聚集在干净整洁的大街两侧葡萄架下闲聊，

主动和进村的客人打招呼、拉家常，那种自信而满足的神情，是对村庄治理成效的最好评价。当问及这些六七十岁的老人对贺玉玲的评价，没有一个人不竖大拇指，原因很简单：石光长城从营业开始，每天为村内年满65岁的老人免费提供一包牛奶、一个鸡蛋，几十个老人一个不落，春节还为全村村民发放米、面、油等生活用品和年夜饭餐券。逢年过节组织村民举办中秋拜月、长城脚下过大年、公益电影放映等活动，这些文娱活动丰富了老人们的晚年生活，让沉寂的小山村恢复了生机与活力。民宿的进入助力重现守望相助的邻里关系，闻者心中情不自禁流淌出浓浓的暖意。

为满足市民游客的需求，石光长城拿出一个院落开办了石光咖啡厅，现磨的手工咖啡香味浓郁，让客人的下午时光更为惬意。位于村子边缘的石光长城书屋虽然面积不大，但为那些有阅读喜好的游客提供了大山里的书香体验场所，村民们也可以自由进出，特色明显的公共文化空间让民宿的调性有了很大提升。不定期开市的妫水市集丰富了客人的闲暇生活，当地特色物品种类虽有限，但充满了泥土气息，在这里购物让客人和村民近距离互动交流，散发出浓浓的人情味儿。

为了让更多村民搭上民宿经营红利的便车，贺玉玲联合村民共同致富，一起协作开发酒坊、油坊、山茶坊等手工工坊，在帮助村民售卖应季果蔬等农产品之外，通过深加工提高产品附加值，并将这些工坊产品纳入企业“妫水人家”品牌的销售体系中，是北京乡村少有的能将一二三产业打通的民宿品牌。同时，对那些想发展民宿的村民，贺玉玲主动伸出援手，指导他们进行创业，让他们经营的民宿成为石峡村住宿产品体系的一部分，通过组建利益共同体与村民和谐共生。

整齐的村庄街道，干净的村民宅院，安闲的猪狗鸡鸭，错落有致的果园菜畦，各安其业的新老村民，按着自然的节律动静行止，呈现出新农村该有的样子，满足了城市人对乡村的美好期待。进入石峡村的游客远离城市的喧嚣，既能享受到不逊于大城市的住宿条件、饮食和Wi-Fi，又能体验长城环绕的村舍美景，感受生态文明对生命状态的加持和熏陶，充分展示了一个高品质的民宿品牌对于挖掘和提升当地文化的独特价值。

三、文化根脉：长城关隘照见人间烟火

在石光长城接待院落的门口，电子大屏幕上滚动播出介绍石峡长城的视频。往正门左侧看，会发现悬挂在墙上由区文旅局制作的铭牌——"长城人家 001 号"，表明这里是延庆区为"长城人家"民宿品牌颁出的第一个牌子，将其视为区域品牌的颜值和品质担当。门洞两侧的墙壁上，介绍了本村和石峡长城的历史。在正对大门的影壁之下，赫然立着大块石刻门额"迎旭"，据主人介绍，这就是当年石峡峪堡的城门遗物，是贺玉玲多方努力找来作为民宿的镇宅之宝。事实上，石峡峪堡的城墙遗址就在院子西侧百米开外的草地里，只剩下两米高、二十多米长的残垣，不会有人把它和高大的关墙联系在一起。曾经恢弘的气势，今天也只能借助这块匾额和不远处的村史馆简介的文字和图片想象了。

石峡村能给第一次来到这里的游客留下深刻印象的，一定是占据整条街的长城关隘巨幅照片墙。村委会将国内知名的长城摄影家拍摄的美图放大，每张照片立起来与成人身高相仿，各地代表性的长城风光图片整齐地悬挂在村内长廊两侧，几十幅各具特色的长城风景图排列起来颇具规模，在这里即可尽览万里长城最知名的景点。拐过长廊最北端的主干道南侧的墙壁上，自东向西顺次展开的长城历史发展沿革壁画，颇具匠心的设计营造出浓郁的长城风情景观，与一望之内的石峡关长城遥遥相对，别有一番情趣。一个小村庄对中国万里长城的系统展示和介绍，一点都不比专业机构差，让人刮目相看。

在石峡峪堡遗址西南角的位置，由贺玉玲参与投资和村委会共同建设的乡情村史陈列室里，石峡村的历史和周边的长城文化、村中祖辈使用的老物件、非遗作品、当地方言俚语等，在几百平米的空间内都得到很好的展示。如果来的是时候，还可以参与由当地手工艺人在这里指导村民和游客制作剪纸、羽毛画、葫芦烙画等体验活动。比如羽毛画，就是用鹅毛剪裁拼贴成各种图案，也可以染色。羽毛特有的纹理与墙砖非常相似，一幅长城关隘的羽毛画很好地展现了长城的风采，在长城脚下看到用当地家禽羽毛做出的长城画，感觉非常亲切。村史馆里特地收藏了民间故事《三疑记》地方戏的脚本，说的正是当年李自成率领农民起义军攻打北京城时借道石峡关口的传说，让这个山村平添了几分传奇色彩。这个村史馆已经成为全国各地来石光长城考察学习的外地人必看的文化驿站，通过村史馆展示石峡村的长城文化，让外地人通过民宿和配套设施了解长城，可见贺玉玲对传播家乡文化的那片热忱。

尽管村史馆已经成为入住客人参观的固定文化设施和打卡地，但使用率依然很低，贺玉玲紧跟时代，将直播间设在了村史馆里，希望能将长城脚下的乡村生活向世界传播。2021 年农历腊月初八，贺玉玲一大早就和员工准备好直播设备，支好了大柴锅，将腊八粥所需的各种原材料一样一样倒到锅里，邀请村书记一起开始全网直播石峡腊八节。穿上节日服装的村民带上行头，兴致勃勃地在镜头前进行跑小驴、跑旱船等民俗表演。贺玉玲热情洋溢地逐项解说，并在演出的间隙向网民介绍特色美食。待腊八粥煮好后，全村一起共同进食，煞是热闹，为即将到来的农历新年营造气氛。在她的规划里，每个重要节日和节气里的山村生活都要通过直播让世人看到，向更多人展示长城脚下传承农耕文明的现代生活。

其实，住在石光长城还有一个好处，就是可以近距离欣赏长城、拍摄长城美景。石峡村所在位置周边的长城资源很独特，齐长城和明长城都有分布。附近除了有石峡关长城外，还有花家窑、罗锅城长城等，由于八达岭长城名气太大，位于其北侧几公里外独具特色的长城反而不为人知。由主人和管家或者村民尤其是村里的长城保护员指引，很容易找到值得观赏和拍照的城墙遗址。与长城近在咫尺的便利条件，让民宿成为客人随时都能亲近长城的近水楼台，“石光长城”这个名字显得更为名副其实。

所有这一切给人的感觉是：了解长城文化，体验长城脚下的现代生活，这里是为数不多能够满足市民高品质乡村生活需求的好地方，这一底色成为美食之外让石光长城具有独特竞争力的又一保证。

四、低调示范：守住本心方得义利兼收

石光长城已经成为延庆区乃至北京市乡村旅游业态创新的一张名片，贺玉玲每年要拿出很多时间接待全国各地四面八方的考察团，甚至要接待北京市领导的调研。2021 年 4 月底，市领导去延庆区调研，就将石光长城作为其中一个调研点，重点调研民宿对于促进集体经济发展的作用，这让贺玉玲备受鼓舞。贺玉玲给人的印象是不善言谈，多年前拍摄的工作状态形象照依然用于民宿宣传册里，真诚的笑容一直未改，透露出宠辱不惊的良好心态，这跟她有一支当年做餐饮生意时就跟随她打拼的稳

固团队有很大关系，时间最长的超过 17 年。团队的支持让她对民宿运转很放心，她将更多的精力放在企业的长远发展、石峡村的未来规划以及更多参与社会事务上，让公司承担更多社会责任。

在石光长城用过餐的游客都会对民宿提供的海棠汁印象深刻，精心制作的海棠果也爽甜可口，所使用的原料正是石峡村颇具特色的海棠果树。将卖不上价钱的果品加工成海棠汁，不但能成为民宿餐饮的特色饮品，而且大大提升了价值，让农民也能获得更多收入。但贺玉玲对海棠文化这篇大文章的布局远不止于此，她希望将更丰富的海棠文化打造成石峡村的新标识，用四季海棠装点村庄：春赏花，夏乘凉，秋食果，冬观雪，一年四季喝果汁。但目前的海棠种植规模和品种距离她的期待还有很大距离，她与村支书多次谋划，在全村范围内打造海棠文化园，通过购买优良新品种、与农科院等机构合作等形式，尽可能将海棠春季开花的时间提前，冬季在温室中能看到开花、结果，为吸引市民进入石峡村、入住民宿提供更多兴趣点，用独一无二的景观和文化提升乡村和民宿的价值。

2021 年 11 月刚刚获评全国乙级民宿，是对石光长城多年来脚踏实地与石峡村共荣共生用心经营的充分肯定。在北京市上千家民宿品牌中，荣获这一殊荣的只有两个民宿品牌，石光长城居其一。

在此之前，贺玉玲作为民宿领域的代表当选区政协委员已履职多年，

与这一领域的其他委员共同为当地民宿的健康发展发声。作为延庆民宿联盟的理事，贺玉玲积极配合文旅局做好与石峡村所属的八达岭镇域内其他民宿主沟通的工作，及时将各民宿品牌遇到的问题进行汇总，联络与同行之间的感情。而她拥有的"全国三八红旗手""全国旅游系统劳动模范""2018 延庆榜样"等称号，很容易赢得这些民宿主的认可，在履职上也便于开展工作。

她获得的这些荣誉，都源于尽可能回馈社会的本心。让更多的民间非遗在发挥社会价值中得到传承，是她将文化融入民宿经营的又一尝试，她想以这种方式证明非遗的价值。对于大量周边没有长城等资源为游客提供住宿之外打发时间的民宿而言，有吸引力的体验项目就成为增强民宿黏性的手段。作为非遗传承人，贺玉玲深知一项非遗技艺如果不为人所了解，就不可能被大众接受，这样的非遗迟早要退出历史舞台。如何为非遗技艺找到消费群体？贺玉玲多年的民宿经营经验，让她萌生了将民宿与非遗结合的想法。首先她看到自己民宿的客人有这方面的需求，村史馆就是客人体验民间技艺的空间。但在作为需求方的客人和作为供给方的非遗传承人之间搭建桥梁，需要有人出面组织。贺玉玲于 2017 年当选为延庆区妫水女手工艺发展促进协会会长后，大力推动手工艺在延庆各民宿落地。协会一方面将延庆非遗传承人进行盘点，成立巧娘工作室 20 余家，将几十项非遗技艺纳入提供方的名单中，明确为客人提供传承服务的费用标准；另一方面，通过民宿联盟将非遗体验项目清单发放给民宿企业，并提供协会联系方式。如果有客人需要服务，就可以与协会联系，由协会统一派出手工艺技师，这样既满足了客人体验非遗制作的需求，又为非遗传承人带来了收入。为非遗项目创造能获得收益的体验场景，这是当下乡村非遗项目得以传承的可持续路径，贺玉玲推出的这一举措，得到了手工艺人和民宿的响应，协会已促成了多场体验活动的开展。通过实践更好地理顺供需机制中存在的制约因素，尤其是在初级阶段赢得文旅部门的扶持，降低供需双方的成本，通过社团组织推进"非遗进民宿"顺利实施，一定会探索出理想的路径。正是坚信这一点，贺玉玲利用各种机会不遗余力地向外界宣传。她有这样的韧劲，认准方向绝不回头，尤其是在这种跨界共赢的事情上。

2021 年下半年，笔者作为延庆区政协年度重点课题特聘专家参与精品民宿发展现状的调研，与贺玉玲在一个调研组共同到共生社区示范村进行调研。在进石峡村调研时食宿都在石光长城自不必说，八月份到岔道村调研时，她不仅抽时间一起参与调研，而且提前返回石峡村安排接待事宜，中午为我们提供了极为可口的饭菜。而每次去石光长城调研，于我而言都是很大的福利——注定是不可能被辜负的美好旅程。

"妫水人家农业发展有限公司董事长"，这是贺玉玲多年来一直使用的头衔。回顾二十余年的企业经营，尽管经营的重心有所转移，但她的本心却一以贯之，那就是深爱生养自己的家乡并尽可能加倍回馈。当时在鸟巢附近开办餐厅，使用的是"妫水人家"的招牌，红火的生意让北京市区的百姓知道一直向北画延长线，就能找到延庆的母亲河——妫水，她用从未让

食客失望的特色美食，为家乡赢得荣誉；接受延庆区政府部门的邀请返乡创业，仅用了几年时间，她就让市民因一家民宿而知道石峡村、石峡关长城和附近的长城，让几万市民和众多的外地人来到这里感受到了长城脚下小山村的美好景致和淳朴民风，看到了民宿撬动乡村全面振兴的无穷潜能，在民宿同行中为延庆赢得了尊重。

2021 年冬至前夕，贺玉玲再次尝试突破自己：网络直播，在镜头前将从业经历、经营观念、村庄生活、长城故事、特色美食等几乎毫无保留地与粉丝分享。尽管刚开始多少显得拘谨，但在民宿这个讲求温度和黏性的生意面前，通过互动圈粉并促进消费转化，是必须要迈出的一步。她已经连续多日开麦直播，这在京郊民宿中又是吃螃蟹之举。相信她不遗余力传播民俗文化、长城文化以及惬意的乡村生活，以直播的方式为城里人打开这扇窗，会吸引更多粉丝的关注和支持。

作为民宿品牌的"石光长城"或许无法承载北京长城的全部意蕴，但足以承载市民对遍布北京北部山区的"长城人家"民宿的美好期冀。

石光长城民宿品牌历年获得荣誉

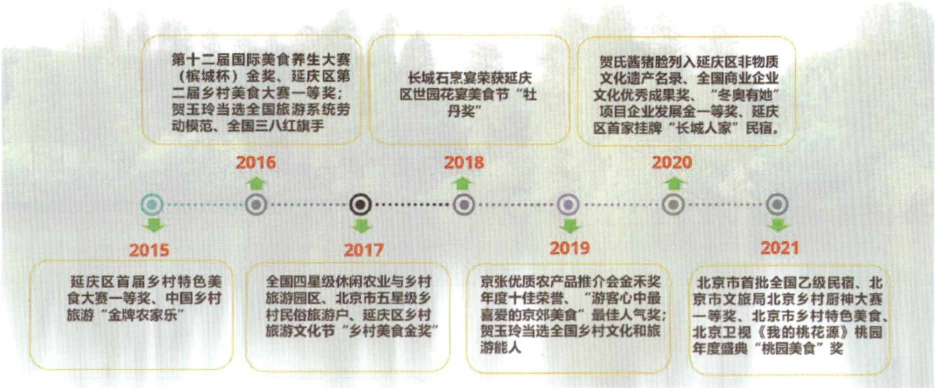

（本章供图：贺玉玲）

荷府：自然生态格局里的艺术民宿

2020年农历腊月二十二，带家人入住荷府，晚上和主人袁野一家人共进晚餐，充分享受了民宿主人亲自接待的礼遇。袁野气质优雅，笑容和煦，待人和气，三胞胎儿女对人彬彬有礼，不卑不亢，一看就是有良好家教的孩子。

袁野介绍说，当年这几个孩子出生时，北京市区的雾霾天气引发了强烈的生理反应，经过慎重考虑和多方考察后，袁野夫妇决定在延庆区八达岭附近购置房产，并在康庄镇火烧营村开始经营民宿。闲聊时得知我们双方的爱人居然是同一个市区的老乡，我与袁野又同为辽宁同乡，如此巧合之事让双方有了更多话题。

吃完饭后，孩子们随着老板娘去民宿的体验空间制作灯笼，其时已有几个小朋友与家长一起，正兴致勃勃地做各式各样的灯笼，而指导“老师”居然是袁野12岁的女儿，举手投足像模像样，显得很专业，是个称职的小帮手。在旁边的桌子上，整齐地码放着一大摞大红福字和对联，袁野说这是他的艺术家朋友住在这里抽空给写的，朋友多，各种字体和风格的楹联都有，能欣赏到各种风格的书法。这里无疑是孩子们的快乐世界，洋溢着浓浓的节日氛围。

随后孩子们一起到村里的乡情村史陈列室去参观。这个陈列室位于村委会二楼，面积约400平方米，有五十年前的农具、生活器物等展品300多件。袁野给孩子们讲收藏的各种农村老物件和农具的用途，以及设计这些物件的科学原理，让孩子们大开眼界。

走出陈列室，我们来到荷府门口的溜冰场，袁野的两个儿子招呼我们下场滑冰。这个冰场由荷府请专业浇冰师浇筑，对客人和村民都免费，如果想学滑冰，会有专业教练指导。此时冰面上两支队伍正在进行冰球比赛，激战正酣，看着很带劲。在乡村居然能见到这样一块高质量的滑冰场和热火朝天的滑冰场面，让人很感意外，颇为兴奋。

第二天上午，火烧营村的大喇叭突然“开腔”：“村民们，请大家马上到村委会的村史馆领对联。”怀着浓厚的兴趣向村委会走去，路上碰到了好几位七八十岁的老年人，相跟着有说有笑地从各家院子里汇聚到马路上，一起进入乡情村史陈列室。此时，火烧营村王桥海书记已将春联分好堆，来一位村民就送上一摞，老头老太脸上洋溢着满意的笑容。很显然，这些春联正是昨晚我在荷府里看到的。看得出，由荷府写春联、由村委会向村民送春联，这件事在火烧营村已成惯例，但对于离开农村几十年的我而言，却瞬间感到一股热流涌遍全身。如此温馨的画面，为我平生所仅见，我的手机里到现在还保存着若干张当时拍下的火红场面的照片。这一看起来不起眼的场景，恰恰提供了一个外来投资的民宿主人能在这里落地生根的理由。

一、艺术民宿激发乡村活力

北京的气候四季分明，这种特色也影响到了荷府的设计。不同季节到荷府，人们都不会感觉冷清。这是因为荷府整体风格所透露出的艺术气质，以及丰富多样的公共空间。在以粗犷为民居基本样貌的京郊，如果说有民宿能给人以园林风格的观感，荷府就可作为典型的代表。我问过几位经常到郊区体验民宿的游客，他们的回答是：从大路上拐进火烧营村，走在树木繁茂的乡间路，猝不及防间，看到一湖荷塘中间升起白墙灰瓦的徽派风格建筑，掩映在轻柔的绿柳中间，恍若来到了南方的秀雅园林。在微风拂面的夏夜，看着满塘的荷花，听着蛙叫虫鸣，沿着荷府在郁郁葱葱的村子里信步闲游，确实能感受到浓浓的南国情调，头脑中立刻浮现出朱自清先生的《荷塘月色》：“月光如流水一般，静静地泻在这一片叶子和花上。薄薄的青雾浮起在荷塘里。叶子和花仿佛在牛乳中洗过一样；又像笼着轻纱的梦。”不经意间在路上偶遇袁野，是很正常的事，他和家人就住在民宿里，没事的时候他会待在接待厅旁边的四和书斋里，客人可以到那里跟主人聊聊天。不管他在不在，一个鲁美高才生画家的审美和匠心，已经渗透进荷府的每一个角落，形成民宿主文化的强大气场。

袁野和创业团队在周边的多个村子都考察过，当他们看到这片荷塘后不禁激动万分。这片荷塘是王桥海书记带领村民对臭水沟进行改造，并远赴南方引进荷花品种营建起来的，此举无疑是为引得凤凰来而种植梧桐树的点睛之笔。作为一个鲁迅美术学院毕业，又在建筑设计领域长期工作的创业者，袁野很清楚一个高颜值、有独特景致的建筑对于民宿的长远发展意味着什么。长期做民俗经营的王桥海书记，在对各地乡村旅游业态的多方考察后，也清楚地知道在盘活村内资源、促进火烧营村更好地发展上，需要什么样的投资方。经过高效沟通，双方迅速达成统一意见，一项核心工作就是将村委会所在地让出来作为民宿选址，将租金用于新村委会的建设。村支书能将位于荷塘边的风水宝地忍痛割爱出让给民宿企业，一方面体现了这位履职多年的村支书和区人大代表求贤若渴、树桐引凤的高风亮节，另一方面也与袁野扎根村庄的诚意和能够为村集体经济发展带来的经济效益有关：袁野带领企业不但为村两委在村东头的原知青点设计、建造了办公楼和乡情村史陈列室，而且盖好了养老公寓和老年食堂。荷府的员工租住公寓多余的房间，减少了公寓的空置率；荷府负责经营老年食堂，每个老人只需要交 2 元钱，就能吃上一顿可口的饭菜。通过这种方式，火烧营村不但解决了村民养老和吃饭的问题，而且从企业获得稳定的租金收入，荷府也解决了员工的食宿问题。双方从合作开始，就确定了“共生”的基本模式，这种村企共生的基因，渗透到了火烧营村村庄发展的各个方面。作为村里主心骨的王桥海书记不遗余力的支持，是荷府稳步发展的重要因素。

进入荷府就会发现，“荷”已渗透进院里院外的各个空间，成为民宿的重要标识。接待厅、书房、卧室无不有荷花、荷叶或莲蓬的影子。袁野请艺术界朋友绘制莲荷油画，把它们摆放在世园人家壹号院合院连廊的

墙壁上和房间里，不经意间慢慢形成了浓厚的艺术氛围，这里俨然是一个小型的艺术展。住在这些紧邻荷塘房间里的客人，“举头望荷塘，低头看荷画”，自然美景和人工画作相得益彰，处处透露出艺术的美感。由于平时很少看到荷花荷叶，这种氛围对于北方人而言，具有特别的吸引力。

荷府所在的火烧营村，距离世园公园三公里，车程在十分钟左右。2017 年，荷府开始动工。历经两年的精雕细琢，荷府迎来了自己的高光时刻：为打造高品质的住宿产品，服务于世园游客，延庆区率先推出涵盖世园公园周边的民宿品牌——世园人家，荷府毫无争议地成为该品牌编号 NO.1，无论是民宿所处村庄的园林风貌，还是荷府鲜明的艺术风格，整体上呈现出来的气质都最贴近世园会的高端大气。

2019 年 4 月，世园会开幕前夕，荷府正式开门营业。在近半年的会展期间，选择荷府住宿的游客络绎不绝，其中不乏欧美亚非的各国游客。“当时很多外国游客到村里玩，看到荷府之后就决定住在这里了。”袁野笑着说。这对于一个没有任何经验的初创民宿而言，荷府的入场仪式堪称完美。

袁野多年商业经营磨砺出的敏锐判断力，是他能够抓住世园会这一千载难逢发展良机的重要原因。而他个人的艺术修养、审美趣味和对乡居品质提升方向的把握能力，又是他人生积淀和胸襟格局的集中体现。在世园会落幕后，争奇斗艳的园艺作品纷纷褪去繁华之际，能够留下来的产业形态并不多，但荷府是个例外。世园会让市民知道了在京郊还有荷府这样高品质民宿的存在，认识了在农家乐之外，还有能够满足游客中高端住宿需求的精品民宿。将新型住宿产品借世园会之机进行普及，让市民看到了乡村不同于以往的新面貌，这是荷府在市场教育上做出的启蒙贡献。

二、社会企业拓展村企合作的广阔空间

荷府是我隔一段时间就要光顾的地方，每一次造访都会有新发现、新感觉，因为袁野民宿生意的版图总在不断变化。而每次去几乎都能碰见王桥海书记，如果不是偶遇，袁野也会打电话请他过来一起聊聊。2020 年春天过去拜访时，两个人正在谈荷塘改造工程，袁野介绍自己为这个项目义务制作的招标书。他从专业角度提出改造思路，希望中标方能为村里打造出更适合游客需要的荷塘。随后，王书记带我去看村里的乡情村史陈列室，他告诉我，这个陈列室也是袁野给设计的，包括在建的停车场，也有袁总的贡献。看得出，袁野的规划设计专业能力在村里已经发挥了重要作用，成为村两委倚重的外来力量。

实际上，在发展民宿产业上，村企合作的深度和广度对双方都有直接的影响。失去村里的支持，民宿很难得到良性的发展。而要维系良好关系，民宿企业要拿出足够的诚意，尽可能深入地支持和参与村两委管辖的工作。随着在村里驻守时间越来越长，袁野对火烧营村各方面情况已有深入的了解，对村内各方面资源的梳理是他经营民宿之外花精力最多的事情。为便于开展工作，火烧营村成立了合作社，吸收有农宅出租的农户入社，由合作社出面谈农宅出租事宜，为荷府降低有可能与农户产生纠纷的经营风险。在合作社的推动下，荷府将符合条件的宅院统一按二十年的租期承租，改造了一个又一个院子，目前已拥有十余个院子五十多套客房，既有单间客房，又有独立四合院，能够满足个人、家庭及团建的各类需求。

荷府以整村运营的方式让火烧营村村民得到了实实在在的收益。最先与荷府合作的村民王占云的老房子改造成精品民宿后，在世园会期间正式营业，他也是最早拿到财产性收益的村民。王占云高兴地说："老房子闲着也是闲着，租出去一年就有好几万的租金，还能给咱们村带来人气，我觉得挺好的。"王桥海书记也放心地将自己家的半个宅基地租给荷府，像其他村民一样每年获得固定租金。

已经形成规模的荷府民宿，几年间吸引了数万游客入住。旺盛的人气让村民们也动起了做民宿的心思。目前，几户农家按照精品民宿标准打造全新的院子已开门迎客。在经营旺季，荷府无法容纳更多的客人，袁野会将他们介绍给其他民宿，主动引流给他们。

袁野发现，有的游客不想住高端民宿，但对普通农家院提供的服务不满意，他会主动与那些

暂时还无力升级为精品民宿的民俗经营户进行沟通，指导他们在装修风格和特色餐饮上加以提升。比如农福兴农家院主人刘玉萍，就根据袁野的建议做了提升，开始接待袁野推荐过来的客人，已经尝到了甜头。

荷府 2019 年开始经营至今，与村里几百口人的关系越来越融洽。员工与村内的老人同在一个食堂吃饭，同住在老年公寓，这些年轻的面孔让老人们感觉很亲切，他们在村里相遇时的互致问候，让村里增添了几分生气。袁野早已经将自己视作村子里的固定成员，无论谁家有婚丧嫁娶、红白喜事，他都会主动出面，随上份子钱，真诚地送上问候或祝福，俨然是村里的老住户，在村里的声望也日渐提高，大家都会觉得这是一个值得信任的新村民，能给村子的发展带来好处。尽管民宿常年客人不断频繁出入村子，尤其是旺季时游客的数量远超本地村民，不可能不对村民的正常生活产生干扰，但村民表现出的悦纳与宽容，证明了荷府在处理村民关系上是成功

的。近几年来火烧营村的市民热线投诉率一直为零，这一难得的成绩是对民宿促进社区共生实效的最好证明。

2021 年夏，火烧营村成为延庆区首批民宿社区共生示范村，这一殊荣无疑是对村企无缝合作、携手共进的最高褒奖。王书记已明确表态，示范村建设的扶持资金将重点用于村内设施农业基地的升级改造，作为荷府共享农庄用地，以实际行动全力支持荷府生态农场棋局做大做强。

三、生态农场承载更大梦想

了解袁野的民宿同行，评价他最常用的字眼是：踏实、专注、爱动脑。在我接触过的延庆区民宿主中，袁野最低调，很少主动参与圈内的活动，他把更多精力放在了民宿经营方向的探索上。在多次去荷府调研时，大部分时间他都在自己的共享农庄里，衣着打扮与当地农民毫无二致。赶回民宿时他不是拿回青菜就是草莓，上百种生态农业产品除了直接提供给住宿的客人享用有机绿色食品外，还要用快递定期派送认领共享农庄产品的市民会员。

袁野不但将民宿开办在乡村里，而且以现代农夫的身份躬耕于田间地头，直接参与食品供应的最前端，让民宿的根系扎得更深、更实。荷府的接待大厅里总有配送的蔬菜、鸡蛋和水果，还有当地村民手工制作的各种工艺品，养了多年的两只猫常常出没其间，让人感觉到浓郁的乡土味道和生活气息。

荷府经营的共享农庄距离民宿不远，租用的是隔壁村子的设施农业基地大棚。二十余个大棚可满足 300 个会员每周配送一次有机蔬菜的需求，为十个左右村民提供就业岗位。如果荷府能顺利接手火烧营村的设施农业基地，可以改造为有机农场的二期工程，吸纳更多村民就业。服务于民宿经营的员工，空闲时也会到这里帮工。尤其是冬季民宿进入淡季时，员工则成为农场的主力，有了这份工作，他们就不必在这个季节另找差事赚钱。袁野说，对于民宿经营来说，人员的稳定对于确保服务品质很重要，如果冬闲时把员工打发走了，等需要时再找回来，这些员工要重新适应，工作状态肯定会有起伏，这种以服务品质下降作为代价的做法，是许多民宿无法破解的难题。袁野的团队里有好几位员工从他创业时就在一起，这些共事长达十几年的员工能将个人利益与企业的发展结合在一起，个人的存在感和事业的稳定感更容易激发热情和创造性，这对于企业的长远发展非常重要。

荷府之所以能在民宿经营淡季也能让员工保持正常的工作状态，是因为农场一直处于成长阶段，总是有新的方向在探索，总有做不完的事。农场在袁野的民宿经营布局里占据特殊地位，他不是心血来潮随便玩玩，而是将农场视为至少与民宿业务同样重要的另一项事业。他通过多方打探，找到农科院土壤研究专家，隆重邀请对方到农场了解土壤状况，并达成用最先进的方法对现有土壤进行全面改良的共识，这项工作正在稳步推进。他告诉我接触过不少土壤专家，他要找最牛的专家，真正能满足他的期待和要求。而对专家做出有效遴选的前提，一定是花费了大量的时间和精力认真做过研究，民宿主中很少有人愿意下这样的工夫。他还说后面会请专家帮他育种，从源头上确保食品品质。这种其他民宿人压根不敢想的事，他已经酝酿了好久。

我相信他判断的专业性，是因为在另一件事上的亲身经历。他希望依托农场开展农业生态教育研学，请我找这方面的专家。我将认识的一个团队介绍给他，并陪他去见了对方。在谈过之后他告诉我，虽然对方是有多年经验的知名研学机构，但在他所期望的课程开发上，并不能帮上什么忙。看得出他对要做的事有过深入的思考，知道自己到底要什么，如果条件不具备，他会耐心等待时机，不轻易启动。如果他开始做了，说明已经想清楚了，这件事已经八九不离十了。

我将这视为从事艺术创作的人的知识迁移能力。画家在动笔之前，会将每一部分想清楚才拿起画笔，一气呵成出成品，这种独特的做事方式往往会呈现出令人惊艳的结果。每次去荷府都很期待吃到从农场到餐桌的菜品，味道确实地道。听说农场依循以菌抑菌、以虫控虫、以草治草的自然农业生产方式，我特地带着家人去农场的草莓大棚里考察，亲眼看到采用益虫消灭害虫的先进手段和利用高科技控制室温的方法，尝过那里的草莓才知道什么才是真正不使用农药、化肥长出来的果实。袁野在向我介绍这方面的知识时从容自然，信手拈来，让人不得不信服。

住在荷府的客人能吃到看得见、可溯源的菜品，眼见为实、亲身体验之下建立的信任感，让这些客人离开民宿时愿意把它们装在后备厢里，回到家后会选择成为共享农庄的会员，每周吃到不下十斤的快递蔬菜。民宿成为以主人为核心的信任平台，基于这个平台可以让民宿和客人结成紧密的信任关系，之后就可以将包括民宿客房在内的服务源源不断地供给客人，实现对客人的深度开发，这就是荷府在民宿之外的业务持续发力的基本逻辑。

袁野名下的公司，除了直接投资运营民宿的北京火烧营民俗文化发展有限公司外，还有长城文艺复兴、华夏英才汇、华夏文艺复兴等。这些公司着眼于不同的业务方向，是袁野以民宿为基本盘，建立集农业、科技、文旅、教育、艺术于一体的田园综合体矩阵企业的有机组成部分。比如华夏英才汇文化发展（北京）有限公司着力于青少年文化艺术教育业务，目前已建成延庆区康庄镇域内最大的青少年文化艺术教育培训综合平台，农庄能够承接乡村田园生活体验项目，为青少年研学教育提供相关服务和课程。有了专业团队的支持，民宿客人如有这方面的需求，随时可以得到满足。民宿内专门开辟出的艺术馆和画室，已经让很多孩子爱上了画画，并在艺术氛围的感染下拿起画笔，描绘亲身感受的乡村美景，临摹民宿里随处可见的数百张字画。

和袁野多次对谈，发现自己常常跟不上他的思路。站在荷府壹号院合院二层的露台上，视线划过脚下跃动的荷叶往南眺望，看到的是莽莽苍苍的八达岭长城；回过身，视线掠过葱郁的园林望向北边，看到的是2022年冬奥会举办地海坨山。我明白，这就是眼界决定胸襟。我们这些行走于钢筋水泥丛林的过客，和这个已在乡村深深扎下根的探路人，早已不在一个段位，当然缺乏天马行空的想象能力和双脚踩在大地上获得的定力。

他曾经不无得意地说：张老师，您看我门前的这个冰场，哪个冬奥人家的民宿具备这样的条件？此时，延庆区正在大力宣传长城、冬奥、世园、山水人家四个区域品牌，我才恍然大悟：荷府岂不是具备了这四个“人家”的所有元素了吗？荷府品牌就像他这个人一样，无法用任何标签加以限定，这就是一个艺术范儿的企业家在扎根乡村后在创造力上展现出来的无限张力。

袁野有一次跟我说过一句话，让我的思路干脆短路：未来有一天，我的民宿可以不卖钱，民宿将是我其他业务的配套设施。我想他在说这句话时是认真的，这样的想法，已经将绝大多数民宿经营者甩开了几个身位。

在袁野对外宣传的一张PPT里，有这样几行字：

佛为心，道为骨，儒为表，大度看世界。

技在手，能在身，思在脑，从容过生活。

三千年读史，不外功名利禄；

九万里悟道，终归诗酒田园。

坦白说，我已经无法跟上他的节奏，绝大多数的民宿同行也看不懂他的棋局。最简单的方法，就是从这几行文字里抽出关键词，我得到的是“田园生活”，也许从这四个字里，多少能参悟出他的生命底色。

荷府品牌各项目开业时间

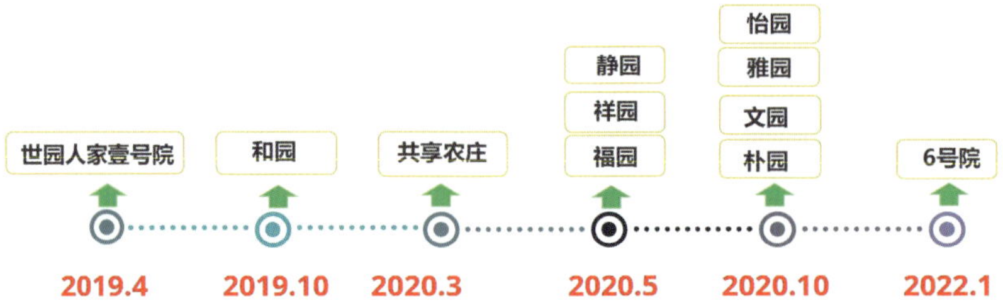

（本章供图：袁野）

原乡里：不谋一处无以谋全域

在我刚刚进入乡村精品民宿研究领域之时，通过在南方做民宿运营的学生介绍，得以认识曹一勇，那时他的身份是延庆民宿联盟会长，之后知道他将“原乡里”民宿品牌从延庆拓展到河北，再后来知道他是延庆区政协委员、北方民宿联盟轮值主席、北京市旅游协会民宿分会副会长、文旅部认定的乡村文化和旅游能人，最新的身份是延庆区政协常委。而他的每一个身份，都跟他在做的工作紧紧联系在一起，这些头衔或荣誉只是在他日常工作的时间线上打的一些着重点而已。在我懵懵懂懂地向他发出第一条求教微信至今，几百条微信中绝大多数都是他为我释疑解惑的内容。有关民宿发展尤其是延庆区当地民宿的情况，他的答复可谓“知无不言，言无不尽”，对于我迅速进入这一领域尤其是及时了解民宿经营的最新状态助益良多。原乡里自身的经营有一定特色，已跻身北京市知名品牌的行列。如果将曹一勇放在延庆区及北京市民宿发展的整体格局来定位的话，我更想将原乡里作为曹一勇发挥更大空间的发力基点：管中窥豹，进而指点民宿江山。

一、做好“土，但不掉渣”的原乡民宿

作为国家一级建筑师，曹一勇足迹遍及全国各地，和家人到外地旅游住过好多地方。大约在二十年前，偶然住在江西婺源的民宿里，感受到民宿主人的惬意生活，享受乡村的美丽景色，不禁心驰神往，很期待那种美好的状态能够成为人生常态。那时他就在想，如果能为别人创造这样的住宿产品，一定是有价值的。对云南大理、丽江及莫干山民宿接触多了之后，他认定这种产品形态在北方一定有发展前景。

2015 年，曹一勇承接河北省承德市政府委托的美丽乡村规划项目，开始接触民宿行业。就像其他因情怀入局的民宿人一样，曹一勇因喜欢这样的生活状态，于是开始在北京郊区寻找适合落脚的村子，选择重点放在了延庆区。当他把希望在郊区开办民宿的想法表达出来后，时任延庆区旅游委副主任郑爱娟很认同曹一勇对民宿的认知和发展理念，希望原乡里入驻延庆区后，能起到引领民宿行业发展的作用，于是为他引荐基础条件较好的村子。他经过考察后迅速做出决定，于 2016 年 9 月在延庆区珍珠泉乡水泉子村合伙投资开办了在北京的第一家民宿“原乡里·水泉 031”，一年后又在三司村落地项目，从此开启了他与延庆民宿产业深度融合的新征程。

作为以设计师身份创办民宿的投资经营者，曹一勇有机会在多个场合面向公众表达自己的民宿“心经”，其中关于乡村民宿“土不掉渣”的标准，是得到业界认可度最高的观点。民宿投资人作为外来人员，在进入乡村从事民宿生意，

不破坏村落的整体环境和肌理应成为基本底线。无论对院落如何改造，建筑外观都要与村庄原貌和本地建筑样式协调，尽可能像自然生长出来的样子，不能过于另类，这也是对自然环境、乡村历史、文化传统的尊重和敬畏。传承不能以牺牲便捷舒适的现代生活需求为代价，而是要通过设计，提升传统建筑的艺术品味，这主要通过内部装修来实现，就是要尽可能满足城里人的接受习惯，与市民日常生活所要求的硬件条件尽量匹配，以确保市民入住后感觉舒服、方便，不能有太大落差，否则就成了农家院，这样的民宿很难得到中高端人群的认可。在民宿空间布局上，原乡里很注重公共空间的设计，尤其是作为接待大厅的乡哩吧，让客人在走出院落后能够有足够的休闲空间放松身心，在有条件的院子里提供书吧和茶餐厅。在小院的空间设计上，当地品种的树木对于乡村而言不可或缺，杏树、梨树、山楂树等成为体现院落生命力的要素。

尽管曹一勇做过大量城市建筑设计工作，留下了不少获奖作品，但他对乡村民宿设计更为看重，一是因为在这里能够让建筑设计师发挥创意的空间本就不多，物以稀为贵；二是因为他主导的这些乡村建筑尽量使用传统工艺、传统材料甚至用传统工匠，这些建筑更像是从原始村落中自然生长的状态，用这种方式打造出的与当地自然、人文资源有机融合的物理空间更接地气，这样的民宿具有更为持久的生命力。

曹一勇将民宿视为无法定价的玉器，最吸引人之处就在于不同于城市五花八门建筑的质朴感，正是这种独特的乡土味道，对于喜欢乡居生活的人有特别的吸引力。原乡里在设计上有意避开时尚，也不走网红路线，而是注重对在地文化的发掘，让入住的客人能体验乡村的美好。曹一勇认为做民宿跟做人是一样的，要有自身的内涵、文化、底蕴，用有特色的内容让客人感觉到温度，给人以宾至如归的感觉。尽管原乡里在三司村和水泉村的民宿已建了五六年，在建筑形式上可能不如近两年新建的民宿，但对客人的吸引力并没有减退，反而随着时间的沉淀更有魅力。

二、为民宿经营做好示范标杆

《跟着书本去旅行》作为中央电视台以中小学课本或经典名著为线索的一档体验式文化教育节目，由嘉宾葛剑雄、蒙曼等参与在原乡里录制的《书本里的年味儿》系列节目，2022 年春节期间在央视科教频道播出。事实上，这不是原乡里第一次接待主流媒体的节目制作。安徽卫视制作的全国第一档文旅类民宿体验节目《民宿里的中国》，旨在挖掘中国最有设计特点、服务特点、人文特点的民宿，并由民宿延展到在地的乡村，体验乡村的自然风景、历史人文、美食茶饮、非遗风物。2022 年元旦开始栏目组以原乡里作为民宿品牌代表进行录制，已在安徽卫视播出。不但有多档类似的电视节目以原乡里民宿作为拍摄对象，而且有电视剧将民宿作为取景地，如反映抑郁症患者情感生活的《爱上你治愈我》，就将大结局的部分在这里拍摄。曹一勇说，所有这些摄制组都是因为客人的口碑自己找上门的，这在一定程度上反映出原乡里品牌得到市场认可的程度。爱能解决一切问题是电视剧《爱上你治愈我》要表达的核心主题，主人公的情感在原乡里的民宿里得到升华，这恰恰符合曹一勇对品牌调性的设定：适合客人需求的民宿能让人对空间环境产生亲近感并促进居住其间的人之间的情感共鸣，在这里获得能量的补给，这恰恰是今天的城市人减少焦虑、增进信任关系所需要的，也是民宿与其他住宿产品相比的独特功能所在。当一家民宿能承载情感纽带的作用，说明民宿的经营是成功的。

让入住的客人体验乡村习俗和农事活动，尝试在城市接触不到的事

物，是原乡里从一落地就明确的运营内容之一。利用当地资源安排丰富多彩的活动，原乡里探索出的增强民宿黏性的方法就是在做时间管理服务。住在原乡里的客人可以在管家、店长的指导下，以当地松塔为原料，用各种颜料在上面涂色，这种松塔彩绘活动特别适合亲子家庭。位于长

城脚下的三司村土质优良，长城砖就是用这里的黄土烧制的。当地有用黄土制作大地窑纯手工烧烤古法叫花鸡的传统工艺，原乡里因地制宜，让游客在这里可以完整体验从和泥、砌烧烤炉、拾柴到腌制鸡肉、烧烤、出炉、“开鸡”的完整过程。大地窑还可以烤面包、水果、土豆、红薯、玉米、披萨等，客人可以跟店长一起完成，还可以发挥自己的想象力，将能想到的美食统统用窑炉做出来，“万物皆可烤”的 DIY 体验活动特别接地气，让每个客人都能感觉到满满的收获，这也成为原乡里最吸引人的内容。游客还可以参加亲子沙雕、一日农夫、手磨豆浆、民间非遗制作等发挥创意、亲近自然等丰富多彩的活动，为孩子提供接受自然教育和农耕文化熏陶的好机会。以当地烧制的瓦为材质，让孩子们亲手参与拓瓦片活

动，这是最受欢迎的体验活动。为了让更多人了解这些民间土法技艺，民宿店长会对上述体验活动进行直播，比如在入冬后无风景可看的季节举办叫花鸡制作的全过程，地地道道的土法制作流程让城市人大开眼界，这也成为民宿圈粉的有效手段。

为更好地开发本地食材的价值，原乡里率先与北京市文旅局推出的“大厨下乡”项目对接，将名厨培训厨娘制作的当地特色美食“白河鱼宴”引入民宿中，提升了民宿餐饮服务的接待水平。入住的游客可以按菜谱点餐在民宿享用，收益归提供餐饮的厨娘所有，为村民开辟了一条增收致富的新路，将“民宿＋村集体＋村民”融合发展的社区共生模式推向深入。目前民宿能够提供的特色菜品有味道地道的司家柴锅白河大炖鱼、绵密香甜的双色南瓜炖、金黄松软的柴锅贴饼子等，这些享用过点餐配送服务的游客口碑让更多的“白河鱼宴”走进井庄镇的各个民宿，提升了民宿的吸引力。

建筑师从不缺创意，曹一勇能将少有年轻人的乡村与青春勃发的时尚乐队发生关联。2018 年中秋前夜，由 Sense（神思乐队）带来的一场乡村 live 演出在“原乡里 · 三司”所在的三司村开演，吸引了入住的客人、周边村子的游客以及本村村民，所有来到现场的人都被热情的表演所感染。游客们颇为感慨：想不到距离市区近百公里的地方，居然能看到这样一场高水准摇滚风格的演唱会，这样的活动即使在城市也不多见，在乡村演出更是破天荒。曹一勇希望通过这样一场城市与乡村混搭的方式，吸引更多人关注乡村民宿，告诉公众民宿恰恰是城乡融合最为典型的文旅产品，城市元素与乡村场景的结合，能够创造无限可能。因此，这场出现在乡村的现场演出，因其特殊的新闻效应而得到公众的关注。2019 年 9 月份，由区文旅局全面介入的类似演出活动扩展到多个村庄，而且是连续几个周末持续上演，毫无疑问这是为提高金秋民宿的入住率造势，为当年“十一”黄金周预热，这一大手笔的直接推动者就是曹一勇。此举进一步提升了延庆民宿在市民中的影响力，带动了当年民宿客房入

住率和延庆民宿区域品牌的普遍提升。原乡里不但有高品质的民宿产品，同时能通过不同凡响的营销手段吸引公众的注意力，曹一勇的商业经营头脑，让原乡里民宿品牌一直能够进入公众的视线，这种突破常规的经营意识对其他品牌有不同程度的启发。

“原乡里·三司”正常年份的入住率超过 50%，不仅解决了村民就业、带动了村民增收，让加入合作社的村民获得分红收入，更带动村容村貌的改善，提升了村民的经营意识。该项目已成为北方民宿联盟内部参观学习交流的标杆项目，也是民宿同行学习交流的必选项目。以开放的意识和胸襟做人做事，格局才能越来越大，曹一勇始终坚信这一点。

三、从延庆到北方的民宿盟主

曹一勇交际面广，为人随和，在做民宿设计过程中接触过很多民宿主，对民宿的总体情况比较了解。他发现从事民宿经营的人来自各行各业，每个人的诉求各有不同，对民宿的认知千差万别，普遍处于刚入门的状态，找不到与政府部门打交道的渠道，于是

萌生了将分散的民宿主组织起来共同发展的想法，并跟延庆区头部民宿品牌负责人进行沟通，得到了大家的积极响应。刚好延庆区文旅局也希望能够有这样的组织将政府部门的指导意见落实到位，于是在2017年正式成立延庆民宿联盟。联盟实行理事会制，发出动议的头部民宿品牌为理事单位，曹一勇被推选为理事长，就是民宿联盟的“盟主”，官方叫法是“会长”，开始推动延庆区民宿走向健康、规范、互助发展之路。

为便于开展工作，联盟专门成立了秘书处并聘请了专职秘书长，处理联盟的日常事务和与文旅局的日常沟通工作，秘书处办公地点就设在

文旅局，这里就成了曹一勇定期打卡的地方。为更好地发挥民宿联盟对于规范本地民宿发展的作用，理事会经过认真讨论，出台了《北京市延庆区民宿联盟章程》，对加入联盟的民宿企业设置了一定的门槛，随后又出台了北京市首个民宿评定标准和奖励办法，延庆区也是第一个全员签署联盟文明公约的行政区。一系列做法的意图很明确，就是要从源头上确保民宿的品质，提高民宿企业高标准经营民宿的积极性。延庆民宿联盟致力于“服务会员、政府、行业、社会”四个服务的宗旨，定期举办培训、技能风采大赛，推动渠道资源的对接共享，不仅成为政府规范、扶植行业发展的重要抓手和纽带，而且为区域性民宿行业组织发挥了引

领作用，为区域民宿一盘棋发展起到了示范作用，为延庆区全域旅游发展做出了贡献。

曹一勇认为，北方民宿与南方相比有一定差距，在北京市和延庆区的民宿发展上民宿主们也远没有达成共识，迫切需要通过行业交流提升大家的经营意识，学习南方地区民宿发展经验。经过与延庆区政府的沟通，理事会决定由延庆民宿联盟作为承办方召开北方民宿大会，邀请全国知名品牌民宿操盘手和从事乡村建设的从业者通过论坛进行交流。从2017年开始，大会先后以“打开北方民宿的一把钥匙”“共谋发展，盛会场景下的民宿生态”“乡村的荣耀”“共生社区”为主题举办了四届大会。这些主题紧跟国家发展战略，结合区域民宿发展现实进行深入探讨，吸引了诸多北方地区民宿投资、运营领域的从业人员和各地政府主管领导参加。曹一勇以身兼中国旅游协会民宿客栈与精品酒店分会副会长的便利条件，与全国性专业社团建立起紧密的互动合作关系，将多个南方地区民宿行业领军品牌代表邀请为主讲或对话嘉宾，尽可能让专业人士的观点对从业人员提供切实的帮助。大会不但为北方及当地从业者带来观点的启发，而且带动了南北方在资本、运营、品牌等多层面的合作，整体推动了延庆地区民宿经营意识和理念的提升，对北京其他地区民宿发展起到促进作用。

随着民宿经营经验的积累和视野的扩大，曹一勇将北京周边地区的民宿发展也纳入通盘考虑的范围，萌生了建立北方民宿联盟的想法。经过与天津、河北、内蒙古乃至更大范围政府部门、民宿主的沟通，达成了建立北方民宿联盟的合作意向。在2018年第二届北方民宿大会召开之际，经北京市旅游行业协会协调和支持，民宿联盟召集了京津冀蒙四地

民宿行业沟通会，联合44家创始成员单位共同成立“北方民宿联盟”，到2019年第三届北方民宿大会召开时，该联盟成员单位已发展到13家协会组织和213家品牌企业成员单位。这是国内第一家跨省级行政区域的行业组织，在资源共享、协同发展理念的指导下广泛开展学习和交流活动，曹一勇先后带队跨省授课十余次，推动了延庆区与河北省张家口市、承德市和内蒙古自治区兴和县在民宿品牌共建、民宿集群项目开发建设等领域的深度合作，一定程度带动了北方民宿行业的发展，并影响了更多地区跨行政区域联合发展的进程：分别以厦门、成都行业协会为召集单位的“南方民宿联盟”和“西部民宿联盟”，都对北方民宿联盟模式有所借鉴，这算得上是北方地区对其他地区民宿所产生的行业影响力。经过这一大手笔的运作，民宿联盟大大提升了延庆在北方乃至全国的认知度和区域民宿品牌形象，延庆民宿发展格局也得到了很大的提高。

曹一勇不但积极倡导北京与外省市的合作，而且身体力行亲自参与其中。在延庆区的两个项目落地不久，他就在河北省保定市神星镇中峪村落地了“原乡里·柿子沟”项目，2021年又在河北省承德市土洞子村接手当地政府的民宿扶贫项目，以运营商的身份承接“原乡里·自在洞天”项目，将北京民宿项目积累的客户向这里引流，大胆进行融合发展的模式创新。

曹一勇作为民宿联盟的操盘手，有责任向业界发出延庆民宿的声音，因此在每次民宿大会上都会不遗余力地推介延庆民宿的整体发展情况，并以从业者的身份对行业现状发表独立见解。在2020年的北方民宿大会上，曹一勇以《延庆区精品民宿共生社区的探索路径》为主题进行演讲，结合延庆区民宿发展的实际情况，全面阐述了以共生理念推动乡村精品民宿发展的观点，倡导由政府主导，发挥企业的主体作用，多个利益相关方以民宿为载体和平台，共同促进乡村建设，这代表了延庆区乃至北京民宿的价值主张，在行业内赢得了广泛共鸣，这也成为指导北京地区民宿发展的基本理念，在民宿主中达成广泛的共识。

四、组织共生的旗手与推手

由曹一勇大力推动的“合宿·延庆姚官岭”品牌项目和支持民宿发展的“千院计划”金融项目，以及在疫情期间促成政府出台政策为民宿企业疏困等，这些在推动延庆区民宿发展上的突出表现，赢得民宿主的普遍认可。他以民宿联盟会长身份积极为行业发声、为政府建言的态度，得到延庆区政协的关注，于2019年吸收他为区政协委员，以民宿代表身份参政议政。曹一勇在向政协做提案时，既能结合原乡里经营遇到的实际问题，又能超脱自身情况，站在全行业发展的角度提出富于建设性的观点。在他的积极努力下，关于民宿发展的专项研究于2020和2021年都成为延庆区政协当年的重点调研课题，由时任政协副主席刘明利亲自主抓。曹一勇很珍惜这一身份，希望借助这个平台有效推动组织共生。

在他看来，在国家大力推动乡村振兴的五个方向上，相比于产业、人才、文化、生态的振兴，组织振兴是相对难于推动的领域，因为这会带来结构性的变化，与既有的利益格局发生冲突。但如果不能在这方面有所突破，将会影响当地民宿的高质量发展。曹一勇在跟民宿主交流中发现，随着大家在乡村经营民宿投入资金和时间的积累，越来越感受到话语权的缺失已成为影响民宿主长远发展信心的制约因素。民宿企业在村里能不能得到重视，民宿发展规模能不能得到持续扩展，很大程度上取决于村两委尤其是村书记或村主任的个人好恶或人品，过多的“人治”因素限制了民宿企业的积极性。目前的基层治理体制中，尚无对返乡入乡人员的组织接纳渠道。而这些已经在乡村扎根的市民无疑是乡村振兴最为核心的资源。如何能够在制度设计上实现突破，让这些新村民拥有一定的话语权，甚至能参与村两委的工作，这是当下最重要的议题。毕竟能够进入政协直接以提案的形式反映心声的民宿人只是少数，更多事务要在村内参与。

在2021年的精品民宿专项调研中，因笔者作为延庆区政协特邀专家加入课题组，有机会与他就这个问题进行探讨，在达成一致意见后，在延庆区民宿社区共生的专项调研中将民宿主参与村两委事务的组织共生问题作为调研重点之一，广泛了解民宿主意愿。在他作为负责人牵头研究项目的过程中，不管其他事务有多忙，他都尽可能亲自参与调研，每到一处，各民宿主都会真诚相待，将自己的想法和盘托出，看得出同行对他都很信任和倚重，很配合我们的调研工作，因此在调研进度上得以顺利推进。在撰写研究报告上，他也能根据与政府部门打交道过程中了解的信息，恰当把握分寸，体现出对与民宿相关的各个环节融会贯通的智慧，报告的顺利通过自然不在话下。在结项评审会上，主管领导给予了高度评价，并希望由曹一勇牵头的民宿系列调研能持续推进下去，为当地民宿的稳步发展发挥好参政议政的作用。

2021年年底，在延庆区政协换届选举中，曹一勇当选政协常务委员会委员，与他一起当选的还有另外两个民宿主。他不认为自己当选对个人来说有多大意义，而是把这件事视为政协对民宿在区域发展作用认知上提升到了更高层面，这才是更值得高兴的事。有了这样的身份后，他就有更多机会把民宿主的意见充分地表达出来，也有可能让民宿发展议程得到更多的关注。

曹一勇现在的社会职务很多，但他会拿出大部分精力投入到原乡里民宿经营和延庆区民宿整体发展上，他已明确锚定了这一方向，这会成为他今后事业发展的重心所在。曹一勇选择民宿这个行业无疑是幸运的，对于延庆民宿而言，选择他同样也是幸运的。

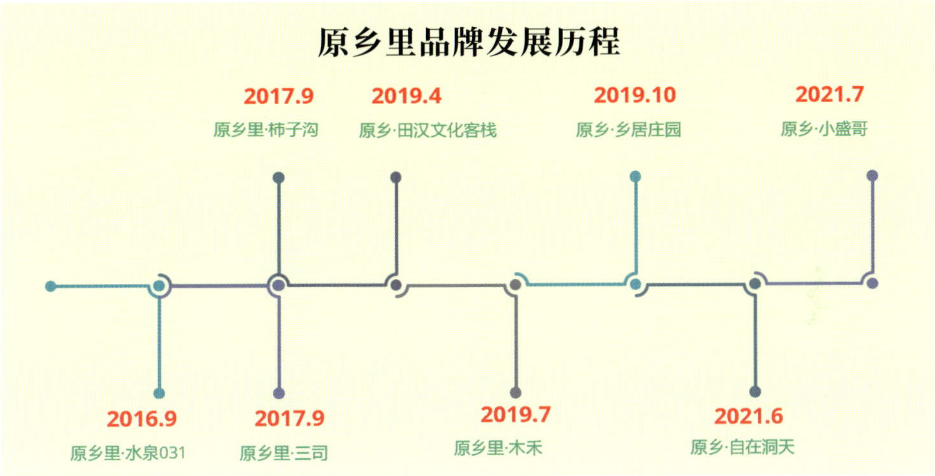

（本章供图：曹一勇）

岑舍：广告人返乡盘活民宿棋局

岑舍创始人黄欢是我做精品民宿研究最早接触的民宿主，当时他的民宿生意已步入正轨，成为怀柔区重点推荐的民宿品牌。当年由于岑舍的设计和接待服务都得到游客的好评，成为怀柔区首批金宿及设计奖得主，是得到政府部门奖励资金最多的民宿品牌。见面的第一感觉是这个返乡的青年人颇有艺术范，心气很高，意气风发中透露出诚恳。中间偶有联系，待两年后再见面，岑舍已经走出四度河村，不但在别的村有民宿项目，而且还在怀柔区慕田峪长城脚下最为知名的北沟村建起了一家颇具特色的高档餐厅，这一超出常规的跃升之举令人刮目。返乡青年围绕民宿不断升级换代持续为家乡振兴倾注力量的创业故事，为民宿促进城乡相成提供了另一种值得关注的模式。

一、归来就做最本真的民宿

黄欢是地地道道的渤海镇四渡河人，和其他有梦想的青年一样，当年考大学填报志愿时想看看外面的世界，于是选择了南方的大学，毕业后在北京市内就职于广告公司，经过一番打拼，逐渐成长为公司骨干，事业正处于稳步上升期，美好职业前景已向他敞开大门，他只要按照常规一路向前，过上白领人群的体面生活不在话下。但对于从小就不乏艺术细胞的黄欢而言，敏感的神经让他对中规中矩的生活节奏心生厌倦。当“逃离北上广”还只是城市小白面对大城市的压力率性调侃时，黄欢已打定主意动真格，决定回几十公里外的老家，开始尝试与以往完全不同的生活方式。

因路途较近频繁往返于城市和乡村，他有足够的机会让自己放空，任由心灵天平的平衡点在城乡之间自主滑动。当平衡点越过中线不断向乡村倾斜，黄欢明白自己的选择应该是什么。在征得妻子的同意后，他很快辞去了总监的职务，带着妻子以返乡青年的身份开启全新的事业，这一年是 2013 年。

尽管多年来黄欢一有时间就回家帮父母打理自家的果园生意，但当他们看到临时帮工竟然要将经营果园变成常态，被寄予光耀门楣厚望的独子要打翻市里的金饭碗回乡务农，一时间难以接受。在他们看来，由农村进入城市才算是展翅高飞，逆行绝不在他们的选项之中。当黄欢将果园的屋舍进行全面整修、重新做了完备的灌溉系统、从各处移栽从入夏吃到初冬的各式品种的果树，尤其是正式将“歇歇角”的牌子挂了起来，他们明白一直不按常规出牌的黄欢笃定要走一条不同以往的新路，在民俗经营上开始玩真的，也就不再表示反对。

凭着自己对餐饮的潜心钻研，这个能够为游客带来新鲜水果、蔬菜和特色鱼的小院落，因成功占有了游客的胃而有了比周边民俗经营户更多的人流。那些周末到怀柔游玩的朋友和前同事，很喜欢这个乡村气息浓厚、菜品地道亲民的农家院，“歇歇角”在渤海镇也逐渐有了名气，生意越做越红火。黄欢说，民俗院的体量虽小，但大家很喜欢院里院外真实的生活状态，也能感受到主人的真诚，这是乡村最吸引人的地方。一些城里人将果园周边的菜地租下来每周过来体验农夫生活，黄欢的果园就成了他们的歇脚处，就这样黄欢结交了数量上远超过作为城里人时的新朋友，他离开城区的落寞一扫而光，反而增添了更多的满足感。经营“歇歇角”小院的三年间，他清楚地知道最吸引城里人愿意驱车百八十公里的是什么，也看到了一部分市民对更高品质食宿的需求。于是在 2016 年决定放弃“歇歇角”这种不太正规、逐渐落伍的民俗经营生意，开始翻建自家的老房，和朋友以众筹的方式正式进入精品民宿行业。

在市区生活多年的黄欢清楚市民进入乡村需要的是什么，在“歇歇角”装修设计过程中为他小试身手提供了很好的锻炼机会，因此在对老宅改造上，他大胆地承担起设计师的角色，自己设计图纸，这一举动让高价聘请设计师风气正盛的民宿同行大惑不解，都以看笑话的心态静观其变。不但如此，黄欢在建造和装修上更是亲力亲为，不惜多花时间和精力跟童年的伙伴一起到周边山林间淘弄石材，“歇歇角”用过的好多建材也都搬了过来，而不是购买现成的建筑材料。他希望民宿能带给客人返璞归真的感觉，相信当地材质对于体现民居质感的独特作用，房梁和墙体包括室内装饰使用有地方印记的材质，能够唤醒游客对乡村的记忆。最让客人印象深刻的是院中保留下来的老式压水井，这还是当年下乡知青做豆腐使用的原始汲水方式，与潺潺的溪水和流动其间的花园相配，更显古朴、悠远。

光有这些物质元素还不够，黄欢希望将客人的视线引向更久远的年代，为民宿赋予独特的精神内涵。他从小就喜欢唐代诗人岑参的诗句，好多诗歌都反复吟诵，名诗名句张口就来。他尤其喜欢《白雪歌送武判官归京》这几句诗：“轮台东门送君去，去时雪满天山路。山回路转不见君，雪上空留马行处。”那种情感和意境具有穿透时空的独特魅力，令人着迷。这种偏爱毫不掩饰地写在了民宿的品牌名称上，“岑舍”就是他对诗意栖居生活的直截表达，就连她为女儿取的名字里，也巧借谐音将诗人姓氏嵌入其中。他希望进入院落的客人能远离尘嚣，多一份情趣和诗意，回归生活本来的美好。岑舍用比“歇歇角”时期更好的食材烹制更高品质的餐饮，让游客感受“妈妈的味道”，在院落休憩的时光里体味乡间风物的熨帖。

黄欢坦言，市民返乡经营民宿的优势在于对在地资源的熟识，熟稔的人脉关系让他能迅速打开局面。这里的“关系”包括两个层面：一是与当地各方人员的关系，比如在建民宿的时候，能找到当地最适合的工匠，这让他能够更好地把控进度和局面，也是他敢于自己设计图纸指挥工匠施工的底气所在；二是与消费者的关系，通过熟人网络找到潜在消费人群，迅速打开消费市场，这与他之前从事广告营销工作接触的客户人脉积累有很大关系。对在地资源的了解也会方便他在拓展院落进行二期建设的时候，知道在哪里能找到合适的宅基地。因此在五年时间里，岑舍不但在四渡河村建起来两个院子，而且在别的村子也拓展了新项目。2021年，岑舍在渤海镇北沟村的“一想之美”民宿院落开张，一起开工建设的还有汉唐风格的餐厅——曲水流觞，民宿院子里的巷上酒吧咖啡厅正在紧锣密鼓地装修。和以往一样，这个跟民宿性质完全不同的建筑也是黄欢自己设计并监督建造，在装修上依然讲究高品质与艺术性，毫不逊色于城市高档餐厅。抬眼就能看到慕田峪长城的特殊地理位置，为民宿和餐厅平添了无穷韵味，让人能明显感受到长城脚下民宿综合体的独特魅力。

从“歇歇角”到岑舍再到墨清小筑、二哥的院子、一想之美民宿，从农家乐到民宿再到乡村综合体，返乡九年的黄欢实现了民宿产品经营的三级跳，黄欢本人也彻底转型为基于民宿的乡村资源运营操盘手。经营场所和运营重心虽有变化，但一个返乡青年追求本真民宿产品和本真生活状态的初心一直没有改变，反而因为扎根乡土时间的增加而“钻之弥坚”。让自己的事业融入慕田峪长城商圈并发扬光大，于他而言会成为后半生日益笃定的事业方向。

二、依托民宿发掘本地文化

发掘并让游客感受到本地文化，进而用具有特色的文化形成对市民的持续吸引力，这是黄欢返乡至今一直在探索的核心命题。每个人都有自己的使命，在改革开放后持续推进的农村改造进程中，乡村在改善环境、破旧立新的同时，也在慢慢丧失自身的魅力，乡村的面貌越来越缺乏独特性，千村一面让村落对游客的吸引力越来越弱。改造后的四渡河村流水潺潺、花团锦簇的沟域景观，与绵绵青山掩映下的巍峨长城相互映照，这还只是民宿经营所依托的背景，民宿要做的就是打造好前景和内景。黄欢一开始对自家宅院的改造，就是尽可能保留传统农村的元素，不仅停留在所见所感的物件上，而且要让游客进入乡村后能感受到独特的气息和灵魂。除了多用本地食材为客人提供地域风味的饮食外，引导客人采摘、爬山、戏水、看长城都成为客人了解乡村生活的选项。

黄欢一直希望能将怀柔尤其是渤海镇独具特色的栗子文化发掘出来，不但让栗子成为吸引游客品尝的美食，更要围绕它做增值服务。他聘请厨师制作的菜品中，栗子的成分在不断增加。对那些有能力开发栗子的个人和机构，他会积极参与其中并大力推动。渤海镇旅游民宿协会秘书长姚远开办的植物染色艺术馆，以当地栗子壳为原料开发染色新工艺，制作各种布料伴手礼，这种对栗子废料巧妙利用的变废为宝之举，无疑为栗子这一渤海镇的特产带来令人振奋的福音。岑舍经过与艺术馆协商后决定将其引入民宿和餐厅，一方面装点公共空间，另一方面帮出品方进行售卖，双方各得其所，共同受益。对于那些真正下力气对栗子产品进行综合开发、推进板栗产业化的机构，黄欢也不遗余力帮助推荐和传播，未来也会找机会深度参与。比如老栗树聚德园合作社近两年已开始着手对板栗产品进行规模化开发，尤其在文创产品开发上初见成效，黄欢对合作社 80 后创始人李思鹏推崇备至，积极为笔者引荐，希望能加以推介，看得出他是真心将能让板栗文化发扬光大的能人引为同道。

怀柔之“柔”很大程度体现在四季长流的河水，由于水量丰沛，在黄欢的印象里，这里的田地里有一部分是水田，小时候村里一直是有水稻的，后来大家都不种，水稻就消失了。黄欢觉得，长城脚下的水稻田是颇有韵致的风光，适合游客拍照，尤其是婚纱照。游客如能在民宿里吃上本地的稻米，这种食材对于满足他们的味蕾有特别的效果。黄欢说今年会做小规模的尝试，打算以有机的方式恢复农业种植，打造更富生机的生态农业。让城里人下乡后能看到更多的动物和植物，尤其是可以让城里的孩子到乡下可以识别更多的生物，这样的乡村一定更有吸引力。有条件的话，还可以在稻田里开展农事教育，让市民体验躬耕田园的生活。说到底，乡村真正的价值在于与城市有反差的当地文化，这方面的根基越深厚，对市民的吸引力就越大，这需要民宿人花心思去培育，创意的重要性也日益显现出来。返乡市民具备这样的潜能，黄欢认为自己作为土生土长的怀柔人责无旁贷，应该主动承担起这份职责。

三、用公共空间激活乡村能量

在笔者与多位怀柔民宿主接触的过程中，无论是返乡还是入乡的民宿人，都有很强的抱团意识，都希望能把区域的民宿做好，共同做大蛋糕，这样每个民宿都会有更大发展空间。黄欢作为本地民宿人，很希望联合与民宿经营相关的不同力量做好旅游的每个环节，让游客在进入渤海镇后能够在吃、住、行、游、购、娱各方面都得到满足，增加在当地停留的时间，民宿自然会获得更多的收益。

在黄欢看来，北沟村这个最早接待外国人在此开办酒店和民宿的山村，先天条件在渤海镇算不上出色，但作为村书记的王全却能将它治理得井井有条，生机勃勃。除了经营多年的瓦厂早已名声在外，北沟村作为全国文明村吸引各地进村考察的团队络绎不绝，村两委又积极引入多方面业态，如兼顾城市与乡村审美趣味的瓦美术馆、精品民宿三卅等多个品牌，尤其是北沟村处于慕田峪长城的核心区域，让这里成为最具活力和文化多样性特征明显的现代化村落。经过多年的培育，这里是外国人光顾最多的长城景区之一，在市民中的知名度也很高。经过反复考察，黄欢认为这里足以承载一个高水准的中餐厅，只要菜品有特色、服务质量好，依托这样一个北方乡村特点明显同时拥有国际范儿的村落，就能占据一席之地，也能为当地旅游增加有品质的配套设施，这要比单纯为岑舍增加一个院子有更为广阔的发展前景。经过认真论证，黄欢与合伙人确定了餐厅的定位和整体装修风格后，开始着手实施。

有了之前的多个自行设计产品，合作伙伴对黄欢的设计越来越有信心。为强化餐厅的汉唐风格，一些建筑材料和餐桌木料，团队会不辞辛苦去南方购买，比如部分木料就是远赴浙江省东阳县采购的。经过一年多的精心打磨，现代化餐厅“曲水流觞”在慕田峪长城脚下拔地而起。餐厅分上下两层，面积约700平米，能同时容纳一两百人就餐，韵味十足，颇具观感。为做出富于特色的菜品，黄欢远赴成都，将一个川菜私厨团队聘请过来坐镇。除了做地道的川菜外，黄欢还要求餐饮团队结合当地食材和北京人的口味，尝试进行适应性改良，推出的多道菜品在尚未正

式开业时就吸引了很多游客过来试吃，用过餐的客人基本上都会做出这样的评价：想不到在距离市区几十公里之外的乡村，居然能吃到这样色香味俱全的大餐。经过一段时间的磨合，曲水流觞的主打菜品逐渐固定下来，待春暖花开时，这个藏在深山的餐厅正式开业。

黄欢说，他希望来到这里的客人既能住到高品质的民宿，也能吃到不输于京城餐厅的饭菜，同时能在这里感受中国汉唐风韵的建筑格局。黄欢希望不管客人从多远的地方过来，一进到餐厅就能静下心来，尝美食，品香茗，听古曲，感受传统礼仪，体验地方风物，放松心情，洗涤疲惫，真正享受到长城脚下古村落的美好生活状态，这才是他真正想打造的文化休闲空间。在他的规划中，餐厅会成为承载多种文化形态的复合空间，除了提供餐饮服务，还可以承接古装摄影、古式婚宴、传统礼仪培训、书法绘画展示等，只要能做出有调性的空间，往里面填充各种有品质的内容就不是问题。作为长城国际文化村游客配套服务的一部分，黄欢想让餐厅成为一处“有容乃大”的公共空间，为打造高品质慕田峪长城文化综合体实实在在做点贡献，尤其是在“点亮夜渤海”上发挥民宿人的作用。巷上酒吧咖啡厅对于他而言可谓蓄谋已久，长期以来没有人敢在乡村开酒吧和咖啡厅，这成了习惯于夜生活的城里人流失的最大短板。红火了二十年的渤海旅游只有“白天经济”，返乡青年有责任将“夜经济”的下半场文章做好。他正积极筹备酒吧咖啡厅开业，这样入住渤海镇的游客就能有一个与朋友惬意度过乡村夜晚的好去处，乡村民宿也会增添魅力。当乡村的消费空间在类型和品质上与城市的距离越来越小，民宿作为生活目的地的价值才会被更多市民认可，这是民宿获得更大发展空间的硬件条件。有更多民宿人加入这一行列，共同做大蛋糕，把“渤海民宿”的区域品牌打出来，这是渤海民宿主的责任，更是渤海原住民不可推卸的职责。

经营民宿多年后，黄欢看到民宿物业管理逐渐成为各民宿的刚需，为民宿提供物业服务势在必然，他组建的岑舍物业公司已招募十名左右当地人，经过培训后已开始开展业务，为十余家民宿品牌解决问题。这项业务不但成为他民宿经营的衍生收益渠道，而且是餐厅流动的获客渠道。其他民宿需要物业服务，接单的员工会将有就餐需求的游客引导到这里，成功引流的员工会有一定的分成收入。这些土生土长的本地人除了能在家门口就业，还能有额外收入，工作起来都很卖力。乡村发展需要更多专业人员和团队投身其中，每一个环节的补齐，都会为整个商业生态的建立和完善提供助力。这项事业需要创意，更需要脚踏实地。既然选择了返乡，黄欢愿意为建设和发展家乡做开创性的努力。

黄欢说，尽管目前的生意能做到什么程度还无法预料，但在心态上自己已逐渐趋于平和。曲水流觞餐厅的建成让他找到了撬动资源更有力的发力点，而民宿则成为餐厅配套产品的一部分，这与此前的经营理念有很大不同。要把这盘棋下好，他以后必然要拿出更多的时间和精力投注其中。“下次再来到这里，我可能在大厅里给大家弹古琴。”想起他拿着吉他在岑舍的庭院中自由弹唱的场景，看到他认真的表情，我想象着他在这个古风卓然的餐厅里身着宽袍大袖操琴鼓瑟的情景：置于古老长城脚下的现代乡村场景，淙淙琴音飘过屋顶，回荡在山谷里，像山水画的水墨般润染开来，那种韵味一定极富感染力。能把民宿做到极致的跨界高人，做别的事也不会差。

一个人只有找到了心中的锚，面对波涛汹涌的海，才不会胆怯和退缩，以更大的定力和勇气驶向远方。在明代建制、而今重新扬帆的渤海，我俨然看到了锚的模样。

岑舍品牌大事记

（本章摄影：孙福苏）

乡博博：引领全域民宿运营方向的火炬手

2022 年 2 月 10 日晚八点，中国旅游协会民宿客栈与精品酒店分会第 209 期“会长带你做民宿”直播活动伊始，张晓军会长以连线形式隆重介绍参加北京冬奥会火炬接力仪式的火炬手张海龙，让民宿人分享获此礼遇的荣光。

在全国民宿界，以民宿人身份参与火炬接力可谓凤毛麟角，在奥运举办地代表北京民宿人传递奥运圣火，只有张海龙一人。2019 年开始经营民宿，踩在京郊广阔大地上的张海龙历经三年骐骥一跃，以超常速度走到民宿舞台的中央。站到聚光灯下的他并非刻意选择这一领域走上终南捷径，而是站在全区发展的高度上，在城市与乡村之间用民宿架起了有效对接的桥梁，在恰当的时刻找到合适的点位，以民宿为核心盘活多种资源，坚定地负起时代赋予的使命，为乡村振兴探索出大手笔全域布局的民宿发展模式。

一、“一懂两爱”作基底的返乡情怀

2021 年 10 月底，由张海龙带领北京乡博博文化发展有限公司（以下简称“乡博博”）团队，带着“闲屋变‘现’文化赋能惠四方”项目参加“创业北京”创新创业大赛，从参赛的 1317 个项目中脱颖而出，获得大赛乡村振兴专项奖一等奖。该项目融合一二三产业，将农业与旅游结合，在乡村落地民宿样板间，盘活农村闲置资源，解决本地村民就业，带动当地农产品销售，增加农民收入，助推乡村振兴。在进行民宿产业发展上，公司采取“村民 + 村集体 + 企业 + 乡镇”四方共建的方式，在平谷区十几个乡镇建立了近 30 个精品民宿项目，示范带动 100 余家民宿发展，为村民增收 3000 余万元，用亮眼的成绩实实在在推动共同富裕。乡博博 2020 年第一个民宿品牌“凤鸣四季”开业，到夺得桂冠只用了两年时间，能够取得如此优异的成绩，无疑是超常规发展。但如果从张海龙在正式返乡创业之前就开始兼职帮家人售卖农产品的 2016 年算起，这已是他从事涉农产业的第六个年头，而获奖的这个项目，可以视为他事业布局的“冰山”露出水面的部分，正是深潜于水下的深厚积淀托举他在民宿领域稳步前行。

返乡之前的张海龙在北京市内的互联网通讯企业工作，国有企业身份和不菲的收入让许多人艳羡不已。当 2018 年张海龙做出辞职且回乡创业的举动，所有人都惊诧万分。在此之前，他利用去台湾考察的时机了解当地乡村休闲产业的发展，后又接受北京市委组织部、农业农村局有关乡村振兴的培训，让他萌发了回乡创业的想法。他说，看到像他这样走出乡村不再回头的青年越来越多，而家乡因缺少年轻人而开始衰落，作为地地道道农民的后代开始坐不住了。家乡的农民多少年来一直处于产业链的最底端，像父亲这样的羊倌只能任由中间商压低羊的收购价格而又无能为力，他觉得应该为他们做些什么。在反复权衡和认真考察后，他认为发挥自身从事互联网行业的优势，一定能在乡村找到施展拳脚的用武之地，于是说服爱人留守城市，自己开始踏上乡路。

小时候跟爷爷放过羊，多年来耳濡目染，他对羊养殖业并不陌生，很快聚集起足够规模的养殖户，并为他们提供提升羊肉品质的养殖技术，确保了供应端的充足货源。利用互联网技术进行羊肉销售，打掉了中间商赚差价的空间，张海龙很快就建立起稳定的供销渠道。随着业务规模的不断扩大，他注册成立了“绿谷塔山”公司，切实帮助当地农民获得了比以往多得多的收益。按照这一思路和路径继续拓展，激活平谷当地最具特色的大桃产业的“桃娃”公司呱呱坠地。两个公司不但为张海龙做“乡博博”积累了一定的资金，几年的经营让他对平谷全区的农业、旅游和文化资源有了全面的认识，并积累了大量的人脉资源和良好口碑，这为启动民宿这一更具挑战性的业务奠定了良好的基础。

想让更多的城里人在乡村有更长的停留时间，获得更大的收益，无论是羊肉还是大桃都无法实现，将乡村大量的闲置农宅改造成民宿，让市民消费更多的乡村资源，这是张海龙 2019 年开始将重心转向民宿领域的重要原因。事实上，几年前张海龙就开始关注 2021 年在平谷举办的世界休闲大会，这种国际性的活动对住宿产品的拉动作用明显。而平谷区也有不少独特的文化旅游资源，如金海湖、石林峡、京东大峡谷、丫髻山、渔阳国际滑雪场五个国家 4A 级景区，还有京东大溶洞、天云山等十多个特色景区，平谷作为北京生态涵养区的独特地位，让这里具有可持续挖掘的价值。利用农宅经营民宿，能给当地农民带来资产性收益和劳务性收益，也能盘活集体经济，生态资源能为百姓带来持久的增收，这一潜在价值巨大的产业，值得放手去做。于是，张海龙在与团队经过充分论证后，开始大手笔进行全域民宿布局。

张海龙返乡从事的经营项目之所以每一个都能做大做强，首先是因为他作为走出乡村接受现代教育的年轻人，对农业一直不陌生，知道本地乡村有哪些面向城里人售卖的产品。作为农民子弟，对农村和农民有深厚的情感，从帮扶农民获得更好收益的初心出发，他的生意能得到乡亲的认可和支持。如果说“一懂两爱”是对做乡村工作的领导干部最基本要求的话，在乡村振兴进入深层次发展的今天，返乡入乡的从业人员同样需要具备这样的情怀，否则很难做好乡村的生意。其次是因为多年来张海龙一直坚持做公益，他的团队伙伴中就有当年做公益时相识并彼此认可而走到一起。疫情期间张海龙不但亲自参与社区防疫值守，还助力农户销售滞销农产40余万斤，组织带领100余名志愿者和40家餐饮企业开展“爱心餐送温暖”公益活动，为一线防控人员赠送爱心餐七千余份，可见他对脚下土地深沉的爱是超越地域的。而由城市返乡扎根乡村需要的是基于自身能量的大爱，张海龙忍受与妻子、女儿城乡阻隔的煎熬长期留守乡村，为建设家乡挥洒热血，这样的情怀才是支撑他返乡创业的持久力量。

二、致力于全区资源运作的深层共生

在京郊诸多发展民宿项目的行政区中，平谷区的起步时间和发展速度整体上落后于其他区，从长远发展看这并非劣势，一定程度上还可能成为优势。在 2021 年 8 月笔者随市政府研究室去平谷区进行民宿发展调研时，时任平谷区人大常委会主任沈洁介绍，平谷区一直在探索促进共同富裕的民宿发展路径，各级各部门负责人去南方各省、台湾地区以及北京市其他各区广泛考察，确定了推动“小而美”“小而精”“小而优”特色民宿发展的整体思路，从顶层设计上确保民宿规范发展。同时强调民宿的发展要与百姓的利益挂钩，要能带动一地经济的发展，在遴选投资主体时将这作为考察指标，如果达不到这样的要求，再大的投资也不欢迎。在与当地行业协会和民宿主的接触中，确实能感受到当地领导不贪大求快的务实作风和政治定力。

围绕民宿与当地村民、集体组织、环境、资源等和谐共生的价值导向，乡博博在这方面做了很多有意义的尝试，明确将“村民 + 村集体 + 民宿企业 + 乡镇”四方共建作为全域运营的基本方式。与村民共同致富是张海龙返乡从事商业活动伊始就恪守的基本原则，乡博博除了以 20 年期限长期租用农民的住宅外，还会优先考虑对房东进行培训后聘为管家。由房东负责打理自家的院子，首先能确保院落能得到尽心尽力的照顾，在

物业管理上让人放心，让农民多一份收入。其次，这种方式能让民宿的主人文化更浓郁，院内院外的故事和周边的旅游资源，作为房东的管家信手拈来，会大大提升游客的体验感，入住后能迅速找到宾至如归的感觉，这就弥补了乡博博作为投资运营商无法亲自接待客人造成的疏离感。由于张海龙在平谷各地的人脉资源丰富，老百姓都很认可乡博博盘活农民资产、为村集体增收的工作，所以他很容易找到合适的房源，村集体和乡镇政府也会主动向他推荐。经过几年的历练，乡博博通常能以最低的沟通成本获得需要的资源。他甚至可以提前知道谁家的房子有翻修的打算，这样他就可以主动跟对方沟通，由乡博博帮房主出设计、施工方案，使其既达到房主的要求，又适合作为民宿经营的需要，双方约定一定年限内由乡博博代运营，房主也可以选择以房入股的形式获得经营收益，将院落纳入乡博博的经营范围。这种方式既节省了公司的前期投入，又能为房主带来额外的收入，双方各得其所。更多院落的租赁则通过与村集体合作社签订协议，由对方处理与村民沟通事宜及在院落经营过程中可能遇到的纠纷。而在乡镇层面，乡博博则会与相关部门共同探讨区域民宿合理布局、域内资源借助民宿有效盘活的问题，获得的收益可以为乡镇带来分红收益。张海龙认为，做乡村运营就要想方设法通过合理的利益机制让多个主体成为利益共同体，确保参与方都能获得收益，这才是可持续发展的模式。多方调动村民、村集体及乡镇的能动性，让这些在地资源方主动投建民宿，乡博博则发挥民宿运营的优势，从而有效降低了公司的重资产投入压力，确保了民宿经营规模的快速扩展。目前，由村民或村集体建民宿、由乡博博代运营的民宿大概占比约 70%。乡博博在两年时间内落地 30 个民宿项目，基本实现了在平谷区各个乡镇都有民宿样板间的预期目标，这种超常规发展的路径展现了这个年轻团队的开拓精神和执行能力。

返乡多年后，张海龙将自己的心得总结为“带着农民干，帮着农民赚，做给农民看”，许多农民有想法，但不知道该怎么做，在这个意义上说，乡博博在各乡镇做的民宿项目就像一个个样板间，每一个都不一样，都是结合当地资源开发的民宿产品。在乡博博的带动下，已有村民开始经营自己的民宿，也有请公司代为运营的情况。张海龙对企业的定位为服务于城乡两端，针对乡村的服务为“一站式帮扶”，就是借助公司的专业能力为有资源的农户提供尽可能的帮助，将资源盘活变为有吸引力的服务和产品，以此为基础为市民提供“一站式服务”。乡村旅游的特点是景点分散，从一个景点到另一个景点有一定的距离。要想满足市民进入乡村游玩的各种需求，必须有足够的可支配资源。民宿满足的是游客住宿的核心需求，除此之外的吃、行、游、购、娱需求都要为客人做出安排，这样才能提高游客的黏性，增加游客住宿的时间，并提高游客在其他项目上的消费可能。对游客的全方位满足是获得更大收益的前提，乡博博在全域布局民宿，就是要确保无论在哪个区域都能满足游客基于住宿的各种需求，因为民宿在某种意义上就是一个旅游目的地的地接旅行社，以此为基地链接多种资源来满足游客多方面的需求，就会增强游客的依赖感。而不同风格和主题的民宿满足的是不同需求的游客，实现全域布局就能够为市民提供遍布全区的“民宿超市”，只要接待过游客一次，就有可能获得游客的多次消费，因为乡博博有足够多样化的产品。现在的民宿院落还不够丰富，按照张海龙的设想，未来两年乡博博有可能扩展到100个院落，达到这样的规模，乡博博全域运营的底气就更足了。而张海龙此前开办的公司依然由合伙人继续运营，所提供的产品及延伸体验环节，都会统一纳入民宿运营之中。比如游客在民宿中能吃到由绿谷塔山供应的羊肉火锅、烤全羊，离开时可以把羊肉礼盒带走。孩子们则可以到养殖场体验放羊、喂羊的乐趣，还可以学到与羊相关的知识，接受关联公司提供的研学课程，

这些环节能够将盈利的链条拉长，未来会有很大的开发空间。乡博博的优势就在于对平谷全区的情况有越来越深入的了解，对相关资源的掌握和调配能力也在不断提升，针对一个区进行整体运营成为乡博博的核心竞争力。而培养这种能力需要时间的积累，这是其他公司短时间内无法超越的。

三、农文旅为民宿无限赋能

民宿作为典型的文旅产品，住宿只是其核心功能，尚有更多功能需要开发。以一天 24 小时计算，“宿”只占三分之一，其他三分之二的时间需要更多内容填充，这样才能让游客感觉物有所值，只用环境优美、空气清新这些生态资源价值来为精品民宿定价正名的话术是苍白的。去过包括台湾在内多地民宿考察，张海龙深知文化对于民宿品质的重要性，因此，一开始就把针对民宿的文化挖掘和注入放在很重要的地位上。

名字是游客认知民宿的首个重要符号，乡博博在为民宿选址时综合考察多种因素，周边的文化资源会成为考察的重点，这是确定民宿品牌名称的主要依据，乡博博在这方面很有心得。比如位于金海湖滑子村的“凤鸣四季”民宿，是因为周边有一座凤凰山，上面有一座药王庙，就处在九龙二虎山的山脉上，于是将村里的小学旧址改造为中式民宿，起了这个引人遐想的好名字。为了让民宿更具文化气息，在这个被果园包围的院子里，特地养了 6 只美丽的孔雀，因为孔雀是最接近传说中的凤凰，能为民宿赋予雍容典雅、吉祥平安的美好寓意。民宿院落还养了其他动物，让这个院子更有生气和观赏价值。

住在这里的孩子在管家的指引下能认识许多动物，可以跟这里的鸡、鸭、狗、兔子等一起玩耍，还可以体验种菜、摘菜，攀爬树木，可谓是自然科普的乐园。孩子们自由自在地荡秋千，在草坪上尽情欢乐，家长则可以“偷得浮生半日闲”，躲在院落的一角喝茶、聊天、打麻将。听着孔雀清脆的叫声，运气好的时候欣赏孔雀开屏的炫丽身姿，这种满足感是在其他地方无法享受到的。

“家里有矿”民宿附近以前有出产金砂的矿山，已经关闭多年。民宿品牌不光使用当下的流行语来命名，便于记忆和传播，而且在为游客提供的内容上，特地设置了在院子里挖矿的环节，让客人模拟淘金的过程。在昔日金矿矿山脚下“家里有矿”民宿体验采矿淘金的场景设计，让这里成为自带话题的打卡地，文化主题的设置满足了年轻人和亲子群体的需求，这种通过品牌名称和主打内容明确区隔消费人群的经营手段，在乡博博这里已然得心应手。“杏福小寨”民宿坐落在号称中国红杏第一村的北寨村，村里的红杏是国家地标产品。品牌名称既呈现了该地的特色资源，又赋予了美好寓意。住在这里的游客春天独拥杏花海，拍照打卡；夏天饱食鲜红杏，尽情采摘。过了这个季节，还可以吃到这里加工的红杏干、杏脯。以民宿为载体，实现特色资源的一二三产融合发展，这就是民宿为农文旅助力、农文旅为民宿赋能的良性发展态势。平谷区有“书法之乡”的美誉，这是能突显一地文化素养的标识，当地很多人都能写出一手好字。乡博博在许多民宿的公共空间和房间里都陈列有当地书法名家的作品，上面贴有价签，这样既能用这些作品装点空间，增加文化品位，又能帮助书法家进行售卖，民宿和书法相得益彰，这也成为平谷区民宿的独特现象。

在“创业北京”创新创业大赛颁奖仪式上，上台领奖的乡博博团队一色是年轻的面孔，他们代表的是团队的近三十个成员。除了作为团队核心的张海龙年纪稍长外，其他成员基本上都是90后，这个年龄结构即使在北京市城区也算得上是低龄创业团队。在远离北京市中心百公里外的地方居然也能聚集起这么多年轻人，而且将民宿事业做得风生水起，不能不说源起于张海龙个人的强大凝聚力。接受他邀请的早期团队成员曹晓慧是在早年间一起做志愿服务工作时认识的，当张海龙将自己返乡的事业蓝图做了清晰的描绘后，曹晓慧被他的热情所打动，很快就辞去了市内的工作，也成为返乡队伍中的一员。像曹晓慧这样认可张海龙搭建的青年返乡创业就业平台的年轻人还有很多，公司员工中90%都是返乡青年，他们都是受到张海龙这个“老大哥”的感召而选择回乡共创新天地的，将年轻的火种保存下来，因难能而显得格外可贵。

对于一个新团队而言，旗手的号召力起到决定性的作用，团队成员对旗手的认知，很大程度上源于头上的光环，这是大家判断旗手能将团队带多远的直观指标。作为北京市青联委员的张海龙，2020年获得“北京青年榜样”称号，2021年荣获全国乡村文化和旅游能人称号，并代表平谷区参加在天安门举行的建党百年庆典仪式，随后当选第五批全国农村创业创新优秀带头人和平谷区人大代表。2022年以冬奥会火炬手身份再次领跑，让人看到了一个扎根乡村的优秀旗手迸发出的能量。

业务重心从羊到桃再到民宿，张海龙一路贴地飞翔，始终与脚下的土地血脉相融。张海龙曾戏言返乡创业的人多为“自虐”人格，但想在乡村干出一番事业，非得有“不疯魔不成活”的劲头不可。

说到成立乡博博品牌的初心，张海龙想以乡村创业青年代表的身份号召并吸引更多的年轻人重新认识乡村，学习渊“博”的知识，抱着“博”

大的胸怀，回到家“乡”建设家“乡”，共同助力“乡”村振兴，与大家“乡”约美好生活。返乡五个年头的张海龙自我定位为结合在地资源推动乡村振兴的“一盏灯”，他的民宿事业已经让很多村民看到了未来的美好前景。在共同富裕这一更具挑战性的时代命题面前，张海龙的角色更像一个引领前进方向的火炬手，以最本色的乡土资源为燃料，用满腔热忱点燃自己，为更多致力于改变家乡面貌的有志青年照出一条通往未来的光明之路。

乡博博公司旗下民宿品牌开业时间

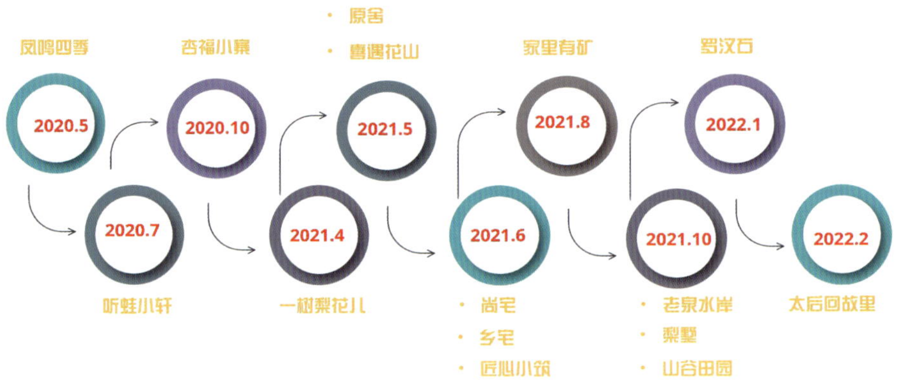

（本章供图：乡博博公司）

参考文献

[1] 费孝通.中国城乡发展的道路[M].上海：上海人民出版社，2016.
[2] 梁漱溟.朝话[M].上海：上海人民出版社，2017.
[3] 董耀会.长城文化经济带建设研究[M].秦皇岛：燕山大学出版社，2021.
[4] 潘家恩.回嵌乡土——现代化进程中的中国乡村建设》[M].北京：中国人民大学出版社，2021.
[5] 北京世纪唐人旅游发展有限公司，北京盛世唐人旅游规划设计院.玩转民宿：民宿的开发与经营[M].北京：旅游教育出版社，2015.
[6] 邵颖萍.落脚乡村与民宿经济——莫干山特色文化重构[M].南京：凤凰教育出版社，2019.
[7] 孟宪利.话说八达岭与长城[M].北京：人民邮电出版社，2014.
[8] 李思强.共生构建说论纲[M].北京：中国社会科学出版社，2004.
[9] 池尚明.北京非物质文化遗产传承人口述史——八达岭长城传说[M].北京：首都师范大学出版社，2019.
[10] 中国旅游协会民宿客栈与精品酒店分会.2020全国民宿产业发展研究报告[M].北京：中国旅游出版社，2021.
[11] 北京市政协教文卫体委员会，北京国际城市发展研究院，北京市延庆区政协.长城踞北.延庆卷[M].北京：北京出版社，2018.
[12] 李金铮."相成相克"：二十世纪三四十年代费孝通的城乡关系论[J].中国社会科学，2020（2）.
[13] 潘家恩，温铁军.三个"百年"：中国乡村建设的脉络与展开[J].开放时代，2016（4）.
[14] 张国芳，蔡静如，张怡.多元主体互动机制下的乡村社区产业营造——基于浙江德清莫干山民宿产业的个案分析[J].岭南学刊，2018（3）.
[15] 李小静，赵美玲.农村产业融合推动就地城镇化发展探析[J].农业经济，2017（11）.

附　录

附录一　北京市关于促进乡村民宿发展的指导意见

民宿是指利用位于农村地区的居民自有住宅或其他合法建筑，结合本地人文环境、自然景观、生态资源及生产、生活方式，为旅游者提供住宿、餐饮服务的场所。

为深入贯彻落实乡村振兴战略，根据《北京市旅游条例》及《北京市乡村振兴战略规划（2018—2022年）》和《中共北京市委北京市人民政府关于落实农业农村优先发展扎实推进乡村振兴战略实施的工作方案》（京发〔2019〕7号）的要求，促进本市乡村民宿持续健康发展，推动乡村旅游产业提质增效，加快形成农业农村发展新动能，特制定本指导意见。

一、指导思想

以习近平新时代中国特色社会主义思想为指导，深入贯彻党的十九大和十九届二中、三中、四中全会精神，深入贯彻落实乡村振兴战略，立足首都城市战略定位，准确把握“大城市小农业”“大京郊小城区”的市情和乡村发展规律，充分发挥乡村民宿在建设美丽乡村，促进农民致富增收，带动乡村旅游产业提质升级的积极作用，努力构建“三产联动、多业融合”的民宿经济业态，实现乡村产业、人才、文化、生态、组织等方面的全面振兴，建设与国际一流的和谐宜居之都相匹配的美丽乡村。

二、基本原则

（一）规划引领，有序发展。严格遵守城乡规划、城乡建设等各项法律法规。各区根据区域特点、资源禀赋，因地制宜，编制各区乡村民宿发展规划，明确发展定位、空间布局、区域特色，在合法有序发展的前提下稳步推进，防止一哄而上、违规发展，努力打造规划清晰、布局合理、统筹协调的乡村民宿发展格局。

（二）生态优先，绿色发展。牢固树立“绿水青山就是金山银山”的理念，注重生态保护，突出生态宜居，尤其是在水源保护区范围内，要按照相关法律、法规要求，处理好发展民宿与水环境保护的关系，引导农村进行景区化建设，提升乡村旅游服务设施建设水平，努力打造环境优美、生态和谐的乡村民宿发展格局。

（三）业态融合，品质发展。突出独特的文化审美和乡情乡趣，深入挖掘京郊传统文化和乡俗风情，形成一批以文化、体育、娱乐、节庆活动为主题，与景区旅游、文化体验、农产品销售相结合的精品化、品牌化民宿，推进农村一二三产业融合发展，努力打造内涵丰富、特色鲜明的乡村民宿发展格局。

（四）政府引导，市场主导。强化政府在政策扶持、公共服务、规范管理、环境营造等方面的作用，建立良好的推动乡村民宿发展的体制机制。突出农村集体土地所有权主体地位，发挥集体经济组织作用，尊重和遵循市场发展规律，强化市场在资源配置中的决定性作用，引导和支持由村集体经济组织统筹，农户和社会资本参与的乡村民宿经营建设，努力打造政府引导、市场主导、全社会参与的乡村民宿发展格局。

（五）共建共享，以农为本。坚持以农民为收益主体，以农业农村为基础依托，尊重农民意愿，注重农民的全过程参与，调动农民的积极性、创造性和参与性，带动农民创业创新、就业增收，确保乡村民宿发展的成果能够为当地农民所享，努力打造扶农助农、惠农富农的乡村民宿发展格局。

三、发展目标

到 2022 年，实现全市乡村民宿从规模到质量的全面提升，力争在全市推出一批乡村精品民宿，打造一批乡村民宿特色乡镇，提升全市乡村民宿接待能力和服务水平。推动乡村民宿规划更加合理、发展更加有序、产品更加丰富、特色更加鲜明、服务更加规范、市场体系更加健全。

四、设立条件

（一）经营主体。乡村民宿经营主体包括个体工商户、农民专业合作社、农村集体经济组织和企业法人。鼓励有条件的农户利用自有宅基地和农民房屋经营乡村民宿。鼓励有实力的农民专业合作社、农村集体经济组织，具有专业化经营能力的企业法人通过投资、租赁等方式，参与乡村民宿的建设和运营。其中，通过农民专业合作社或者企业法人经营的，应当由村集体经济组织统一组织对外开展合作，并可以获取相应的收益作为集体经济收入。

（二）经营用房。乡村民宿的经营用房应提供房屋产权证明，房屋应符合我市抗震设防要求、消防安全要求与节能要求。建筑结构应安全牢固，无安全隐患。在设计、修缮及改造时，建筑用地范围应保持不变，建筑面积、建筑高度应符合区域规划要求。乡村民宿的单体经营规模为经营用客房数不超过 14 间（套），建筑面积不超过 800 平方米。

（三）生态环境。乡村民宿应综合考虑所在地环境容量和相关法律、法规要求，同步配套建设污水处理等设施，确保污水达标、规范排放。落实生活垃圾分类处理，配齐生活垃圾分类设备设施。全面消除经营区域违法户外广告设施及零星乱设摊，保持村容村貌整洁。房屋建筑风貌应与当地的村庄风貌、村庄环境景观相协调。加大村域内古树名木的保护力度，结合农村人居环境整治，拆违还绿，增加村庄绿量和美感。

（四）公共安全。乡村民宿应根据《乡村民宿建筑消防安全基本要求》的规定，配置必要消防设施器材，落实日常消防安全制度，履行消防安全职责。遵守食品安全、卫生安全、治安安全、环境安全等法规要求，建立相应管理制度和应急预案。

（五）从业人员。乡村民宿从业人员应持有合法身份证明或者务工证明，境外从业人员还应符合国家和本市有关规定。从业人员应取得健康证明后上岗，并进行年度健康体检和相关安全培训。

（六）规范经营。乡村民宿经营者需依法办理营业执照、公共场所卫生许可证、食品经营许可证（如经营餐饮），并上墙公布。要求安装使用公安机关的信息采集系统，落实旅客住宿登记、访客登记等安全管理制度。有明码标价的收费标准、住客须知和安全提示，并提供真实准确的住宿、餐饮等信息。

五、审批流程

乡村民宿准入采取联合审核的方式，简化和优化证照办理手续。区乡村民宿发展工作小组对乡村民宿审批实行联合受理、联合审核、联合踏勘、一站式审批。

（一）提交申请。由乡村民宿经营主体提出申请，由村集体经济组织进行初审并提出意见后提交乡镇政府。

（二）乡镇审核。乡镇政府组织实地踏勘，对房屋的合法性、安全性、布局合理性等相关条件进行审核并签署意见，提交区乡村民宿发展工作小组。

（三）证照办理。由区乡村民宿发展工作小组办公室会同各有关成员单位组成联合审核小组，对乡村民宿实行联合受理、联合踏勘、联合审核。审核同意后，各部门做好相关证照手续的办理或备案工作，不得设置其他前置条件。不符合条件的，一次性告知申请人。

六、组织保障和监督管理

创新乡村民宿管理体制，加强组织保障，建立市、区、镇（乡）三级工作机制。市级层面建立乡村民宿发展协调小组，负责宏观指导和政策引导，对乡村民宿管理过程中涉及的全局性、政策性问题进行协调，指导和督促各区落实各项管理制度。区级建立乡村民宿发展工作小组，负责拟定乡村民宿发展规划，制定推动乡村民宿发展的实施细则，完善和细化各类鼓励政策，加大政策集成。建立乡村民宿联合审核监管机制，加强对乡村民宿环境、卫生、消防、治安等方面事中事后监管。建立乡村民宿服务投诉和处理机制，各乡镇政府应明确相应机构，配备人员，落实好管辖区域内乡村民宿的审核申报、日常服务及属地监管责任。各区、镇（乡）、村要进一步规范用地管理，落实监管责任，坚决杜绝以租代售现象发生。

七、保障措施

（一）加强政策支持

围绕乡村民宿基础设施建设、公共服务配套、卫生安全、治安消防管理等方面，制定促进乡村民宿发展的配套政策。按照固定资产投资现行政策，加大对乡村旅游发展涉及的瓶颈道路、绿化、停车场、观景平台等配套设施建设的支持力度。支持乡村民宿集中的行政村污水治理项目建设。

（二）加强资金支持

通过奖励、贴息等多种方式对乡村民宿建设发展给予扶持，充分调动农民群众、社会资本参与乡村民宿发展的积极性。设立乡村民宿奖励资金，对具有典型示范引领作用的民宿，经过评定后给予资金奖励。对乡村民宿投资建设、改造升级的贷款给予贴息。对推动地区乡村民宿发展起重要作用的行业组织，通过购买服务的方式给予扶持。通过“美丽乡村”建设，围绕高标准推动乡村民宿发展的聚集地，打造良好的农村人居环境和较为完善、配套的农村基础设施。统筹利用现有支农政策资金，以奖代补鼓励村集体、合作社盘活闲置农宅发展乡村民宿。

（三）加强金融扶持

积极探索用市场化手段为乡村民宿发展提供金融政策支持，充分利用市旅游资源交易平台、京郊旅游政策性保险平台、京郊旅游融资担保平台，解决乡村民宿后顾之忧及投融资等经营困难，鼓励乡村民宿做大做强。

（四）加强服务引导

制定《北京市乡村民宿标准及评定》地方标准，强化乡村民宿在文化传承、乡风乡韵、创意设计等方面要求，引导乡村民宿专业化、特色化、品质化发展。充分发挥行业协会和农民专业合作社的作用，加强乡村民宿信息共享、价格规范和行业自律。

（五）加强人才培养

开展乡村民宿培训，不断提升乡村民宿从业人员的岗位技能和服务水平。支持乡村民宿发展，并按分类培训项目标准，给予培训补贴。加大人才引进政策扶持力度，支持外出务工农民、高校毕业生等回乡进行乡村民宿创业，为乡村民宿持续健康发展提供人才保障。加大对乡村民宿招用本区农村劳动力和失业登记人员的支持力度，乡村民宿企业招用本区农村劳动力和登记失业人员，按规定签合同、缴纳保险、保工资的，享受岗位补贴和社会保险补贴。

（六）加强宣传推广

建立乡村民宿推广平台，通过举办北京乡村旅游节、乡村民宿主题展等形式，综合利用自媒体、网络、第三方平台等多种信息化手段，推广乡村民宿旅游产品及线路，培育乡村民宿品牌，发展和推广一批乡村民宿精品，建成一批有故事、有体验、有品味、有乡愁的文旅融合新业态，打造乡村民宿发展北京样本。

（发布日期：2019 年 12 月 26 日）

附录二　北京市延庆区民宿联盟章程

第一章　总则

第一条　本团体定名为：北京市延庆区民宿联盟（以下简称联盟）。

第二条　联盟由曹一勇、裴玉慧、贺玉玲、张海超、郎建鹏、王晓丽、陈长春等自愿联合发起成立，是经北京市延庆区民政局核准登记的非营利性社会团体法人。

第三条　联盟的宗旨是：遵守宪法、法律、法规和国家政策，践行社会主义核心价值观，遵守社会道德风尚。积极发挥联盟的“桥梁”和“平台”作用，以行业引导、行业自律、行业交流、行业促进为职责，反映成员愿望、维护成员权益、争取相关政策，促进延庆乡村民宿产业健康、有序、可持续发展。

第四条　联盟暂不具备单独建立党组织条件的，由上级党组织选派党建工作指导员等方式，指导开展党的工作。

本团体邀请党组织负责人参加或列席本团体管理层会议。党组织对本团体重要事项决策、重要业务活动、大额经费开支、接受大额捐赠、开展涉外活动等提出意见。

联盟接受业务主管单位北京市延庆区文化和旅游局、登记管理机关北京市延庆区民政局和党建领导机关的业务指导和监督管理，依照相关法律法规和本《联盟章程》开展工作。

第五条　本团体的办公住所：北京市延庆区妫水北街 72 号一层 103 室。

第二章　业务范围

第六条　联盟的业务范围：

（一）开展民宿行业培训。针对民宿的发展和营销等问题，联盟将采用线上教学、线下实操、微游学等形式，在民宿基础运营、管家服务、沟通技巧、民宿营销渠道分析等方面进行培训，以期达到民宿行业“有情怀也有实力”可持续发展的效果。

（二）提供服务咨询。针对想要踏入行业的“民宿新人”、已经开了民宿却没有客流量的“民宿老人”、以及对民宿产业好奇的客人，进行相对应的专业知识讲解、可行性分析以及选址分析等咨询服务。

（三）举办民宿推广活动。针对不同节日、大型活动组织线上宣传、线下参展，通过网络直播、多渠道推广等方式增加曝光率；推广民宿产业的同时，将民宿附属的文创产品、地域美食、非遗文化等进行推广传播，进行品牌塑造。

（四）促进对外交流等工作。通过联盟平台，促进民宿与政府、景区、旅游地等进行交流与合作；促进民宿与集团、公司进行合作，使民宿在平日客流量较少时期可承接会议、团建等其他内容住宿；同时加强与学校、课堂的联系，让民宿也成为户外教育教学基地。

（五）推动区域内民宿产业协同发展。不断挖掘探索优质品牌民宿进入民宿联盟，使整个行业资源利用率和转化率达到最大化。以联盟为核心，进行线上统一宣传、线下统一组织活动；以联盟为品牌，以“大名声”推动“小名气”；以联盟为主导，进行统一管理，划定民宿行业标准，促进全域民宿有方向、有规律发展。

第三章　会员

第七条　本联盟由个人会员组成。

第八条　申请加入本联盟的会员，必须具备下列条件：

（一）拥护本联盟的章程；

（二）有加入本联盟的意愿；

（三）在本联盟的业务领域内具有一定的影响。

第九条　会员入会的程序是：

（一）由乡镇推荐，并提交申请书；

（二）提交有关证明材料，包括营业执照（或社团登记证）、组织机构代码证等证照复印件；

（三）按照《北京市延庆区精品民宿标准与评定》，经民宿联盟理事会现场审核、评定、打分，达到规定分数线，符合入盟标准；

（四）履行相应程序后成为联盟成员。

第十条　会员享有下列权利：

（一）选举权、被选举权和表决权；

（二）对联盟工作的知情权、建议权和监督权；

（三）按联盟规则，监督联盟的重大事宜；

（四）获取联盟服务的优先权，可以免费获得联盟面向全体成员发布的资讯信息、免费参加联盟面向全体成员组织的活动及优惠价格获取联盟的有偿服务；

（五）在遇到重大困难或认为其利益受到重大损害时，有请求联盟提供帮助（如涉及调解、诉讼等）的权利；

（六）退出联盟的自由。

第十一条　会员履行下列义务：

（一）遵守联盟章程、执行联盟决议；

（二）全力维护联盟的权益和声誉，不得以联盟名义从事有损行业声誉和侵害客户利益的活动；

（三）做好联盟委托的工作，积极支持并参加联盟组织的有关活动；

（四）接受联盟的评议和调解；

（五）及时向联盟反映情况，并提供信息和资料。

第十二条　会员退出联盟时应书面通知联盟理事会，履行有关手续后终止联盟成员资格。

第十三条　会员如有严重违反本章程的行为，经理事会表决通过，予以除名。

第四章　组织机构

第十四条　联盟由联盟会员代表大会、理事会和秘书处三个部分组成。设立常务理事机构，常务理事机构由会长、副会长、若干名理事及常务秘书长担任，其中常务秘书长由政府主管部门相关人员担任。联盟会员代表大会为联盟的最高决策机构，指导联盟开展工作，决定联盟重大事务，每年召开一次。其主要职责：

（一）制定和修改章程；

（二）选举和罢免理事；

（三）审议理事会的工作报告和财务报告；

（四）决定重大变更和终止事宜；

（五）决定其他重大事宜。

第十五条　联盟会员代表大会须有 2/3 以上的会员代表出席方能召开，其决议须经到会会员代表 2/3 以上表决通过方能生效。

第十六条　联盟会员代表大会每届 3 年。因特殊情况需提前或延期换届的，须由理事会表决通过，报业务主管单位审查并经社团登记管理机关批准同意。但延期换届最长不超过 1 年。

第十七条　理事会是联盟会员代表大会的执行机构，在联盟会员代表大会闭会期间领导本团体开展日常工作，对联盟会员代表大会负责。

第十八条　理事会的职责是：

（一）执行联盟会员代表大会的决议；

（二）选举和罢免会长、副会长、秘书长；

（三）筹备召开联盟会员代表大会；

（四）向会员代表大会报告工作和财务状况；

（五）决定会员的吸收或除名；

（六）决定办事机构、分支机构、代表机构和实体机构的设立；

（七）决定副秘书长、各机构主要负责人的聘任；

（八）领导本联盟各机构开展工作；

（九）制定内部管理制度；

（十）接受监事提出的对本联盟违纪问题的处理意见，提出解决办法并接受其监督；

（十一）决定其他重大事项。

第十九条　理事会须有 2/3 以上理事出席方能召开，其决议须经到会理事半数以上表决通过方能生效。

第二十条　理事会每年至少召开一次会议；情况特殊的，也可采用通讯形式召开。

第二十一条　本联盟的会长、副会长、秘书长必须具备下列条件：

（一）坚持党的路线、方针、政策，政治素质好；

（二）在本团体业务领域内有较大影响；

（三）会长、副会长、秘书长最高任职年龄不超过 70 周岁，秘书长为专职；

（四）身体健康，能坚持正常工作；

（五）未受过剥夺政治权利的刑事处罚；

（六）具有完全民事行为能力。

第二十二条　联盟的法定代表人为会长。

联盟法定代表人不得兼任其他团体的法定代表人。

会长任期不超过两届。

第二十三条　联盟会长行使下列职权：

（一）召集和主持理事会；

（二）检查联盟会员代表大会、理事会决议的落实情况；

（三）代表本联盟签署有关重要文件。

第二十四条　本联盟秘书长行使下列职权：

（一）主持办事机构开展日常工作，组织实施年度工作计划；

（二）协调各分支机构、代表机构、实体机构开展工作；

（三）提名副秘书长以及各办事机构、分支机构、代表机构和实体机构主要负责人，交理事会决定；

（四）决定办事机构、代表机构、实体机构专职工作人员的聘用；

（五）处理其他日常事务。

第二十五条　监事会

联盟设监事一名，其主要职责：

（一）出席理事会；

（二）监督本团体及领导成员依照《条例》和有关法律、法规开展活动；

（三）督促本团体及领导成员依照核定的章程、业务范围及内部管理制度开展活动；

（四）对本团体成员违反本团体纪律，损害本团体声誉的行为进行监督；

（五）对本团体的财务状况进行监督；

（六）对本团体的违法违纪行为提出处理意见，提交理事会并监督其执行。

第五章　资产管理

第二十六条　本联盟经费来源：

（一）捐赠；

（二）政府资助；

（三）在核准的业务范围内开展活动或服务的收入；

（四）利息；

（五）其他合法收入。

第二十七条　本联盟经费必须用于本章程规定的业务范围和事业的发展，不得在会员中分配。

第二十八条　本联盟建立严格的财务管理制度，保证会计资料合法、真实、准确、完整。

第二十九条　本联盟配备具有专业资格的会计人员。会计不得兼任出纳。会计人员必须进行会计核算，实行会计监督。会计人员调动工作或离职时，必须与接管人员办清交接手续。

第三十条　本联盟的资产管理必须执行国家规定的财务管理，接受联盟会员代表大会和财政部门的监督。资产来源属于国家拨款或者社会捐赠、资助的，必须接受审计机关的监督。并将有关情况以适当方式向社会公布。

第三十一条　本联盟换届或更换法定代表人之前必须接受社团登记管理机关和业务主管单位组织的财务审计。

第三十二条　本联盟的资产任何单位、个人不得侵占、私分和挪用。

第三十三条　本联盟专职工作人员的工资和保险、福利待遇，参照国家对事业单位的有关规定执行。

第六章　终止程序

第三十四条　本联盟完成宗旨、自行解散或由于分立、合并等原因需要注销的，由理事会提出终止动议。

第三十五条　本联盟终止须经联盟会员代表大会表决通过，并报业务主管单位审查同意。

第三十六条　本联盟终止前，须在业务主管单位及有关机关指导下成立清算组织，清理债权债务，处理善后事宜。清算期间，不开展清算以外的活动。

第三十七条　本联盟经社团登记管理机关办理注销登记手续后即为终止。

第三十八条　本联盟终止后的剩余财产，在业务主管单位和社团登记管理机关的监督下，按照国家有关规定，用于发展与本团体宗旨相关的事业。

第七章　附则

第三十九条　本章程经2020年11月26日联盟会员代表大会表决通过。

第四十条　本章程的解释权属本联盟的理事会。

第四十一条　本章程自社团登记管理机关核准之日起生效。

附录三　北京市怀柔区渤海民宿自治公约

第一章　总则

第一条　随着乡村旅游的提质升级，我镇民宿数量激增，为保证民宿经营规模、文化主题、等级评定、卫生标准、安全标准等样样有对照、可衡量，最大限度保证镇域内民宿行业发展的整体品质，规范渤海镇乡村民宿经营行为，提升管理和服务水平；倡导绿色乡村及绿色生活理念，促进乡村民宿持续健康发展，根据有关法律、法规，结合本镇实际，特制订《渤海镇民宿行业自治公约》，简称《民宿公约》，望广大民宿负责人遵守执行。

第二条　依托渤海镇党委政府，搭建渤海民宿联盟和行业公共服务平台，打造一批有组织、有规模、有特色、多元发展的渤海民宿，对外进行抱团营销，不断提高渤海民宿的知名度及美誉度。

第三条　本公约所称的渤海民宿（含住宿的民俗旅游户，下同）是指经营者利用拥有所有权或者使用权的乡村住宅（农村宅基地或集体建设用地上的住宅），结合本地人文环境、自然景观、生态资源及生产、生活方式，为旅游者提供住宿、餐饮、休闲娱乐、小型零售等服务的场所。

第四条　本公约原则上适用于单栋建筑经营用客房不超过 14 间，最高 3 层且总建筑面积不超过 800 平方米的乡村民宿。

第五条　渤海民宿发展要坚持统一规划、科学有序、注重品质、体现特色、保护环境、永续利用等原则，实现经济效益、社会效益和生态效益的统一。

第二章　渤海民宿特色要求

第一条　深入挖掘渤海本地特色文化（板栗文化、长城文化等），开发独具渤海特色的伴手礼、美食，不断丰富渤海民宿内涵。积极弘扬渤海非物质文化遗产，将渤海文化传承下去。

第二条　联合镇域内景区、餐饮饭店等旅游企业，不断开拓市场、整合产品资源、拓宽收入渠道、提升盈利空间，助力渤海民宿多元化发展。

第三条　定期举办渤海镇民宿沙龙，积极分享经验、交流心得，助力渤海民宿长远发展。

第四条　开发夜间旅游消费“打卡”地，引导夜间消费新风尚，助推渤海夜经济发展。

第五条　为搭建渤海民宿服务微信公众平台积极建言献策，依托该平台对外抱团营销，发挥集群和品牌效应，实现共赢发展。

第六条　积极参加专业培训，壮大民宿人才队伍，不断提升渤海民宿接待水平。

第七条　制定渤海民宿生态日，践行绿色可持续发展理念，守护好渤海的绿水青山。

第八条　优先销售渤海本地特色农副产品，优先雇佣本地劳动力，促进当地经济发展。

第九条　自觉遵守所在行政村的村规民约及镇、村两级相关制度，主动为村级发展贡献力量。

第十条　积极对渤海民宿行业公益基金进行爱心捐赠，关爱渤海弱势群体，树立百年民宿品牌。

附则

第一章　基本条件

第一条　乡村民宿必须具备条件：

（一）经营场地应符合土地利用总体规划和城乡规划，权属清晰，无地质灾害和其他影响公共安全的隐患。

（二）有合法的房屋土地来源凭证。

（三）房屋建筑风貌应与当地的村庄风貌、村庄环境景观相协调，结构应符合相关地方标准。

（四）经营应依法取得当地政府要求的相关证照，符合卫生、治安、消防、环保、水务、税务等相关要求。

（五）公安治安部门进行备案，安装公安联网系统。

（六）税务部门办理税务登记。

（七）同时经营食品销售或提供餐饮服务的乡村民宿，须根据食品药品监管部门要求办理食品经营许可证。

（八）经营者应按要求定期向所在地主管部门报送统计调查资料，及时向相关部门上报突发事件等信息。

（九）邻里关系和谐，自觉遵守法律法规和乡规民约，无影响社会稳定因素存在。

（十）所有从业人员应取得健康证后上岗，要进行年度健康体检和相关安全培训。

第二章　消防安全要求

第二条　本镇乡村民宿建筑的消防安全要求，应按照《北京市农家乐（民宿）建筑消防安全基本要求（试行）》执行。

第三条　乡村民宿的业主（或负责人）是消防安全责任人，应履行下列消防安全职责：

（一）建立健全防火责任制和消防安全制度；

（二）配齐并维护保养消防设施、器材；

（三）组织开展防火检查，整改火灾隐患；

（四）每年对从业人员进行消防安全教育培训；

（五）制定灭火和疏散预案，每半年至少组织一次消防演练；

（六）及时报火警，组织引导人员疏散，组织扑救初期火灾。

第四条　乡村民宿的从业人员应熟悉岗位消防职责和要求，做到“一懂三会”（一懂：懂本场所火灾危害性；三会：会报火警、会使用灭火器、会组织疏散逃生）。

第三章　住宿经营要求

第五条　民宿按《LB/T065—2017 旅游民宿基本要求与评价》的经营规范执行；经营中须符合卫生部、商务部《关于印发 < 住宿业卫生规范 > 等规范的通知》（卫监督发 [2007]221 号）的要求。符合但不限于下列要求：

（一）住宿接待设施齐全，家具布置合理，与客房整体环境相协调。配有空调、配有液晶电视机等，能接收有线或网络信号；配有内窗帘及外层遮光窗帘等。

（二）客房内要有舒适床垫（大床或双床），床上用品使用健康、环保纺织品，做到“一客一换”且要求专业洗涤。

（三）采用高品质环保建筑材料装修地面、墙面和天花板，有良好的照明和低噪音排风设施，不潮湿，配备有吹风机，显著位置张贴防滑标识。

（四）对屋面、外墙、门窗进行节能保温处理，房间隔断墙采用实体砌筑或其他专业隔音材质进行隔断，隔音效果良好。

（五）乡村民宿装饰应有浓郁的乡村主题特色，房屋建筑风格及外立面装饰与周边旅游环境相协调；对生活用品或生活环境进行艺术加工，与民宿主题风格协调一致。

第四章　治安安全要求

第六条　能够按照公安机关“实名、实数、实情、实时”的要求，采集上传住宿人员身份信息，工作人员需经过公安专业培训后持证上岗。

第七条　客房内人均使用面积不低于 4 平方米（不含卫生间）。

第八条　应当安装公共安全图像信息系统，覆盖公共区域，图像信息留存不低于 30 天。

第九条　配备相应的治安防范措施。

第十条　规范统一使用“乡村民宿”称谓，不得使用“旅馆、旅店、酒店、招待所、宾馆、饭店、酒店式公寓、客栈、洗浴、浴池、住宿、计时休息”等旅馆业法规规定名称和类似名称制作字号招牌、卡片。

第十一条　经营人利用乡村民宿从事违法犯罪活动的，或不落实相关安全要求，情节严重的，公安机关将撤销其备案。同时函告行业主管部门。

第五章　环境保护要求

第十二条　民宿的生活和餐饮污水必须无害化处理后达标排放，或经预处理后按相关排放要求纳入生活污水集中处理设施处理。乡村民宿必须建设合格的三格化粪池接纳卫生间污水。

第十三条　民宿餐饮产生的废气须配套设置污染防治设施，排放大气污染物应当符合北京市《餐饮业大气污染物排放标准》相关规定。厨房必须加装隔油装置，产生的油烟必须配套设置污染防治设施，油烟经处理后应当符合规定的排放标准。推行生活、餐饮垃圾分类处理。

第十四条　自然保护区、饮用水源保护区、重要的自然与文化遗产、风景名胜区等禁止准入区，严禁新建、扩建规模民宿项目。

第六章　食品安全要求

第十五条　至少单独设立原料粗加工间（区）、切配烹饪区、餐用具清洗间（区）和餐厅，其中切配烹饪间面积≥8平方米。

第十六条　清洗餐具和原料的水池应分别设置，不得混用。

第十七条　切配烹饪间需室内单独设置，不得露天敞开设置。切配烹饪间地面铺设防滑地砖，四周墙面应保持洁净。

第十八条　根据乡村民宿所提供餐饮服务的内容，配备与经营规模和品种相适应的原料清洗设施、食品贮存设施、加工烹饪设施、工用具消毒和保洁设施等，并保证各类设施设置正常运转。

第十九条　原材料采购应选择有资质的生产企业、食品市场或商超便利店等，并严格按照进货查验的要求做好记录和等级，不得使用无来源的食品原料进行加工经营。

第二十条　从事接触直接入口食品工作的从业人员，上岗前必须经过健康体检及食品安全知识培训，严格按照《餐饮服务食品安全操作规范》的相关要求加工食品。

第七章　规范管理要求

第二十一条　建立完善的内部管理制度（上墙公布）和服务礼仪规范。

第二十二条　有明码标价的收费标准、住客须知和安全提示。

第二十三条　鼓励经营业主为住客提供安全责任险。

第二十四条　乡村民宿经营者为民宿安全生产第一责任人，对游客活动中可能出现危险的情况负有提醒告知义务，有安全隐患的区域必须设置警示标志，并采取必要的防护措施。民宿经营者应建立安全应急预案。当发生突发公共事件时，民宿经营者须迅速采取有效措施，实施应急处置，并按国家有关规定立即如实报告当地政府和相关部门。

第二十五条　当发生洪涝等重大自然灾害，政府发出紧急避险或人员转移指令后，民宿经营者应做好游客的劝返或转移工作。

第八章　监督管理要求

第二十六条　镇人民政府负责本辖区域内民宿的初审、推荐、规划、指导、培训、服务、统计、安全和日常管理工作，设立投诉电话。投诉电话 61632764。

第二十七条　镇人民政府、公安派出所、村民委员会、旅游合作社应加强消防及治安管理，组织开展群众性的消防、治安、卫生等安全宣传教育。

第二十八条　旅游服务中心、安全科等相关部门每年需组织民宿经营管理和服务人员开展各种类型的岗位培训，提升从业人员服务技能、安全防范意识和应急处置能力。

第二十九条　镇人民政府应根据实际情况明确乡村民宿的标识标牌，规范、引导业主经营行为，对民宿经营者进行动态管理。

第三十条　各相关部门应当依法加强民宿联合监督及日常监管。对不符合设施及经营行为要求的乡村民宿，公安、消防、工商、食药、环保、水务、旅游等有关部门依照相关法律、法规、规章进行查处。

渤海镇人民政府

2019 年 8 月

后记：致敬那些以出家的精神做民宿的人

我相信人与人之间的缘分，也相信冥冥之中的某种力量对命运的主宰，同样相信每个人都有与之能力及德行相匹配的天命。

一切要从 2015 年说起。那年夏天，我们一家人利用暑假到大理、丽江去旅游，因前任领导的推荐，在大理洱海边的精品民宿里第一次见到本校外系毕业生刘汉捷，此时他负责运营的这家民宿风生水起，他的民宿事业一帆风顺。随后他又带我去体验了白族本地人经营的民宿，我逐渐知道了精品民宿与客栈之间的区别：透过湖滨房间的落地窗能看到从脚下延伸到天际的洱海和云雾缭绕每时每刻晦明变幻的苍山，能跟住在这里的主人和其他客人共享当地美食，能静坐于书房随意翻阅琳琅满目的书籍，还能走进家庭影院暗室里欣赏高画质的影片……返京后，美好的画面长久地浮现在脑海中，觉得如此高颜值外观、高品质服务的住宿产品与自己的消费能力有距离，只能在记忆中封存它的美好。后来听说在清理整顿洱海民宿的狂飙突进中，这座民宿也未能幸免，不禁为之唏嘘。在随后几年从普通研究机构到智库转型过程中经历的痛苦和迷惘，让我本能地屏蔽对体验美好民宿的奢望。想不到在大理之行整整四年后，研究京郊民宿的专项任务意外落在我身上，已然模糊的旅游目的地民宿高地成为我研究北京乡村精品民宿的参照系，尤其是无序建设在先、政府管理滞后造成民宿投资者和当地政府两败俱伤的后果，让我意识到政府有序引导对于一地民宿稳定、健康发展的重要性。

经历过洱海民宿粗暴关停之痛的刘汉捷当时已转战他地，在民宿经营和培训领域正做得顺风顺水，我隐约感觉到他在民宿圈子里的影响有可能超越南北之别，于是向他求助，得以认识北方民宿联盟秘书长曹一勇，这成为我进入民宿研究领域的关键一步。在高中同学的热心帮助下，我拜访了怀柔区文旅局副局长刘雅静，并在她的推荐下认识了其他几个区主管民宿业务的文旅局负责人，这其中就有时任延庆区文旅局副局长的郑爱娟。这些当家人成为我稍后进行针对民宿主进行定向电子问卷调查的重要依托力量，让我有机会完成超过当时北京精品民宿数量三分之一的样本调查，珍贵的一手数据为我随后提交到市里的决策咨询建议提供了强有力的支持。2019 年 10 月中旬，我人生中的第一个省部级领导的肯定性批示交到了我的手上，开启了我人生的新里程，开始意识到民宿研究会在我的生命里占据重要地位。

在接连参加两次北方民宿大会后，我与大会承办方延庆区文旅局有了更多接触，逐渐深入参与当地民宿发展的调研工作，有机会跟更多民宿主深入接触，对民宿经营有了更多的感性认识。在这一过程中，因北京师范大学文化旅游专家委员会成立而得以在校园相识的地理系学长张晓军，以兄长般的热情将我拉到民宿圈中，他所在的唐人文旅智库举办的活动和以中国旅游协会民宿客栈与精品酒店分会会长身份主持的定期线上分享活动，成为我及时了解专家观点和民宿行业动态的重要渠道，尤其是他古道热肠毫无保留地与业界人士所做的观点分享，让我对民宿的认知逐渐加深。他的演讲常常让人有茅塞顿开之感，关于民宿本质和民宿经营理念的很多观点，一直深深地影响着我。连续两年为他主编的《全国民宿产业发展研究报告》供稿，总能得到他的热情鼓励，这让我萌发了大胆建言发声的想法。可以说，这本学步之作的很多内容，都是在为晓军学长的观点做注脚，通过专著他的很多有助于行业发展的想法就能在更大范围得到传播。在专著内容框架的搭建上受他的启发较多，比如他在第四届北方民宿大会上提出，北京郊区有多个经营得很好的民宿，对这些有代表性的民宿品牌进行分析，将会成为有价值的商学院案例。我也觉得对于尚处于成长期的北京乡村精品民宿而言，绝大多数尚在摸索中的民宿品牌很需要榜样的力量，于是在本书的下半部分精选了北京各郊区的头部民宿品牌，原则上每个区精选一个作为代表，全面梳理品牌发展过程和独特经营思路，希望这些成功经验能让更多民宿少走弯路。

在与这些代表性民宿创始人多次交往和深度采访中，我越来越认同当年梁漱溟投身于乡村建设后有感而发做出的总结，这就是他在《朝话》

这本书里发表的观点：以出家的精神做乡村工作。他说：现在我来做乡村运动，在现在的世界，在现在的中国，也是同和尚出家一样。我同样是被大的问题所牵动、所激发，离开了朋友，抛弃了亲属，像和尚到庙里去般的到此地来。因为此事太大，整个占据了我的生命，我一切都无有了，只有这件事。此时即如出家和尚出家时觉得世人都是在做梦，而自己甚为孤独，但多数人仍占据他的心内。在佛家原是为众生，悲悯众生，为众生解决生死，这种不忘众生，念着众生的心理，做乡村运动的人，应当仿效。他的意思是，要想把乡村的工作做出成效，非得有出家人对于神佛的信仰那样全身心投入，才能克服难以想象的困难，坚持不懈地改变乡村的落后面貌。尽管时间流逝已近百年，乡村面貌有了非常大的改观，但今日的乡村相比于城市，依然有大量困难需要克服。无论是返乡还是入乡的城市人，在决定与他们相熟的城市告别进入乡村，要付出多大的勇气和代价啊！没有对未来美好前景的预期，不拿出抽离城市的决绝态度，不走出城市的家门，怎么会有今天京郊民宿的遍地开花？我调研中接触到的很多民宿主，就是将民宿事业作为不二选择，他们以一种自我放逐的心态扎根乡村，怀抱着助力乡村回归想象中的美好这一执念勇往直前，这没有理由不被视为一种信仰。正是在这个意义上，我将梁漱溟先生的那句话稍作改装以表达对他们的敬意：以出家的精神做乡村民宿的人，应当仿效，更应得到尊敬！

而那些为民宿人的岁月静好负重前行的力量同样值得尊敬。我从事民宿调研从怀柔区起步，这里是北京各区中率先开展金银宿评级和民宿设计评奖的行政区，真金白银的现金奖励让该区很快成为民宿品牌最多的区。而在民宿规范发展上做得最好的延庆区，则得益于时任文旅局副局长郑爱娟的全身心投入。我对她的印象始于第三届北方民宿大会上张晓军会长的介绍，他说当年为建设更吸引市民的乡村旅游环境，延庆区尝试引种多种花卉都不成功，郑爱娟想到了用马铃薯花作为替代，用最简单实用的方法解决了难题。而这种艰苦条件下不断创新攻克难关的干劲，在推动民宿发展上表现得更加明显。在延庆区民宿布局上，她有清晰明确的思路和切实可行的办法。为打开工作局面，她不断与乡镇领导和村书记进行沟通，重点联络有潜力、有抱负的民宿主并提供全面帮扶服务，将民宿发展链条上的各个环节梳理清楚，确保延庆区民宿发展整体可控，舒缓有度。她坚持单体民宿保持适度规模，让民宿发展真正能为村集体和村民带来好处，不支持大企业借民宿开发捞金的行为。在具体管理上，她充分发挥延庆民宿联盟的作用，以“四两拨千斤”的智慧把握全局。为尽可能减少新冠疫情对民宿经营的冲击，她主动与民宿联盟和民宿主进行沟通，经过与主管部门领导的争取，在2020年疫情缓和后在北京各区中率先为民宿解封，并出台相关政策将民宿主的损失降到最低。她很希望有机构能独立调查总结民宿发展经验，并为民宿提升竞争力出谋划策，于是在她的支持下，我有机会深入到辖区内的多个民宿进行调研，而每去一处都能感受到民宿主对她发自内心的认可。正是因为有这样的行业主管部门为民宿发展打造良好的营商环境，才让众多民宿主满怀信心地投资，脚踏实地经营，为北京打造出在全国民宿发展格局中毫不逊色的“延庆模式”。我在总结延庆民宿发展模式的文章中提出“南有德清，北有延庆”的观点，这绝非溢美之词，而是看到这一地区完整的发展脉络后，认为这是共同富裕时代主旋律下具有普遍适用性的民宿发展道路，并对这一模式发自内心地认可。

2021年夏天，我以延庆区政协特邀专家身份参与由曹一勇会长主持的有关乡村精品民宿可持续发展调研，与时任区政协副主席的刘明利先生相识。他对延庆区民宿发展的热情和大力推动民宿产业的态度极富感染力，雨后驱车到大吉祥村慰问我们调研组一行人的举动至今让人感动。从他身上我愈加明确地意识到，一个地区民宿发展水平，是各方力量共同推动的结果。民宿产业符合京郊发展实际，“得道多助”必将成为常态。

同样为民宿发展不遗余力加以推动的还有北京市农村经济研究中心，及该中心副主任刘军萍、资源区划处处长陈奕捷、经济体制处处长陈雪原等，无数次奔波在乡村民宿调研的乡路上，不但为相关政策的制订出谋划策，而且为进入乡村的投资经营者对接资源，还通过各种行业会议和媒体积极推介和传播，让民宿人感受到“三农”政策研究干部的务实作风和古道热肠，和他们相遇总能汲取温暖与力量。

去郊区调研民宿的过程为我重新认识北京提供了机会，不光是作为北京城市后花园的广大乡村，还有一个个在北京市内已打开一片天地的返乡入乡人员，这些进入乡村依然能开辟新天地并为市民打造出有品质的乡村生活目的地的精英，已经在情怀和商业之间找到了平衡点，他们无疑是担当共同富裕使命的时代先锋。与他们的交往为我打开了另一扇窗，丰富了我的人生经历。

在我无数次去郊区考察民宿、先后两次进行大规模民宿主调研过程中，多个部门的工作人员伸出了友善的双手给予支持：延庆区叶东局长、祁明东副局长、张秀丽主任、林凡副主任、张河主任、范学新科长、司欣然秘书长、王桥海书记、葛良书记、张晓静书记、李汉东书记、陈长春总经理、王晓丽副总裁，怀柔区夏占利局长、刘雅静副局长、仇峰主任、彭兴金主任、焦辉副镇长、王瑞霞部长、李鸿飞经理、姚远秘书长、魏明俊老师，门头沟区康鹏遥副局长、马骐副书记、孙华主任、胡凤才书记，密云区伊书华书记、王义江书记、王凤桐科长，平谷区沈洁主任、马超鹰书记、王琦科长、张松江秘书长，昌平区李苗科长，等等，他们为我提供了许多方便条件，特此致谢。

在新书出版之际，要特别向我所在的研究院各位领导和同事表示感谢：于丹院长一直给予悉心指导和大力支持，她所提供的便利条件和宽松环境确保了民宿调研工作的顺利开展；杨越明副院长亲力亲为帮忙生成调查问卷、处理问卷数据，为我在民宿研究推进上屏蔽了许多其他琐事的干扰；多次参与民宿调研的同事袁媛、冯欣、王立刚、车凤，他们的加盟让我进入乡村的身影不再孤单，一起跋山涉水、相互帮助的战壕情谊，让人心存感念。

大学同学陈耀辉多年来一直关心我的工作情况，当得知我要出版这部专著后积极帮我联系出版社，让我没有后顾之忧安心写作，这份同学情谊让人感动。

吴迪社长从接手这部书稿半成品到全部脱稿过程中给予了热情的鼓励和编务上的支持，一心只求高质量稿件的态度对我是莫大的鼓励和支持。我的第三部专著能够在母校所在城市出版，也算了却平生一大夙愿。

年迈的父母虽然不太清楚我所做工作的性质，但看到我陪在他们身边时依然打开电脑工作，每日不辞辛苦地准备最好的饭菜，他们几十年的默默付出是我努力做好工作的动力所在。

岳父母无论是来京小住还是我们回老家探亲，他们都承担了所有的家务，将我们一家三口照顾得无微不至，让人感激不尽。

最想感谢的是相守十七年的爱人，她在我做民宿调研时只能独自在家照看孩子，处理家务，为数不多的几次带她们体验民宿，到头来发现这种体验依然是我工作的一部分，不能完全以游客的身份畅快地放松身心，还要把自己的感受和盘托出，所谓的福利也打了折扣，但她却依然无私支持，这是我民宿研究得以顺利开展、专著得以在较短周期完成的根本保障，对她长期以来以宽容大度的胸怀用心经营家庭付出的辛苦致以最大的谢意。

美国前总统林肯说过，一个人过了四十岁，应该为自己的面孔负责。这里所说的“面孔”，更多是指一个人的社会面孔，是一个人面向世界展现出的整体状态。对于一个研究者而言，专著是型塑社会面孔的重要元素，是面向社会表达观点和态度的重要载体。由于个人的认知局限，实地体验的民宿还不够多，无法形成全景式的透视，这都会影响作品的理论深度，在提炼独创性的专业观点上也有很大差距，但发自内心的满腔热忱和真诚却体现在字里行间。这本书是我进入民宿领域上千个日夜的观察与思考，只是万里长征迈出的第一步。希望以此为出发点，激发出更多值得探讨的问题，和同行者共同找寻答案，将民宿促进城乡相成的时代命题完成好，将共同富裕的时代答卷书写好。

就在本书即将完稿之际，发表在新华社《瞭望东方周刊》上的文章《京郊民宿虎年大“火”》在新华社客户端上的浏览量突破百万大关，远远超出我的预期，从一个侧面说明民宿行业所受到的关注程度。既然有幸踏上了时代的节拍，就要以更大的热忱加入合唱团，共同奏响时代最强音。

2022 年 3 月 29 日于北京